国际航运实务

GUOJI HANGYUN SHIWU

（第三版）

主　编◎顾永才　高倩倩
副主编◎罗会彪　陈幼端

首都经济贸易大学出版社
Capital University of Economics and Business Press
·北　京·

图书在版编目(CIP)数据

国际航运实务/顾永才,高倩倩主编. --3 版. --北京:首都经济贸易大学出版社,2023.1

ISBN 978-7-5638-3398-6

Ⅰ.①国… Ⅱ.①顾… ②高… Ⅲ.①国际航运 Ⅳ.①F551

中国版本图书馆 CIP 数据核字(2022)第 143427 号

国际航运实务(第三版)

主　编　顾永才　高倩倩

副主编　罗会彪　陈幼端

责任编辑　陈雪莲

封面设计　砚祥志远·激光照排 TEL: 010-65976003

出版发行　首都经济贸易大学出版社

地　　址　北京市朝阳区红庙(邮编 100026)

电　　话　(010)65976483　65065761　65071505(传真)

网　　址　http://www.sjmcb.com

E-mail　publish@cueb.edu.cn

经　　销　全国新华书店

照　　排　北京砚祥志远激光照排技术有限公司

印　　刷　唐山玺诚印务有限公司

成品尺寸　185 毫米×260 毫米　1/16

字　　数　378 千字

印　　张　14.75

版　　次　2017 年 1 月第 1 版　2020 年 8 月第 2 版
　　　　　2023 年 1 月第 3 版　2024 年 6 月总第 5 次印刷

书　　号　ISBN 978-7-5638-3398-6

定　　价　36.00 元

第三版前言

航运业是服务贸易的一种，包括国际海上运输、航运辅助服务以及港口服务。随着国际贸易的日益扩大，国际航运由于价格低、载货量大等优点，成为国际贸易货物运输的重要渠道，对国民经济发展有着巨大的推动作用。国际航运实务课程是研究国际航运运作行为活动与运作规律的专业课程。本书就是为应用型本科或高职高专院校国际航运实务课程编写的一本教材。

本书紧扣本专业课程教学大纲的要求，以应用为目的，以必需、够用为度，充分吸取应用型本科或高职高专院校在探索培养应用型人才方面取得的成功经验和教学成果来确定课程内容。在编写过程中，我们切实落实"任务驱动，行为引导"，"管用、够用、适用"以及"工学结合"的教学指导思想，突出教材的先进性和实训性。

本书分 9 个项目：国际航运基础、班轮运输货运业务、租船运输货运业务、集装箱货运业务、港口集装箱码头业务、国际货物多式联运业务、国际船舶代理和货运代理、国际航运的有关公约与管理制度和海上保险、海事与货运事故的处理。

每个项目我们都设有项目要求、项目情景、知识模块、任务解析、个案分析、复习与思考题、二维码知识扩展链接七个版块。以项目情景引出需要完成的任务，并在本项目中解析任务。知识模块阐述完成项目任务所应知应会的知识与技能。为方便学生学习，每个项目还大量运用图表、案例、例题及链接、注释等形式进行说明，并为个案分析提供了参考答案。本书教学用 PPT 请与首都经济贸易大学出版社联系获取。

由于本书注重国际航运知识的实用性与操作性，除可作为高校教材外，也可作为国际物流、国际货运代理、国际航运人员的培训用书或在工作实践中的学习与参考用书。

本书由顾永才、高倩倩任主编，罗会彪、陈幼端任副主编。参加编写与资料收集工作的还有熊利蓉、陈桂兰、陈加强、吴海燕、苏倩倩、徐培中、段凡秀、林玉枝、侯玉翠等。在写作过程中，我们参考了许多著述和资料，特向这些作者表示由衷的感谢。本书的策划与写作得到首都经济贸易大学出版社杨玲社长与责任编辑的大力支持。由于我们水平有限，书中如有不当与遗漏之处，敬请读者批评指正。

编者

目　录

项目一　国际航运基础

项目要求

1. 理解国际运输与国际航运的含义及主要特点。
2. 了解国际航运的船舶与货物的种类。
3. 认知港口,了解其构成,掌握其生产活动。
4. 熟悉国际海运航线。
5. 认知国际航运经营者。

项目情景

广东A外贸公司(卖方)在广州秋交会上与美国B商人(买方)按CIF西雅图条件签订了一项出口大豆的合同。由于A外贸公司货源充足,急于出售,所以当月成交时便约定当月交货。后A外贸公司因租不到船,未能按期交货,致使双方产生争议,买方遂提请在中国仲裁,结果,A外贸公司败诉。

后经广东A外贸公司与美国B商人友好协商,重新达成协议交货。广东A外贸公司委托C货运代理公司将大豆海运到美国西雅图港口,C货运代理公司租D轮船公司所属的“星缘8号”轮从广州黄埔港至西雅图港,并在黄埔港委托E装卸公司装船、F外轮代理公司理货。

任务1:何谓国际航运?本情景中的业务活动是否属于国际航运活动?
任务2:导致本情景争议产生的主要原因是什么?通过本情景说明运输的作用。
任务3:我国主要有哪些港口群?本情景中提到的黄埔港属于我国哪个港口群?
任务4:C货运代理公司承运该批货物应走哪条航线?世界主要海运航线有哪些?
任务5:国际航运经营人主要有哪些?本情景中的国际航运活动涉及哪些当事人?

知识模块

单元一　国际货物运输与国际航运

国际航运属于海洋运输,也是整个国际货物运输的组成部分。

一、国际货物运输及其主要特点

自从人类有了生产和产品交换,就有了运输。人们在生产过程中,有意识地使用各种工具设备,通过各种办法,使物或人实现位置移动,这种“位移”就是运输。运输(transportation)就是人和物的载运和输送。关于人的运输称为客运,货物的运输称为货运。本书主要阐述“物”的载运,即物流运输或货物运输。

（一）国际货物运输的含义

运输是人或物借助于运力①创造时间和空间效应的活动。运输最基本的效用是能够克服产品的生产与需求之间存在的空间和时间上的差异，产生空间效用和时间效用②。

中华人民共和国国家标准《物流术语》中对运输的定义是："用设备和工具，将物品从一地点向另一地点运送的物流活动。其中包括集货、分配、搬运、中转、装入、卸下、分散等一系列操作。"从运输经济学的角度看，运输是指劳动者使用运输工具和设备，在运输线路上实现人与物空间场所变动的有目的的活动，是重要的社会生产活动③。

运输按地域可划分为国内货物运输和国际货物运输两类。国际货物运输，就是货物在国家与国家、国家与地区之间的运输。国际货物运输又可分为贸易物资运输和非贸易物资（如展览品、个人行李、办公用品、援外物资等）运输两种。由于国际货物运输主要是贸易物资的运输，非贸易物资的运输往往只是贸易物资运输部门的附带业务，所以，国际货物运输也通常被称为国际贸易运输，从一国的角度来说，就是对外贸易运输，简称外贸运输。从贸易的角度来说，国际货物运输是一种无形的国际贸易。这种贸易用于交换的不是物质形态的商品，而是一种无形的特殊的商品——运力。运价就是这种贸易的交换价格。

（二）国际货物运输的主要特点

国际货物运输是国际贸易、国际物流不可缺少的重要环节，它不同于国内运输，具有线长面广、中间环节多、情况复杂多变和风险大等特点。

国际货物运输与国际物流的区别与联系

1. 国际货物运输是中间环节很多的长途运输，具有内外运两段性

国际货物运输是国家与国家、国家与地区之间的运输，一般运距较长。在运输过程中，往往需要使用多种运输工具，通过多次装卸搬运，转换不同的运输方式，经由不同的国家和地区，中间环节很多。

所谓国际货物运输的两段性，是指国际货物运输的国内运输段（包括进口国、出口国）和国际运输段。

（1）国内运输段。出口货物的国内运输，是指出口商品由供货地运送到出运港（站、机场）的国内运输，是国际物流中不可缺少的重要环节。国内运输实现了出口货源从供货地集运到港口、车站或机场，使国际物流业务得以正常开展。进出口货物的国内运输工作涉及面广，环节多，要求各方面协同努力，组织好运输工作。注重货源、产品包装、加工、短途集运、国外到证、船期安排和铁路运输配车等各个环节的情况，力求搞好车、船、货、港的有机衔接，确保出口货物运输任务的顺利完成，减少压港、压站等物流不畅的现象。

（2）国际（国外）货物运输段。国际货物运输段是国内运输的延伸和扩展，同时又是连接出口国和进口国货物运输的桥梁与纽带，是保证国际物流畅通的重要环节。出口货物被集运到港（站、机场），办完出关手续后直接装船发运，便开始国际段运输。有的则需暂进港口仓库储存一段时间，等待有效泊位，或有船后再出仓装船外运。国际段运输可以采用由出口国装运港直接运到进口国目的港卸货，也可以采用中转经过国际转运点，再运给用户的方式。

---

① 所谓运力，是指由运输设施、路线、设备、工具和人力组成的，具有从事运输活动能力的系统。

② 空间效用，又称"场所效用"，是指通过运输活动，实现物品的物理性的位置移动。物品在不同的位置，其使用价值实现的程度是不同的，即效用价值是不同的。时间效用是指物品处在不同的时刻，其效用价值是不一样的，通过储存保管，将物品从效用价值低的时刻延迟到价值高的时刻再进入消费，使物品的使用价值得到更好的实现。

③ 运输具有生产的本质属性。马克思将运输称为"第四个物质生产部门"。马克思认为的其他三个生产部门是开采业、农业和工业。

2. 国际货物运输涉及面广，情况复杂多变

货物在国际的运输过程中，需要与不同国家、地区的货主、交通部门、检验检疫机构、保险公司、银行、海关以及各种中间代理人打交道。同时，由于各个国家、地区的政策法律规定不一，金融货币制度不同，贸易运输习惯和经营做法也有差别，再加上各种政治、经济形势和自然条件的变化，都会对国际货物运输产生较大的影响。

3. 国际货物运输的时间性强

国际市场竞争十分激烈，商品价格瞬息万变，进出口货物如不能及时地运到目的地，很可能会造成重大的经济损失；某些鲜活易腐商品和季节性商品如不能按时送到目的地出售，所造成的经济损失可能会更加严重。为此，货物的装运期、交货期被列为贸易合同的条件条款，能否按时装运直接关系到重合同、守信用的问题，对贸易、运输的发展都会产生巨大的影响。

4. 国际货物运输的风险较大

国际货物运输由于运距长、中间环节多、涉及面广、情况复杂多变，加之时间性很强，因而风险也就比较大。国际货物运输的风险主要包括政治风险、经济风险和自然风险。政治风险主要指所经过国家的政局动荡，如罢工、战争等原因造成商品损害或灭失；经济风险又可分为汇率风险和利率风险，主要指从事国际货物运输必然要发生的资金流动，因而产生汇率风险和利率风险；自然风险则指运输过程中，可能因自然因素，如海风、暴雨等，而引起的商品延迟、商品破损等风险。

为了转嫁运输过程中的风险损失，各种进出口货物和运输工具，都需要办理运输保险。

5. 国际货物运输以远洋运输为主，多种运输方式组合

根据使用的运输工具不同，国际货物运输主要分为如下几种方式：海洋运输、铁路运输、航空运输、公路运输、邮包运输、管道运输、集装箱运输、大陆桥运输以及由各种运输方式组合而成的国际多式联运等。

国际货物运输主要方式的优缺点见表 1－1。

表 1－1　国际货物运输主要方式的优缺点

方式	优点	缺点	适合运输对象
航空运输	速度快，安全准确，手续简便，节省包装和储存费用	运量小、能耗大、运费高、投资大、技术要求高、受天气影响	高附加值、贵重、鲜活、急需的远距离货物运输
公路运输	机动灵活、速度快、装卸方便、对自然条件适应性强	运费较高、单车作业量小，相对成本高、不安全、有污染	中短途货运、集疏的有效方式；高附加值、多批次、少批量货运
海洋运输	通过能力大，运输量大，运费低廉，对货物的适应性强	速度慢、灵活性差、受自然条件影响大，风险较大，需要其他接驳方式	时间要求低的大宗、廉价货物的长距离运输
铁路运输	准确性和连续性强，运输速度快，运输量较大，安全可靠，运输成本较低，受自然因素影响小，运输的地区局限性小	造价高、耗材多、短途运输成本高、装卸作业时间长、机动性差	大宗货物运输，中长距离货运

续表

方式	优点	缺点	适合运输对象
集装箱运输	便于货物运输，简化货运手续，无须开箱倒载，节省包装用料，减少运杂费	对货物的品种、规格有一定限制；手续及单证不统一	件杂货、大宗散货
管道运输	运具和线路合而为一、运量大、损耗小、安全、连续性强、环保	投资大、灵活性差、运输对象单一	气体、液体

运输方式的选择通常要考虑以下因素：货物的特点及性质、运输速度和路程、运输运费和成本、运输的可得性、运输的一致性和可靠性、市场需求的缓急程度、运输期限、运输批量等。

在国际货物运输中，货主及其代理人可以选择一种运输方式，也可以选择使用联运的方式。与国内货物运输相比，国际货物运输以远洋运输为主，并由多种运输方式组合。运输方式选择和组合的多样性是国际货物运输的一个显著特征。海运是国际物流中最普遍的方式，特别是远洋运输更是国际货物运输的重要手段。谁能提高远洋运输效率，降低远洋运输成本，谁就能在国际货物运输竞争中占有优势地位。近年来，在国际货物运输业务中，“门到门”的运输组织方式越来越受到货主的欢迎，这使得能满足这种需求的国际综合运输方式得到迅速发展，逐渐成为国际货物运输中的主流。

6. 国际货物运输涉及国际关系问题

在组织国际货物运输的过程中，需要经常同国外发生广泛的联系，这种联系不仅仅是经济上的，也会牵涉到国际政治问题。对于各种运输业务问题的处理，常常也会涉及国际关系问题，是一项政策性很强的工作。因此，从事国际货物运输的人不仅要有经济观念，而且也要有国家政策观念。

二、国际航运及其主要特点

国际航运活动是以世界经济和世界地理为背景，以国际贸易为本源而生成的。随着国际贸易的日益扩大，国际航运由于其运输价格低、载货量大等优点，成为国际贸易货物运输的重要方式。

（一）国际航运的含义

航运又称水运，是利用船舶和航道将货物从一港运到另一港的经济行为。水运可分为江湖运输（Inland Water Transportation）和海洋运输（Ocean Transportation）。前者是指国内水上货物运输，后者是指国际性的海洋和沿海货物运输，简称“海洋运输”或“海运”。

国际航运属于海洋运输，是指使用船舶通过海上航道在不同的国家和地区的港口之间实现货物实体流动的行为。

从经营活动的地理概念理解，国际航运是指以船舶为工具，从事跨越海洋运送货物的运输；从经营活动的业务关系来理解，国际航运是指以船舶为工具，从事本国港口与外国港口之间或者完全从事外国港口之间的货物运输，即国与国之间的海洋运输；从经营活动的组织过程理解，国际航运包括的业务范围非常广泛，除海洋运输业务外，国际航运需要大量的其他辅助业务工作，如装卸、理货、代理等。

从系统理论角度来看,国际航运活动主要由以下要素构成:①国际航行的船舶。②国际性商港。③国际贸易海运货源。④国际航运经营人及行业群体。⑤国际航运法规。⑥海上航道与国际运河。⑦航运外部环境。

(二)国际航运的主要特点

1. 属于服务业,是从贸易中派生的一种对运输的需求

国际航运与国际贸易的关系

自从人类社会中有了生产分工和产品的交换,作为流通环节的运输(业)便产生了。运输是一种特殊的物质生产活动,具有生产的本质属性,但又表现出自身的服务特性。国际航运业是运输业的一个重要组成部分,是从贸易业中分化出来而成为一门独立的行业,是服务贸易的一种,包括国际海上运输、航运辅助服务以及港口服务等。国际航运是从贸易中派生的一种对运输的需求。国际货物买卖合同签订后,根据相关贸易术语,买卖双方要对货物的运输作出安排。在国际贸易中,进出口商品在空间上的流通范围极为广阔,没有运输,要进行国际商品交换是不可能的。商品成交以后,只有通过运输,按照约定的时间、地点和条件把商品交给对方,贸易的全过程才算最后完成。

2. 具有海洋运输的特点,需要多种运输方式的配合

运输业的服务特性

海洋约占地球总面积的71%,国际贸易中2/3以上货物都是通过海上运输,因此,国际航运突出地具有海洋运输的特点。海洋运输的特点主要表现在:

第一,运输量大。船舶货舱与船舶机舱的比例比其他运输工具都大,因此,可以用作货物运输的舱位及载货量均比陆运或空运大。以国际最大的超巨型油轮为例,其每次载运原油的数量可高达60多万吨;而最大的集装箱船每次可装载集装箱10 000 ~ 15 000TEU;一般杂货轮的装载量也多在五六万吨以上。

第二,运费低廉。海运单位运输成本低。海运的单位成本是铁路运输的1/25 ~ 1/20,是公路运输的1/100,因此海运是最低廉的运输方式,适于运输费用负担能力较弱的原材料及大宗货物的运输。

第三,能耗低。按同样距离计,运输1吨货物海运所消耗的能源是最低的。

第四,对货物的适应性强。海上货物运输基本上适应绝大多数货物的运输要求。

第五,运输的速度慢。海运受港口、水位、季节、气候影响较大。由于商船的体积大,水流的阻力大,加之装卸时间长等其他各种因素的影响,海洋运输的速度较慢,较快的班轮航行速度也仅30海里/小时左右。

第六,风险较大。由于船舶在海上航行,容易招致海上风险与外来风险①。

海运具有速度慢、风险大之弊,因此,对于不宜长期运输的货物以及急用和易受气候条件影响的货物,一般不宜采用海洋运输方式。

另一方面,国际物流当前已进入了综合物流时代,强调各种运输方式之间的整合和集成。各种运输方式的转换、衔接,主要由一个承运人组织,海上运输承运人要从简单的货物“港到港”运输转变为“门到门”“点到点”的综合承运人和组织者。国际航运需要其他运输方式的配合和衔接,才能实现“门到门”运输。

① 为此,各国纷纷建立了相应的特殊制度以适应海上风险,如共同海损制度、海上保险制度、海上救助制度、承运人责任限制制度、船舶所有人限制制度等。

3. 国际航运的环境是全球性的,具有国际性

国际航运业的发展主要取决于国际经济贸易的发展,国际航运在具体经营过程中具有如下国际性的特点:

其一,船公司的业务经营对国际海运市场的依存性高。海运业务量的大小直接取决于国际贸易量的大小。需求产生供给,所以,船公司业务经营的好坏,与国际海运市场的总体供求息息相关。

其二,主要货运单证具有较强的国际通用性。各个与运输相关的国际组织为了促进国际贸易的发展,减少由于各国运输单证的不统一带来的手续和监管上的不便,提高国际货物运输的顺畅性,降低运输成本,都致力于从语言、格式、内容、编码等方面统一国际货物运输中的主要单据,并取得了丰硕的成果。发展到现阶段,主要货运单证都具有国际通用性。

其三,在适用法规方面具有国际统一性。对于国际运输过程中赔偿责任的解释所适用的法规,各国之间若是不同,则对同一件事买卖双方各有不同的解释,势必阻碍贸易的发展。只有统一的法规,才能在责任与义务的划分等方面取得公平合理的、双方都认可的认识和解释。所以,国际航运在适用法规方面具有国际统一性。

4. 各国的航运活动受国际公约和规章的约束

国际航运的环境是全球性的,具有国际性,因此,各国的航运活动受国际公约和规章的约束。为了统一世界各国关于海运提单的不同法律规定,建立船货双方均等平摊海上运输风险的责任制度,并确认承运人与托运人在海上货物运输中的权利和义务,一些国际组织制定了关于海上货物运输的国际公约。目前在国际航运业影响最大的国际公约主要有:《关于统一提单的若干法律规则》(简称《海牙规则》,The Hague Rules,1931 年 6 月 2 日生效)、《关于修改 1924 年统一提单的若干法律规则的协议书》(简称《维斯比规则》,The Visby Rules,1977 年 6 月 23 日生效)、《联合国海上货物运输公约》(简称《汉堡规则》,The Hamburg Rules,1992 年 11 月 1 日生效)等。关于这些公约的具体内容,我们将在项目八“国际航运的有关公约与管理制度”中详述。

5. 以国际航运活动为中心形成了专业性的行业群体

航运业已从贸易业中分化出来而成为一个独立的行业。国际航运业以国际航运活动为中心形成了专业性的行业群体或组织。国际航运组织主要包括非官方的国际航运组织(如:国际航运公会、波罗的海国际海事协会、国际海事委员会、国际海运联合会、国际独立油轮船东协会、欧洲和日本国家船东协会委员会、波罗的海航运交易所)、国际海事组织、国际航运行业组织(如:班轮公会、船东协会)等。

单元二　国际航运的运输工具与对象

船舶是国际航运的主要工具。国际航运的运输对象就是各种进出口货物。

一、国际航运的运输工具

国际航运活动主要使用的工具有:

(1)包装工具,包括包装机械、充填包装机械、灌装机械、封口机械、贴标机械、捆扎机械、热成型包装机械、真空包装机械、收缩包装机械和其他机械。

(2)集装工具,主要有集装箱、托盘和集装袋等。

(3)运输工具,主要有船舶以及与其他运输方式相衔接所使用的汽车、火车、飞机和管

道等。

(4)装卸搬运工具，主要有起重机械、装卸搬运车辆、连续输送机械和散装机械等。

就运输工具来说，海上航行的船舶很多，国际航运所使用的主要是商船（merchant ship）。商船是以商业行为为目的，运载货物和旅客的船只。按用途不同，商船可分为客船、货船和客货船。其中，货船（cargo ship）是国际航运的主要工具。

（一）货船的种类

货船是专门用于货物运输的船舶。货船按照其用途不同可分为干货船（dry cargo ship）、油槽船（tanker）和特种船，如图 1－1 所示。

- 货船
  - 干货船
    - 杂货船
    - 散装货船
    - 冷藏船
    - 木材船
    - 集装箱船
  - 油槽船
    - 游轮
    - 液化天然气船
    - 液体化学品船
  - 特种船
    - 滚装船
    - 载驳船
    - 辅助船（破冰船、挖泥船、拖船）

图 1－1　货船的分类

干货船主要有杂货船（general cargo ship）、散装货船（bulk cargo ship）、冷藏船（refrigerated ship）、木材船（timber ship）和集装箱船（container ship）等。

油槽船是主要用来装运液体货物的船舶。油槽船根据所装货物种类不同，又可分为：油轮（oil tanker）、液化天然气船（liquefied natural gas carrier）、液体化学品船（chemicals tanker）。

特种船如滚装船（roll on/roll off ship）、载驳船（又称子母船）（barge carrier）等。

货船按货物的载重量不同分，主要有巴拿马型船[①]、超巴拿马型船、灵便型船。

（二）吨位、船级、船籍、船旗和方便旗船

船舶适航条件是指船舶能顺利地在水上航行并进行运输，而必须达到或具备的技术、法律等方面所规定的条件，主要通过船舶登记、船舶检验、船舶入级、船舶签证、船舶保险、船员配备等方式进行控制、监督和执行。

船舶的法律性质

商船的特征与规范包括：船籍与船旗（ship's nationality and flag）、船级（ship classification）、船舶载重线（load line）、船舶吨位（vessel tonnage）、船舶的载货容积（cargo capacity）和船舶载货舱容系数（coefficient of stowage capacity）等。

吨位是表示船舶大小的指标，按计算方法不同可分为重量吨位和容积吨位。其中，重量

① 巴拿马型船是一种专门设计的适合巴拿马运河船闸的大型船只，这些船只的船宽和吃水受到巴拿马运河船闸闸室的严格限制。一艘巴拿马型货轮，一般载重在65 000 吨左右。越来越多的船只在建造时精确地匹配巴拿马运河船闸的限制，以便在适应巴拿马运河航道的前提下运送尽量多的货物。

吨位又可分为排水吨位和载重吨位；容积吨位又可分为注册总吨和注册净吨。各个具体吨位指标的使用范围不同，作用也有所不同，可根据实际情况来确定使用。

船级是表示船的性能好坏的指标，是租船人租船和国家监管的重要参考依据。船级越高，说明性能越好，保险费就越低。在国际航运界，注册总吨在100吨以上的海运船舶必须在某船级社或船舶检验机构的监督下进行建造。在船舶开始建造之前，船舶各部分的规格须经船级社或船舶检验机构批准。每艘船建造完毕，由船级社或船舶检验机构对船体、船上机器设备、吃水标志等项目和性能进行鉴定，发给船级证书。设立船级的意义在于：保证航行安全；有利于国家对船舶进行技术监督；便于租船人和托运人选择适当的船只，以满足进出口货物运输的需要；便于保险公司决定船、货的保险费用。

船籍就是船的国籍。商船的所有人在哪国登记，就拥有哪国的国籍，船上就挂哪国的国旗。

方便旗(flag of convenience)船是指在外国登记、取得外国船籍、悬挂外国国旗的商船。允许别国船只来登记的国家叫开放登记国(也叫方便旗船国)。世界上主要的方便旗船国有：巴拿马、巴哈马、新加坡、塞浦路斯、利比里亚、洪都拉斯、百慕大等。

船舶签证的目的在于监督船舶保持适航状态，保障船舶航行安全，维持海上运输秩序。因此，国际航行船舶在进出各国港口时，必须按有关公约和法规规定履行船舶签证手续，主要是向船舶所在港口的主管当局呈验各种证书文件。

(三)国际航运船舶的营运方式

按照船公司对船舶经营方式的不同，商船可分为班轮和不定期船两种类型。因此，按照船公司对船舶经营方式的不同，国际航运可分为班轮运输和租船运输两种方式。

船舶的主要文件

1. 班轮运输

班轮运输(liner shipping)又称定期运输，是指在既定的航线上、确定的时间里和规定的港口间从事货物运输，并按班轮运价表的规定计收运费的一种营运方式。

2. 租船运输

租船运输(tramp shipping)，又称不定期运输，是相对于定期船运输而言的另一种船舶运输方式。其没有固定的航线和挂靠港口，也没有预先制定的船期表和费率本，船舶经营人与租船人通过洽谈运输条件、签订租船合同来安排运输，故称之为租船运输。

关于班轮运输和租船运输的具体业务，我们将在以后的章节中详细阐述。

二、国际航运的运输对象

国际航运的运输对象就是各类运输部门承运的各种进出口货物，如原料、材料、工农业产品、商品以及其他产品等。

(一)货物的分类

国际航运的运输货物，其形态和性质各不相同，对运输、装卸、保管也各有不同的要求。可以从货物的形态、性质、重量、运量等不同角度对国际货物运输的对象进行简单的分类。

1. 从货物形态的角度分类

从货物形态的角度，可将货物分为包装货物、裸装货物和散装货物。

(1)包装货物。使用一些材料对货物进行适当的包装，这种货物就叫作包装货物。按照货物包装的形式和材料，包装货物通常可分为以下几种：①箱装货物；②桶装货物；③袋装货物；④捆装货物；⑤其他如卷桶状、编筐状、坛罐状等多种形状的包装货物。

(2)裸装货物。不加包装而成件的货物称为裸装货物。常见的有各种钢材、生铁、有色金属以及车辆和一些设备等。

(3)散装货物。不加任何包装，采取散装方式，以利于使用机械装卸作业进行大规模运输的货物称为散装货物。包括干质散装货物和液体散装货物，如煤炭、铁矿、磷酸盐、木材、粮谷、工业用盐、硫黄、化肥、石油等。

2. 从货物性质的角度分类

从货物性质的角度，可将货物分为普通货物和特殊货物。

(1)普通货物。普通货物包括：①清洁货物，指清洁、干燥的货物，如茶叶、棉纺织品、粮食、陶瓷品、各种日用工业品等。②液体货物，指盛装于桶、瓶、坛内的流质或半流质货物，如油类、酒类、药品、普通饮料等。③粗劣货物，指具有油污、水湿、扬尘和散发异味等特征的货物，如包装外表有油腻的桶装油类、生皮、盐渍货物、水泥、烟叶、化肥、矿粉、颜料等。

(2)特殊货物。特殊货物包括：①危险货物，指具有易燃、爆炸、毒害、腐蚀和放射性危害的货物。②易腐、冷藏货物，指常温条件下易腐烂变质或指定以某种低温条件运输的货物，如菜、鱼类、肉类等。③贵重货物(也称高值货物)[①]，指价格高昂的货物，如金、银、贵重金属、货币、高价商品、精密器械、名画、古玩等。④活的动植物，指具有正常生命活动，在运输过程中需要特殊照顾的动植物。

3. 从货物重量的角度分类

按照货物的重量和体积比例的大小，可将货物分为重量货物和体积货物两种。根据国际上统一的划分标准，凡1吨重量的货物，体积小于40立方英尺或1立方米，这种货物就是重量货物；凡1吨重量的货物，体积大于40立方英尺或1立方米，这种货物就是体积货物，也称为轻泡货物。货物的这种划分，对于安排货载和计算运费具有十分重要的意义。

4. 从货运量大小的角度分类

从货运量大小的角度，可将货物分为大宗货物、件杂货物、长大笨重货物。

(1)大宗货物。同批(票)货物的运量很大者，称为大宗货物，如化肥、粮谷、煤炭等。大宗货物约占世界海运总量的75%~80%。

(2)件杂货物。大宗货物之外的货物称为件杂货物。它有一定的包装，可分件点数，约占世界海运总量的25%，但其货价要占到75%。

(3)长大笨重货物。在运输中，凡单件重量超过限定重量的货物称为重件货物或超重货物；凡单件某一尺寸超过限定数量的货物称为长大货物或超长货物[②]。一般情况下，超长的货物往往又是超重的，超重的货物中也有一些是超长的，所以，这类货物统称为长大笨重货物，如石油钻台、火车头、钢轨等。

5. 从港口装卸工艺的角度分类

国际航运的货物一般要在港口进行装卸，按港口装卸工艺的不同可将装卸货物主要分为四大类：杂货、集装箱货物、散装货、特殊货物。

(1)杂货。杂货(general cargo)，是品种繁杂、性质各异、形状不一、批量较小货物的统

① 在海运方面区分高值货物和低值货物主要是根据货物费率的高低，一般以班轮费率8级为分界线，1~8级为低值货物，9~20级为高值货物。

② 超重货物和超长货物并无严格界限，一般超过9米的货物为超长货物，超过2吨的货物为超重货物。

称，是指在运输、装卸和保管中成件的有包装（或无包装的大件）的货物。由于杂货装卸比较困难，需要装卸运输机械的种类较多，故不容易充分发挥装卸机械的效率。杂货一般可按件数（袋装、各类箱装、成捆、成扎和裸装件等）计算装卸运输数量，记载于提单上，作为交接货物的依据，因此又称"件杂货"。

件杂货按照包装形式和件货的形式可分为：①袋装货物，如袋装粮、袋装盐、袋装水泥等。②捆装货物，如捆装的棉花、烟草等。③桶装货物和圆筒状货物，如桶装汽油、食油、桐油及圆筒状的电缆等。④箱装货物，如箱装的日用百货、香烟、食物、罐头、小五金等。⑤筐、篓、坛装货物，如蔬菜、水果、榨菜、硫酸等。⑥裸装货物，如生铁块、钢锭、钢材、废钢、砖等无外包装货物。

（2）集装箱货物。集装箱货物是以集装箱为单元积载设备进行运输的货物。利用集装箱运输货物，需要正确掌握该种货物的知识，这不仅要选择适合于集装箱的货物，而且也要选择适合于货物的集装箱。因此，在航运实践中并不是不适合集装箱的货物就一定不用集装箱来运输。

（3）散装货。散装货又称散装货物、散货，包括散装固体货物和散装液体货物两种。散装货一般批量较大，因其没有包装，可节约包装费用，较充分地利用货舱容积，更有利于机械化装卸作业。与件杂货按计件形式装运和交接货物不同，散装货是按计量形式装运和交接货物的。

散装固体货物，也称干散货，指无固定包装的或不加包装的块状、颗粒状、粉末状货物，如谷物、矿石、矿粉、煤炭、矿砂、散运的盐等。

散装液体货物，又称液体货，指不使用包装，利用管道、泵进行装卸，直接装入货舱、槽罐进行运输的各种液体状的货物。如石油及其产品、液化气（包括液化石油气、液化天然气和液化化学气）、液体化学品等。其中石油类货物、液化石油气和液化天然气都是重要的能源，尤其是石油类货物，在世界海运量中占有相当大的比重，也是我国重要的进出口货源。

（4）特殊货物。特殊货物包括一切因本身性质对装卸、运输和保管有特殊要求的货物，如危险货物、易腐冷藏货物、贵重货物、活的动植物、重大件货物等。从运量上来看，这类货物的量非常少。

（二）货物的计量

在海运业务中，货物的体积和重量不仅直接影响船舶的载重量和载货容积的利用程度，还关系到有关库场堆放货物时如何充分利用场地面积和仓库空间等问题，而且还可能是确定运价和计算运费的基础，同时与货物的装卸、交接也有直接的关系。

海运货物的计量包括货物丈量和衡重。

1. 货物的丈量

货物的丈量又称量尺，是指测量货物的外形尺度和计算体积。货物丈量的原则是：按货物的最大方形进行丈量和计算，在特殊情况下可酌情予以适当的扣除，某些奇形货件可按实际体积酌情考虑其计费体积。货物的量尺体积是指货物外形最大处的长、宽、高之乘积。用公式表示为：

$$V = L \times W \times H$$

式中：V——货物的量尺体积（立方米）；

L——货物的最大长度（米）；

W——货物的最大宽度（米）；

H——货物的最大高度(米)。

2. 货物的衡重

货物的衡重是指衡定货物的重量。货物的重量可分为净重、皮重和毛重(总重),货物衡重应以毛重计算。货物的重量原则上应逐件衡量,不具备逐件衡量条件时,可采用整批或分批衡量、抽件衡量并求平均值等方法测得重量。货物衡重可使用轨道衡、汽车衡(一种地秤)、吊钩秤、皮带秤、定量秤,对于散装运输的大宗货物还可以采用水尺计重。

海上货物运输中,货物衡重使用的衡制,即货物重量的计重单位为吨(metric,M/T)。美洲国家有时使用短吨(short ton),欧洲国家则有时使用长吨(long ton)。

每一吨货物在正常堆装时实际所占的容积(包括货件之间正常的空隙及必要的衬隔和铺垫所占的空间),称为货物的积载因数(stowage factor,SF),也称积载系数,其单位为立方米/吨(英制为立方英尺/吨)。

积载因数=体积÷毛重

货物积载因数的大小说明货物的轻重程度,反映一定重量的货物需占据船舶多少舱容,或占多少箱容,甚至仓储时需占多少库容。积载因数大于1,货物为轻货;称载因素小于1,货物为重货。

货物积载因数的实测方法

单元三 国际航运的运输路径

国际航运过程是由多次的运动—停顿—运动—停顿所组成的。与这种运动相对应的国际航运网络是由执行运动使命的线路和执行停顿使命的结点这两种基本元素组成的。线路与结点相互关联组成了不同的国际航运网络(如图1-2所示)。

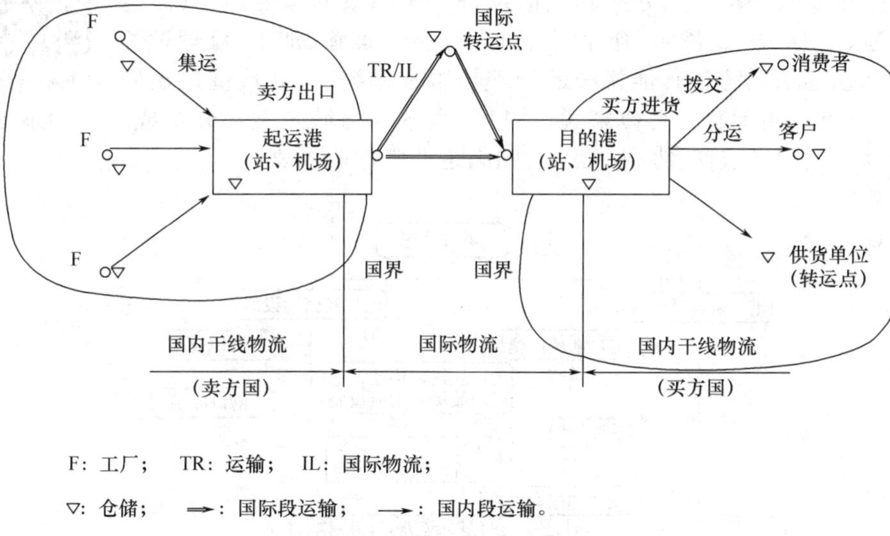

图1-2 国际航运网络简图

国际航运的运输结点(nodes)主要是港口。国际航运的运输线路具体表现为各种海运航线和海上通道。

一、港口

港口，是具有水陆联运设备和条件，供船舶安全进出和停泊的运输枢纽，也是水陆交通的集结点和枢纽，更是“一带一路”的重要结点和载体。

港口因处于陆运和水运两大运输系统的结合点上，在现代物流体系的发展中，具有对各种物流活动进行组织、协调、衔接及配送、仓储、保税、通关、加工等流程服务的优势，因而成为航运物流业的桥头堡和国际贸易重要的服务基地与货流分拨配送中心。

（一）港口概述

1. 港口的定义

人们通常说的港口，是某一个国家或某一地区的门户，是水陆空交通的集结点和枢纽，工农业产品和外贸进出口物资的集散地，船舶停泊（飞机起降）、装卸货物、上下旅客、补充给养的场所。

《中华人民共和国港口法》所称的港口，是指具有船舶进出、停泊、靠泊，旅客上下，货物装卸、驳运、储存等功能，具有相应的码头设施，由一定范围的水域和陆域组成的区域。

从物流学的角度给港口下定义，港口是物流链上一个重要的组成部分，具有一定面积的水域和陆域，具有水陆联运设备和条件，供船舶与其他运输工具安全进出和停泊以及货物集散、装卸、存储、驳运，并为船舶与其他运输工具提供补给、修理等技术服务和生活服务的运输枢纽。现代港口不仅是水陆交通的集散地，从本质意义上讲，它更是一个物流基地、物流枢纽和物流结点，是物流企业的群集。

2. 港口的基本构成

现代港口是由各种水上和陆地建筑物，各种水上及陆上设施（如图 1－3），各种机械、输变电、导航和通信设备等所组成的综合体，具体包括航道、港池、锚地、码头、货场、仓库、各种作业设备（运输、加工、修理设备等）、导航系统、通信系统和其他相应的管理与服务系统等，现代港口还需要相应的经济腹地相配套。总体来说，港口由水域和陆域两大部分组成。各部分相互联系、相互依存、协调一致，共同满足港口作业需要。

与港口相关的其他概念

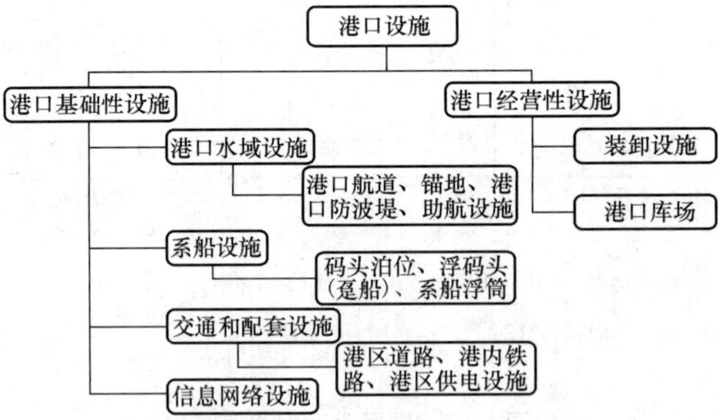

图 1－3　港口设施

水域包括进港航道、锚泊地和港池。天然掩护条件较差的海港须建造防波堤。水域供船舶航行、运转、锚泊和停泊装卸之用，要求有适当的深度和面积，水流平缓、水面稳静。

陆域岸边建有码头，岸上设港口、堆场、港区铁路和道路，并配有装卸和运输机械，以及其他各种辅助设施和生活设施。陆域供旅客集散、货物装卸、货物堆存和转载之用，要求有适当的高程、岸线长度和纵深。

港口的基本构成如图 1 –4 所示。

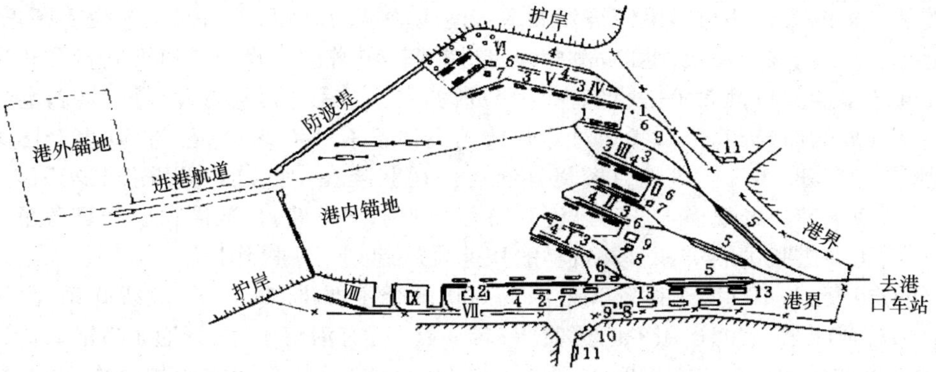

图 1 –4　港口平面图

3. 港口的类型

港口的类型是指港口由于规模大小、所在地理位置、用途、潮汐的影响、地位和作用等的不同而形成的不同类别。港口可按多种方法分类，如表 1 –2 所示。

表 1 –2　港口的分类

分类方法	分类
按用途	商港、军港、渔港、工业港和避风港
按所在位置	海岸港、河口港和河港
按港口水域在寒冷季节是否冻结	冻港和不冻港
按对进口的外国货物是否办理报关手续	报关港和自由港
按装卸货物的种类	综合性港口和专业性港口
按运港性质	基本港和非基本港
按对国际集装箱运输的作用	干线港、支线港和地区性港
按规模大小	特大型港口、大型港口、中型港口、小型港口

4. 国内外主要港口

世界上的国际贸易海港约有 2 500 多个，位于世界各海洋的要道，各国、各地区的货物聚集在此并转运到世界各地的大港口。这些港口中，吞吐量超过 1 000 万吨的有 100 多个。目前，世界上吞吐量在千万吨以上的大港有 80% 以上集中在发达国家，它们往往也是大工业中心，但我国有 8 个港口跻身世界十大港口，亿吨大港已占世界亿吨大港的半壁江山。发展中国家的港口多是原料出口港，工业不够发达。大西洋拥有的港口数量最多，约占世界的 3/4；太平洋约占 1/6；印度洋约占 1/10。

(1)国外主要港口。鹿特丹港(Rotterdam Port)、纽约港(New York Port)、新奥尔良港(New Orleans Port)、神户港(Kobe Port)、横滨港(Yokohama Port)、伦敦港(London Port)、新加坡港(Singapore)、汉堡港(Hamburg Port)、马赛港(Marseille Port)、安特卫普港(Antwerp Port)等均为世界大港,在世界货物贸易运输中占有重要地位。

(2)我国的主要港口。我国拥有 1.8 万千米的大陆海岸线,11 万千米的内河航道,沿海沿江有 1 460 多个商港。经过几十年的建设和发展,我国港口的吞吐能力有了显著的提高,基本扭转了过去港口长期与国民经济发展不相适应的被动局面,港口码头泊位不断增加,继续向大型化、专业化方向发展,港口货物吞吐量持续较快增长。我国港口吞吐量和集装箱吞吐量已经连续多年保持世界第一,拥有 20 个货物吞吐量超过亿吨的大港。目前,港口已成为我国对外开放的门户和窗口,我国对外开放的港口已有 140 多个,已与 50 多个国家签订了海运协定,已有 30 多个国家近百家境外航运公司获准在中国港口开辟集装箱班轮航线。从总体上看,我国港口的规模与能力已经具备相当的基础条件,少数港口已经具备了一定的国际竞争力,为促进我国经济和对外贸易的快速发展起到了积极作用。

我国的港口已与100 多个国家和地区的600 多个主要港口建立了航线联系,海运互联互通指数保持全球第一,海运服务已覆盖"一带一路"所有沿海国家,开通了以港口为起点的"一带一路"方向的30 多条国际班列,开展了多个港口建设与营运方面的合作,如共同推进了巴基斯坦瓜达尔港、斯里兰卡科伦坡港等港口领域的合作项目。

我国形成了主要港口、地区性重要港口和一般港口三个层次的港口布局。沿海港口基本建成煤炭、石油、铁矿、粮食、集装箱、汽车、陆岛及旅客运输八大运输系统。

按地理位置进行区分,我国的沿海港口主要包括:东北沿海港口、华北沿海港口、山东沿海港口、苏浙沪沿海港口、福建沿海港口、粤桂沿海港口、海南沿海港口和港、澳、台地区沿海港口。

我国大陆的主要海港有:上海港、宁波—舟山港、广州港、天津港、深圳港、大连港、秦皇岛港、唐山港、青岛港、黄埔港、湛江港、连云港港、苏州港、南京港、温州港、营口港、厦门港、北海港等。随着经济的逐步发展,我国形成了五大港口群,自北向南依次是环渤海地区、长江三角洲地区、东南沿海地区、珠江三角洲地区和西南沿海地区。港口群在发挥装卸集装箱船货物的运输功能外,还参与组织各个物流环节业务活动及彼此之间的衔接与协调,逐步成为全球国际贸易和运输体系中的物流基地。

(二)港口的集疏运系统

系统是指两个及两个以上的要素有机的、有序的和分层次地结合在一起,其各环节状态是可观测的,整体状态是可控制的,整体机能大于要素机能简单加和的要素集合体。

在港口集疏运各个环节中,"集"是从发货人指定场所将出口的货物运至港口,集中堆放在码头或码头附近的堆场或仓库;"疏"是将进口货物从船上卸下,堆放在码头后方堆场、码头附近的港外堆场或仓库,或直接从船上吊卸到车辆上,然后通过各种方式运至收货人指定的目的地。

港口集疏运系统是与港口相互衔接、主要为集中与疏散港口吞吐货物服务的交通运输系统。其主要包括集疏设施、集疏运方式及集疏运管理。其中,集疏设施通常指公路、铁路、港口、机场、仓库、堆场等;集疏运方式主要有水路运输、铁路运输、公路运输和航空运输;集疏运管理指对运输计划的制订、组织、协调等。

港口集疏运系统发挥着港口物流的集疏运作用,直接影响港口物流体系的运作效率,是增强港口辐射力和带动作用的关键环节。货物在港口集疏运系统的基本流动如图 1-5 所示。

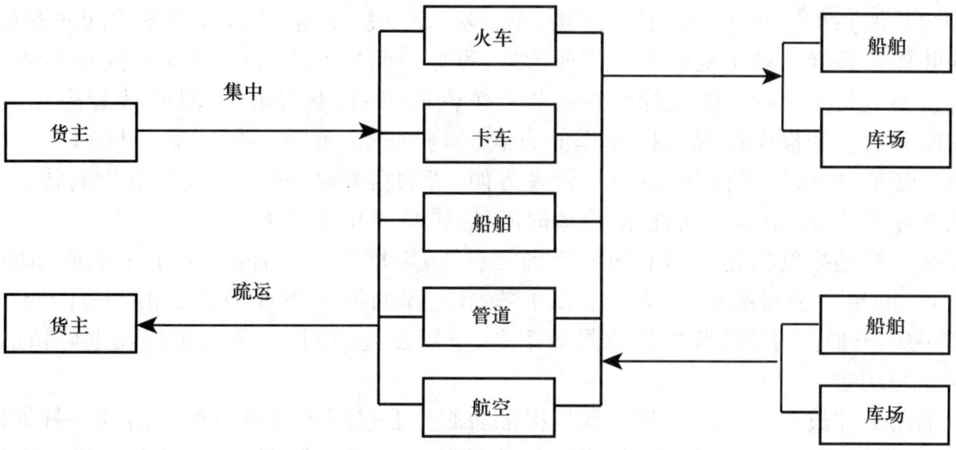

图 1-5　集疏运系统货物流动示意图

港口集疏运输体系的具体特征，如集疏运线路数量、运输方式构成和地理分布等，主要取决于各港口与腹地运输联系的规模、方向、运距及货种结构。一般与腹地运输联系规模大、方向多、运距较长，以及货种较复杂多样的港口，其集疏运系统的线路往往较多，运输方式结构与分布格局也较复杂；反之亦然。由于各港口的实际情况十分复杂，互不相同，故其集疏运系统的具体特征也不同。从发展趋势看，一般大型或较大型港口的集疏运系统，均应因地制宜地向多通路、多方向与多种运输方式方向发展。

（三）港口的生产服务

运输业的生产不改变生产对象的自然性质和物质形态，也不创造实体的产品。它的产品是为了完成货物位移所提供的服务。港口生产仅仅是为了完成货物在不同运输方式之间的换装及堆存保管所提供的服务。

1. 港口生产的主要内容

港口是从事货物装卸、搬运、储存、流通加工以及进行相关信息处理和服务等物流环节的场所。港口生产主要包括以下几个方面：

（1）货物的装卸。相对于货物运输来讲，装卸作业是短距离的货物搬移，是仓库作业和运输作业的纽带和桥梁，实现的也是物流的空间效益，是保证货物运输和保管连续性的一种物流活动。港口装卸主要是货物在不同运输工具之间的换装，在装卸过程中并没有材料的消耗，只有机械的磨损及燃料的消耗。

港口装卸作业的基本过程可分为装卸准备过程、装卸作业过程和辅助装卸过程。

①装卸准备过程。装卸准备过程是指在港口装卸活动之前所进行的全部技术准备和组织准备工作，主要包括编制装卸作业计划，根据计划进行货物操作过程、装卸工艺、装卸地点、库场和接运工具的确定和准备，装卸机械和工具的准备以及货运文件的准备。这些工作是确保装卸作业过程顺利进行的前提。

②装卸作业过程。装卸作业过程即货物在港的装卸搬运过程，或称换装作业，是指货物从进港到离港所进行的全部作业的综合，是直接完成船、车货物的装卸过程，是由一个或者

一个以上的操作过程所组成的。

常见的换装作业过程有：船—船（卸船和装另一艘船）；船—车、驳（卸船装车或装驳、卸车或卸驳装船）；船—货场；车、驳—库场；车、驳—车、驳；库场—库场（库场之间的搬运）。

换装作业是港口最主要的生产作业形式，可分为两种形式：直接换装和间接换装。

直接换装是指货物由船上卸下直接装上车辆或船舶，不再进入库场（或程序相反）。直接换装是只有一个操作过程的换装作业方式，如船—车（直取）、船—船（过驳）。直接换装的优点是环节少，所用机械和人员少，管理方便，货物在港时间短，加速了货物流转。但在直接换装作业形式下，船舶、车辆在港停留时间长，港口费用支出大。

间接换装是指货物先从船上卸入库场，经过短期堆存，再由库场装上车辆或船舶（或程序相反）。间接换装是有两个及两个以上操作过程的换装作业方式，如船—库（场）—车、船—库（场）—船。间接换装的优点是效率高，车船在港时间少，节省车船在港停留的费用，提高车船利用率。

③辅助装卸过程。辅助装卸过程是保证装卸作业过程正常进行所必需的各种辅助性活动，包括装卸机械的维修与保养、装卸工属具的加工制造与管理、港口各项设施的维修以及动力供应等。

（2）货物的仓储。港口货物仓储是指各种运输方式转换的临时库存和为原材料、半成品和产成品提供的后勤储存和管理服务。港口货物仓储多数表现为临时性的中转堆存，主要是针对集装箱运输方式出口货物的仓储。

港口货物仓储作业主要包括进口、入库、储存保管和出库四大环节（如图 1－6 所示）。

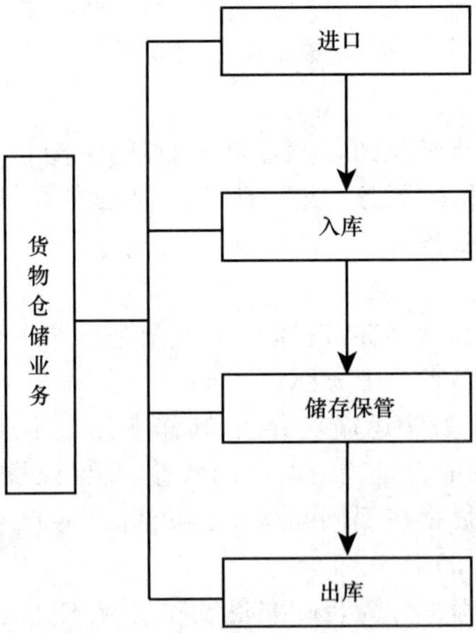

图 1－6　港口货物仓储作业

（3）货物的港内运输。常见的货物在港内的运输有两类，即货物在船舶与内陆运输工具（火车、汽车、管道）或与水路运输工具（船、驳）之间的双向移动。对于进口货物而言，货物可以经港口机械化移动，从大船的船舱移动至港口的公共仓库、库场堆场，或直接通过运输工具运送至货主仓库。对于出口货物而言，则需要做好货物出库，从仓库、库场堆场运送至码头、船舱。货物在港口的位移如图 1 －7 所示。

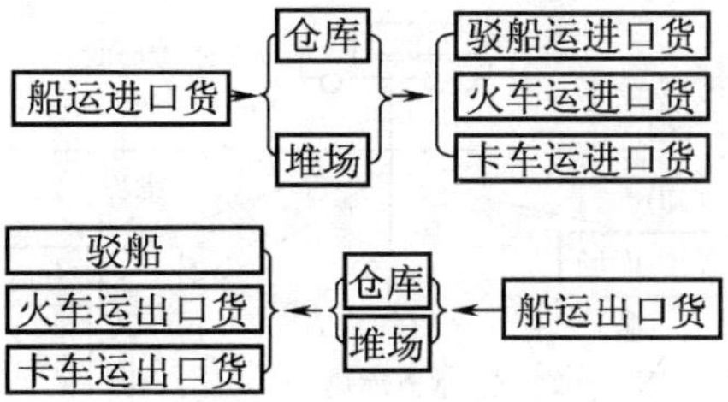

图 1 －7　货物在港口的位移

(4)以船舶为主要对象的服务性生产。港口以船舶为主要对象的服务性生产即港口对船舶的技术服务,如引航、移泊、航修、燃料、淡水、食品、船用备品的供应和船舶污水处理等。

(5)为装卸生产服务的辅助性生产。为装卸生产服务的辅助性生产,如港口装卸机械设备的修理;库场、码头道路等工程建筑设施的维护、修理;装卸工属具的加工、制造、保养和维修等。

港口生产的以上几个方面之间存在着相互依存的关系。港口以装卸、储存、港内运输生产为其主要生产任务,同时,它们也是确定服务性生产和辅助性生产规模的依据。服务性生产和辅助性生产是保证装卸等生产任务连续进行的技术基础和物质保证。

2. 港口的生产过程

港口的生产过程是从接待车、船开始,送走车、船为止的一个物流生产周期。车、船连续不断地到达,并经过装卸之后离去,因此,港口的生产是以为车、船服务为中心的,一个周期连一个周期循环进行。

港口的生产过程,按其程序可划分为生产准备过程、基本生产过程、辅助生产过程和生产服务过程四个阶段,如图 1 －8 所示。

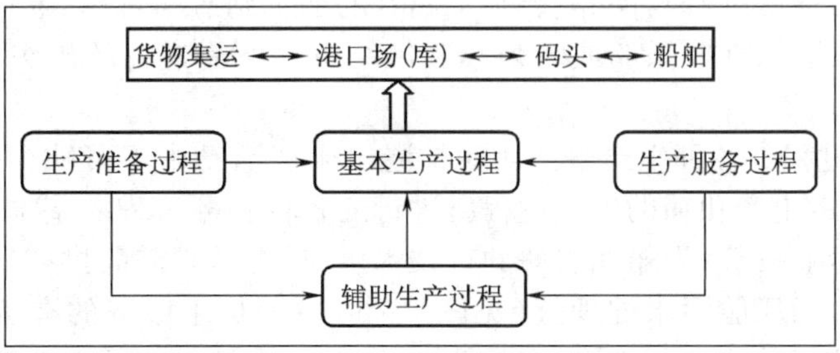

图 1 －8　港口的生产过程

(1)生产准备过程。生产准备过程是指在港口基本生产活动之前所进行的全部技术准备和组织准备工作,主要内容包括:编制装卸作业计划;根据计划进行货物操作过程、装卸工艺、装卸地点、库场和接运工具的确定和准备;装卸机械和工具的准备以及货运文件的准备。这些工作是确保基本生产过程顺利进行的前提。

(2)基本生产过程。货物在港内作业方式如图 1 －9 所示。

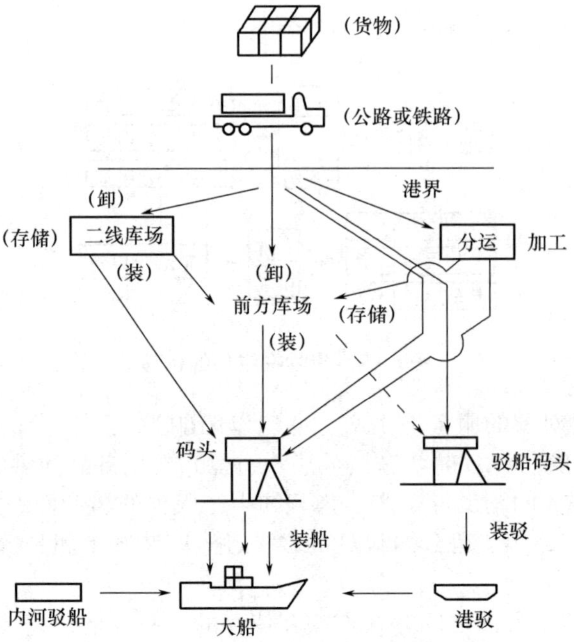

图 1－9　货物在港内作业方式示意图

基本生产过程是指货物的装卸、储存和港内运输生产作业过程，主要内容包括卸船过程、装船过程、卸车过程、装车过程、库场作业过程、港内运输及其他生产性作业等。

基本生产过程是由一个或一个以上操作过程组成的。货物在港区内储存期间，根据需要可在库场之间搬运，这类作业应视为一个独立的操作过程。但货物在同一库场内的倒垛、转堆属库场内整理性质，与翻舱，散货的拆、倒，摊晒货物等同属装卸辅助作业，均不计为操作过程。

(3) 辅助生产过程。辅助生产过程是保证基本生产过程正常进行所必需的各种辅助性生产活动，如装卸机械的维修与保养、装卸工属具的加工制造与管理、港口各项设施的维修，以及动力供应等。此外，在一条船或一列车装卸结束后所需进行的码头、库场整理工作等，均属辅助生产活动。

(4) 生产服务过程。各种生产服务活动是港口生产活动中不可缺少的组成部分。生产服务过程是保证基本生产和辅助生产过程所进行的各种服务过程。基本生产服务有理货业务、仓储业务和计量业务等；为船舶服务的有技术供应、生活必需品供应、燃料供应和淡水供应、船舶检验和修理与压舱污水处理等（见图 1－10）；为货主服务的有货物鉴定、检验和包装等；此外还有集装箱的清洗与检修、集装箱的固定、港内垃圾和污水处理等。

3. 港口生产的特点

港口生产活动主要有以下四个方面的特点。

(1) 产品的特殊性。港口的产品生产有别于一般的工业企业，它并不提供实物形态的产品，而只提供货物空间的位移，使货物从一种运输工具转移到另一种运输工具或者在运输工具与库场之间的位移，这种特殊“产品”在其生产过程中被即时消费。

(2) 生产的不平衡性。港口生产企业的服务对象是船舶和其他运输工具。由于运输工具到港的密度和类型，到港货物的数量、品种和流向等具有随机性，这种随机性产生于港口

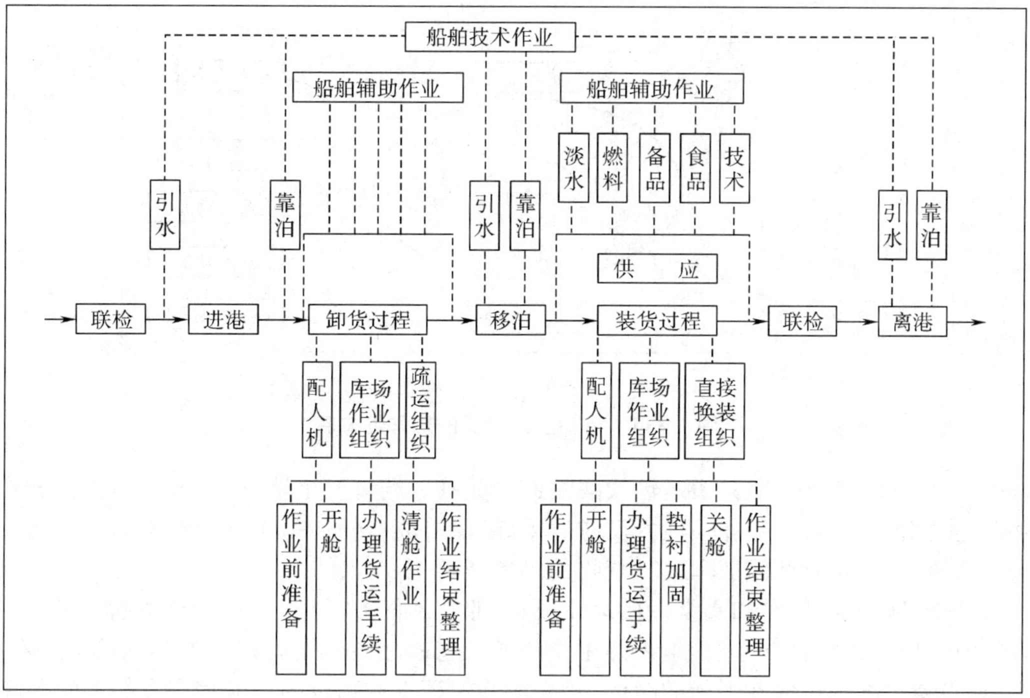

图 1-10 船舶在港作业过程示意图

活动的各环节之间的独立性，而且各种活动本身的规律性受多种因素的影响，因此，各种活动的随机性导致了港口企业的生产任务具有不平衡性。

(3)生产的连续性。港口生产，如装卸活动，通常采用昼夜 24 小时连续作业的方式。连续性是指组成生产过程的各个环节、各个工序、各个阶段在时间上是紧密衔接的，不发生各种不合理的中断现象。保持和提高生产过程的连续性有非常重要的意义。港口生产过程的组织是以运输工具(船、车)为对象的，一个运输工具的全部作业完成之后，才能离港，如果不能连续作业，必然影响运输工具的利用率。一艘船的装卸一般由若干条作业线组成，一个工序中断，会中断整条作业线。港口生产过程的间断，还会增加货物在港口的停滞时间，影响货物使用价值的实现。因此，必须保证港口作业连续进行。

(4)生产组织的协作性。由于港口是多种运输方式的汇聚点，有许多企业和管理机构在其中运作。港口生产组织的协作性关系如图 1-11 所示。从港口企业的外部看，既要与集疏运部门、船东和货主密切联系，又要与海关、引航、船舶供应和港务监督等部门相互协调；从港口企业的内部看，要协调装卸队、库场和理货等部门的各种作业，使其形成一个有机的整体。所以，港口生产是多部门、多环节和多工种内外协作的过程，具有明显的协作性。

港口在组织生产过程时，既要组织好基本生产过程，又要组织好其他三个过程，不但要注意物质(即各项设备)的组织，而且要抓好信息的组织。在港口生产过程中，由于信息不畅通而产生的生产中断，在总的中断时间中占有很大的比重。例如，在船舶到港前未能收到船舶积载图，港口无法提前做好准备工作；外贸出口货物虽然已到港，但由于某些手续没有办妥而不得不退关的现象也时有发生。港口物流生产过程组织要注意以下方面的工作。

第一，保持港口畅通，加速车、船、货的周转。港口是运输网络上的各种运输工具之间的

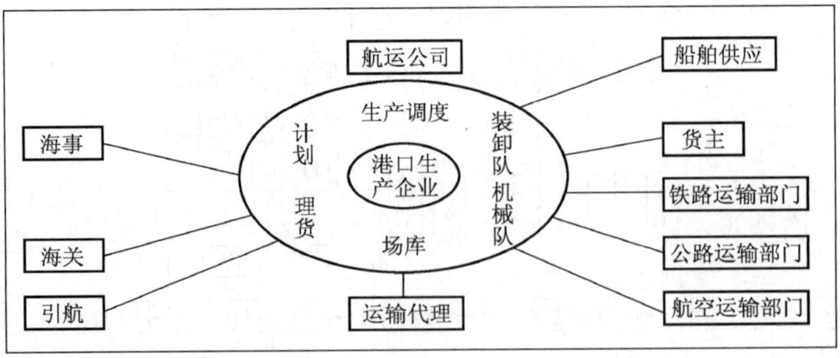

图 1-11　港口生产组织的协作性关系

换装点，港口的畅通是保证各条运输线路畅通的关键。港口发生堵塞，就会在各条运输线路上立即反映出来，并将引起连锁性的反应。因此，保持港口畅通是生产组织的首要任务。只有港口畅通无阻，才能够保证车、船、货物的加速周转。

第二，保证按期、按时和安全优质地完成车、船装卸任务。车、船装卸是货物在港口实现换装的中心环节，也是生产过程组织的主要任务。它通过各种作业计划落实到具体的车、船和班组，当港口出现任务不平衡的时候，首先应当保证重点物资的运输和重点船舶的装卸。

第三，合理运用港口资源和技术手段完成生产任务。在港口生产组织中，如何使投入的物化劳动和活劳动消耗最少是一项重要任务，因为它是关系到港口经济效益高低的主要原因。所以，无论是生产过程的空间组织，还是生产过程的时间组织，都应该把提高港口经济效益、不断降低装卸成本放到重要的位置。

第四，加强与港口生产过程各相关部门间的合作。生产过程组织的另一项重要任务是与港口生产过程有密切关系的各个部门（铁路、航运、外贸和货主等）之间的组织配合与全面协作，这是保证港口生产顺利进行不可缺少的条件。因为港口生产过程从输入到输出及各个生产环节都涉及港、航、路、货等各个部门在技术、经济、管理和组织上的联系，因此，没有彼此之间的配合与协作，港口生产过程的组织也就难以实现。

二、国际海运航线和海上通道

国际海运航线和海上通道是国际海上货物流动的路径。

（一）国际海运航线

世界各地水域，在港湾、潮流、风向、水深及地球球面距离等自然条件的限制下，可供船舶航行的一定径路，称为航路。海上运输承运人在许多不同的航路中，根据主客观的条件，为达到最大的经济效益所选定的营运航路被通称为海运航线。

海运航线从不同的角度有不同的划分方法。按照船舶经营方式区分，有定期航线和不定期航线。按照航程远近，可分为远洋航线（ocean going shipping line）、近洋航线（near - sea shipping line）和沿海航线（coastal shipping line）①。

① 远洋航线，是指使用船舶（或其他水运工具）跨越大洋的运输航线。近洋航线，是指本国各港至邻近国家港口间的海上运输航线。沿海航线，是指本国沿海各港口间的海上运输航线。

1. 世界主要海运航线

世界主要海运航线包括太平洋航线、大西洋航线、印度洋航线、北冰洋航线以及通过巴拿马运河或苏伊士运河的航线等，这些航线贯穿一个或多个大洋，因而又称国际大洋航线。目前国际大洋航线密如蛛网，其中主要的国际海运航线如表 1－3 所示。

表 1－3　主要的国际海运航线

太平洋航线	①远东—北美西海岸航线 ③远东—南美西海岸航线 ⑤远东—东南亚航线	②远东—加勒比、北美东海岸航线 ④远东—澳大利亚、新西兰航线 ⑥澳、新—北美东西海岸航线
大西洋航线	①西北欧—北美东海岸航线 ③西北欧、北美东海岸—地中海—苏伊士运河—亚太航线 ⑤西北欧、北美东海岸—好望角—远东航线	②西北欧、北美东海岸—加勒比航线 ④西北欧、地中海—南美东海岸航线 ⑥南美东海岸—好望角—远东航线
印度洋航线	①波斯湾—好望角—西欧、北美航线 ③波斯湾—苏伊士运河—地中海—西欧、北美航线 ⑤远东—东南亚、地中海—西北欧航线 ⑦澳、新—地中海—西北欧航线	②波斯湾—东南亚—日本航线 ④远东—东南亚—东非航线 ⑥远东—东南亚—好望角—西非、南美航线 ⑧印度洋北部地区—欧洲航线

【例】我国某货运代理要托运一票货物通过海运去西雅图（Seattle，WA，USA），应走下列（　　）航线。

A. 远东—北美西岸航线　　　　B. 远东—北美东岸航线

C. 远东—欧洲航线　　　　D. 远东—地中海航线

解：应选 A。西雅图位于美国西部华盛顿州，是美国西海岸北部的港口。我国对欧美而言是远东，所以本题应选 A。

2. 我国开辟的主要海运航线

我国开辟的主要海运航线如表 1－4 所示。

表 1－4　我国的主要海运航线

近洋航线	中国至朝鲜、韩国航线 中国至越南航线 中国内地至香港地区航线 中国至泰国、柬埔寨航线 中国至新加坡、马来西亚航线 中国至孟加拉湾航线 中国至阿拉伯海、波斯湾航线	中国至日本航线 中国至俄罗斯远东地区航线 中国至菲律宾航线 中国至印度尼西亚航线 中国至北加里曼丹航线 中国至斯里兰卡航线 中国至澳大利亚、新西兰航线
远洋航线	中国至红海航线 中国至西非航线 中国至西欧航线 中国至南、北美西海岸航线 中国至南美东海岸航线	中国至东非航线 中国至地中海航线 中国至北欧航线 中国至加勒比、北美东海岸航线

（二）国际海运的重要通道（海峡、运河）

在国际海运航线中最重要的海峡有：英吉利海峡、马六甲海峡、霍尔木兹海峡、直布罗陀海峡、黑海海峡、曼德海峡、朝鲜海峡、台湾海峡、望加锡海峡、龙目海峡等。其中以英吉利海峡、马六甲海峡和霍尔木兹海峡为最繁忙的海峡。

国际海运航线中重要的运河有：苏伊士运河、巴拿马运河等。目前，苏伊士运河为最繁忙的国际运河，每年通过运河的船只达 2 万艘次以上，而且主要是油船，其中由中东运往西欧的石油占运河总货运量的 60% 以上。

（三）世界集装箱海运航线

目前，世界海运集装箱航线主要有：远东—北美航线；北美—欧洲、地中海航线；欧洲、地中海—远东航线；远东—澳大利亚航线；澳大利亚、新西兰—北美航线；欧洲、地中海—西非、南非航线。

单元四　国际航运经营人

航运业包括国际海上运输、航运辅助服务以及港口服务。狭义的航运经营，仅指船舶所有人和船舶经营人的业务活动。广义的航运经营，包括船舶营运和租赁业务活动、航运经纪人业务活动、船舶代理业务活动、货运代理业务活动、港口货物装卸及理货业务活动等。因此，从经营活动的组织过程理解，国际航运包括的业务范围非常广泛，除海洋运输业务外，国际航运需要大量的其他辅助业务工作，如装卸、理货、代理等。

国际航运经营人又称船舶运输经营者，是指经营船舶、舱位，提供海上货物运输服务，并围绕船舶、货物开展相关活动，包括签订有关协议，接受订舱，商定和收取运费，签发提单及其他相关运输单证，安排货物装卸、保管，进行货物交接、中转运输和船舶进出港等活动的企业①。

根据国际航运经营人的业务种类的不同，可将国际航运经营人细分为船舶经营人、船舶租赁经营人、海运经纪人及代理人、无船承运人及多式联运经营人、其他与远洋运输有关的辅助行业的经营人。

一、船舶经营人

船舶经营人也称船舶营运人，是指作为船舶经营人的船舶所有人或承租人以自有船舶或租用的船舶经营国际海运货物运输的企业。

船舶经营人一般以承运人身份揽货，并根据提单或租船合同履行职责和义务，并享受合同规定的权利。主要营运形式包括：班轮运输、航次租船和包运租船等。

二、船舶租赁经营人

船舶租赁经营人是指船舶所有人本身并不经营船舶的营运业务，而是根据租船合同的约定，在约定期间将自有的船舶出租给承租人，供承租人使用，并按照租船时间、船舶吨位和约定的租金率计收租金的企业。

船舶租赁是一种特定财产的租赁。主要租赁形式有定期租船和光船租船等。

---

① 我国航运企业是既要符合《中华人民共和国公司法》及其相关行政法规规定的法定条件，也要满足《中华人民共和国水路运输管理条例》规定的以船舶运输为经营项目的企业的相关条件。

三、海运经纪人及代理人

海运经纪人及代理人,是指接受委托人的委托,在授权范围内,代办与海上货物运输有关的业务和手续,并按约定的比例或规定的费率计收相应的佣金(commission)或代理费的企业。包括:

海运经纪人(ship broker)是以收取佣金为目的,以中间人的身份介入有关海上货物运输交易的磋商、谈判,促使成交,并代办相应手续的人。主要包括船舶买卖经纪人(船舶代理人)和船舶货运代理经纪人(货运代理人)。

船舶代理人(ship's agent),是指接受船舶所有人、船舶经营人、承租人或货主的委托,在授权范围内代表委托人办理与在港船舶有关的业务、提供有关的服务或完成与在港船舶有关的其他经济、法律行为的人。船舶代理的业务范围很广,主要包括船舶进出港业务、货运业务、船舶供应和船舶服务业务以及其他服务性业务等。根据我国的有关规定,船舶代理企业必须经交通运输部批准方可经营。由于很多船公司在中国并没有被授权,所以它们自己并不能参与经营,必须找中国的船代公司做代理。

货运代理人(freight forwarder),是指接受进出口货物收货人、发货人或其代理人的委托,以委托人的名义或者以自己的名义办理有关业务,收取代理费用或佣金的人。随着传统的国际货运代理人不断拓展业务范围,国际货运代理人从代理人业务逐渐发展到无船承运业务、多式联运业务、物流业务等。它有时作为代理人行事,有时作为当事人行事,有时二者兼而有之。目前,国际货运代理人更注意在"产品"开发上集中财力、物力,如改善服务、开辟新航线、提供新的联运方式、开拓国际物流和增值服务市场等,以增加效益。

关于船舶代理人和货运代理人,我们将在项目七"国际船舶代理和货运代理"中详细阐述。

四、无船承运人、多式联运经营人

不拥有或掌握运输工具,只能通过与拥有运输工具的承运人订立运输合同,由他人实际完成运输的承运人一般称为无船承运人(non vessel operating carrier, NVOC)。无船承运业务,是指无船承运业务的经营者以承运人身份接受托运人的货载,签发自己的提单或者其他运输单证,向托运人收取运费,通过国际船舶运输经营者完成国际海上货物运输,承担承运人责任的国际海上运输经营活动。

无船承运人的业务运作如图 1 – 12 所示。

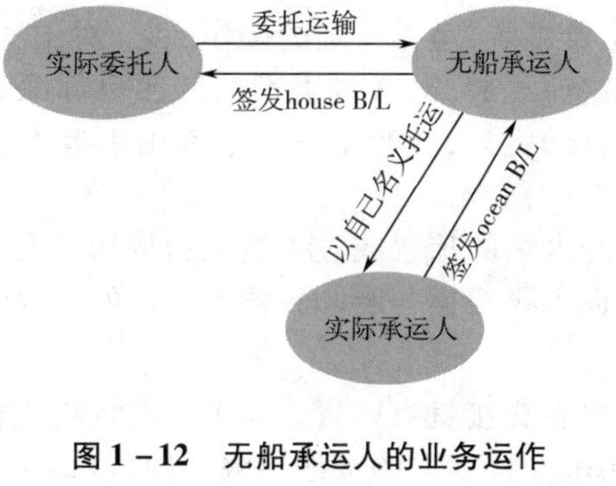

图 1 – 12　无船承运人的业务运作

无船承运人不经营海运船舶，但可以提供海运服务。一般来说，无船承运人承接的业务主要包括以下几个方面：

（1）作为承运人与货物托运人订立运输合同，签发货运单据（提单、运单），并对从接收货物地点到目的地交付货物地点的运输负责。

（2）作为总承运人组织货物全程运输，制订全程运输计划，并组织各项活动的实施。

（3）根据托运人要求及货物的具体情况，与实际承运人确定运输工具（订舱）。

（4）从托运人手中接收货物，组织安排或代办到出口港的运输，订立运输合同（以本人的名义），并把货物交给已订舱的海运承运人。在上述交接过程中，代货主办理报关、检验、理货等手续。

（5）在目的港从海运承运人手中接收货物后，向收货人交付货物。如有必要，还可以办理货物储存和出库业务。

对货主来说，把货物委托给无船承运人，手续简单，还可省去委托货运代理人的环节。

在开展多式联运业务时，货物从发货人仓库到收货人仓库及到海、陆、空等运输区段，必须有人负责整个全程运输的安排、组织、协调与管理工作，这个负责人就是多式联运经营人，或称契约承运人。多式联运经营人（multimodal transport operator，MTO）是指本人或委托他人以本人名义与托运人订立一项国际多式联运合同并以承运人身份承担完成此项合同责任的人。多式联运经营人是多式联运的总承运人，对全程运输负责，对货物灭失、损坏、延迟交付等均承担责任。多式联运经营人既不是发货人的代理或代表，也不是承运人的代理或代表，而是一个独立的法律实体（签订多式联运合同且负有履行责任的法人）。他们具有双重身份，对货主来说他们是承运人，对实际承运人（分承运人）来说他们又是托运人。他们一方面与货主签订多式联运合同，另一方面又与实际承运人签订运输合同。

无船承运人和货运代理人的区别与联系

关于多式联运经营人的业务，我们将在项目六“国际货物多式联运业务”中详细阐述。

五、其他与远洋运输有关的辅助行业经营人

其他与远洋运输有关的辅助行业经营人主要有：

（一）港口装卸经营人

海运货物的港口装卸经营人是指接受货主或船舶经营人的委托，专门从事在装货港将货物装船或装上其他运输工具，或在卸货港将到港货物从船舶或其他运输工具上卸下的服务企业。港口装卸企业一般还同时经营库场堆存和短途驳运等业务。

装卸经营人使用装卸生产系统，遵循一定的操作工艺，对于所在港口经常装卸的货物的包装、性质以及装卸方法都富有经验，对各种类型的船舶也都深有了解，能参与制订装卸作业计划。远洋运输中，除另有约定外，装卸工作一般都由承运人负责，由承运人委托装卸经营人完成装船和卸货工作。

货物装卸过程中，因装卸人员的疏忽或过失造成的货物灭失或损坏，习惯上都先由承运人对货主作出赔偿，然后承运人再根据与装卸经营人签订的协议，向装卸经营人追偿。

（二）理货经营人

货物在搬运过程中，只要有交接就有理货。为了确保货物运输质量，在货物要发生转移时，必须办理交接手续，以明确交接双方的责任界限。理货（tally）是指在货物交接过程中按

照货物标志进行分唛、验残、计数、制单、编制记录、签证等,公正、实事求是地分清港贸、港航之间数字和残损责任的一种专业性工作。

理货一般是船方或者货主根据运输合同在装运港口和卸运港口收受和交付商品时,委托港口的理货机构代理完成。理货工作的好坏直接影响到船、货双方的经济利益,有时还会涉及保险人的利益。

理货经营人是指接受货主或船舶经营人的委托,在港口分别为开航前或到达目的港后的船舶进行货物清点、交接、衡量散装货物的重量、检查货物损坏程度和原因并作出公证等作业的企业。

当前,理货经营人的业务范围已从原来的专为外轮理货发展到也为内贸船舶理货、集装箱拆装箱理货等,可以为客户提供出单服务,可以代表船方办理理货业务,也可以接受收发货人委托理货。

(三)仓储业务经营人

仓储业务经营人是指提供海运货物仓库保管、存货管理以及货物整理、分装、包装、分拨等服务的企业。仓储业务经营人从事仓储业务,为客户提供货物储存、保管、中转等仓储服务。

(四)集装箱货运站与集装箱码头(堆场)经营人

集装箱货运站(container freight station,CFS)是在内陆交通比较便利的大中城市设立的提供集装箱交接、中转或其他运输服务的专门场所。一般可分为集装箱内陆货运站及港口货运站。

集装箱码头(堆场)经营人(container terminal operator)是拥有码头和集装箱堆场(container yard,CY)经营权(或所有权),从事集装箱交接、装卸、保管等业务的服务企业。它受托运人或其代理人以及承运人或其代理人的委托提供各种集装箱运输服务。

关于集装箱货运站与集装箱码头(堆场)经营人的业务,我们将在项目五"港口集装箱码头业务"中详细阐述。

(五)驳运业务经营人

驳运业务经营人是指船舶不能靠岸而浮泊于水上进行装卸作业时,为所装卸的货物提供船岸间往返运输服务的企业。

驳运作业是装船前和卸货后货物搬移过程的延伸,按照承运人只在装船后至卸货前的一段时间对货物运输承担责任的原则,对于驳运过程中发生的货物灭失或损坏当然不能承担责任。

驳运中承运人责任的划分,习惯的做法是:驳船靠上远洋运输船舶,系妥第一根缆绳时,承运人对货物运输承担责任的时间开始;驳船解开最后一根缆绳,离开远洋运输船舶时,承运人对货物运输承担责任的时间终止。

任务解析

下面根据上面所学知识对项目情景的任务进行简要解析。

任务1:国际航运属于海洋运输,是指使用船舶通过海上航道在不同的国家和地区的港口之间实现货物实体流动的行为。从经营活动的地理概念理解,国际航运是指以船舶为工具,从事跨越海洋运送货物的运输,本情景中的业务活动符合这一特征,属于国际航运活动。

任务2:根据国际贸易惯例,按CIF条件成交,卖方必须自费洽租船舶,并在约定期限内将其出售的货物装上运往指定目的港的船舶，且向买方提交有关单据，以履行其交货义务。因此，签订 CIF 合同时，卖方不能只考虑货源，同时还应考虑船源情况。本情景合同项下的卖方在签约时只顾成交，不管运输，只考虑手中有货而不考虑租船是否困难，就采用当月成交、当月交货的做法，这是导致本情景争议产生的主要原因。对此，我们应当引以为戒，充分重视货物运输的作用。货物运输承担了改变物的空间状态的主要任务，货物运输是改变物的空间状态的主要手段。商品成交以后，只有通过运输，按照约定时间、地点和条件把商品交给对方，交易的全过程才算完成。同时，只有把货物运输工作做好了，才能将客户需要的商品适时、适地、按质、按量、低成本地送到。

任务3：我国形成了五大港口群，自北向南依次是环渤海地区、长江三角洲地区、东南沿海地区、珠江三角洲地区和西南沿海地区。本情景提到的黄埔港属于我国珠江三角洲地区港口群。

任务4：西雅图位于美国西部华盛顿州，是美国西海岸北部的港口。我国对欧美而言是远东，所以，本情景中 C 货运代理公司承运该批货物应走远东—北美西岸航线。世界主要海运航线还有太平洋航线、大西洋航线、印度洋航线、北冰洋航线以及通过巴拿马运河或苏伊士运河的航线等。

任务5：根据国际航运经营人的业务种类的不同，可将国际航运经营人细分为船舶经营人、船舶租赁经营人、海运经纪人及代理人、无船承运人及多式联运经营人、其他与远洋运输有关的辅助行业的经营人。本情景的国际航运活动主要涉及货主（货物买卖双方）、代理人和承运人（如 C 货运代理公司）、船舶租赁经营人（D 轮船公司），以及为航运活动提供辅助服务的港口装卸公司、理货公司等。

个案分析

1. 某物流公司现有如下运输业务委托，请为这些运输业务选择合适的运输方式并说明理由。

（1）把五箱急救药和一批鲜花从广州运到莫斯科。

（2）一批煤炭从山西运到越南。

（3）一批钢材，要从重庆运到东京。

（4）有 15 万吨石油需要从非洲运到我国的上海。

（5）哈萨克斯坦大量的天然气运到深圳。

2. “绿色航运”是现代航运业可持续发展的必然，是未来航运业的方向。航运业必须走出一条效益、资源、环保统一的新路子，即“绿色航运”之路。当前，随着国际海运贸易量的不断增长，“低碳环保”已经日渐深入人心，逐渐成为未来航运业发展的主旋律，航运业面临的环保压力也越来越大。根据国际油轮独立船东协会的研究报告，航运业目前每年消耗 20 亿桶燃油，排放了超过 12 亿吨的二氧化碳，约占全球总排放量的 6%。该机构还预测，到 2020 年全球航运业将需要 4 亿吨燃油，温室气体的排放量将在目前基础上增加 75%。

目前，部分国际组织和国家正在酝酿举措要求航运业订立减排目标，比如目前所有停靠欧盟港口的船舶，其燃油含硫量不得超过 0.1% 的最高限制，如果不能达标，则将被拒之门外。业内人士分析认为，航运企业需要与造船企业及港口等通力合作，实施绿色发展战略，与绿色生产、绿色营销和绿色消费等绿色物流经济活动紧密衔接，才能应对当前越来越大的环保压力。问题:(1)航运业如何追求“绿色航运”?(2)除了追求“绿色航运”外,你认为当前国际航运业还有哪些发展趋势?

参考答案

复习与思考

一、名词解释

运输　国际货物运输　国际航运　港口　航线　船舶吨位　船级　方便旗船　货物的丈量　积载因数　航运经营　国际航运经营人

二、简答题

1. 简述国际货物运输的主要特点。
2. 简述国际货物运输主要方式的优缺点。
3. 简述国际航运的主要特点。
4. 国际航运在具体经营过程中具有哪些国际性的特点?
5. 国际航运活动使用的主要工具有哪些?
6. 简述船舶的分类。
7. 简述船舶的法律性质。
8. 国际航运船舶的营运方式有哪几种?
9. 从港口装卸工艺的角度来说,国际航运货物如何分类?
10. 从物流学的角度如何给港口下定义?
11. 简述港口的基本构成。
12. 列举国外的主要港口(6个以上)。
13. 简述我国沿海港口的布局。
14. 简述港口的生产过程及其特点。
15. 简述世界主要海运航线。
16. 列举我国开辟的主要海运航线(6条以上)。
17. 简述国际航运经营人的业务种类。

项目二　班轮运输货运业务

项目要求

1. 了解班轮运输的特点，熟知班轮运输流程。
2. 掌握班轮运输进出口货运代理的程序。
3. 能够正确计算班轮运输运费。
4. 熟悉各种海运货运单证及其流转，并能在实际业务中缮制主要单证，如托运单、提单等。

项目情景

上海快达货代公司现要处理以下两笔业务：①受 A 公司委托，运往肯尼亚蒙巴萨港口门锁一批计 1 000 箱，每箱体积为 20 厘米 ×30 厘米 ×40 厘米，毛重 25 千克。当时燃油附加费为 30%，蒙巴萨港口拥挤附加费为 10%。门锁属于小五金类，计收标准是 W/M，等级为 10 级，基本运费为每运费吨 443.00 元。②代理上海 W 公司从美国 D 公司进口一批机床，当货物到达上海后，上海快达货代公司向 W 公司发出到货通知，要求 W 公司提货。W 公司因不能出示正本提单，就向上海快达货代公司出具了一份"提货保证书"。保证书在保证单位栏上记载："上述货物是本公司进口货物。如因本公司未凭正本提单先行提货，致使贵公司遭受任何损失，本公司负责赔偿，本公司收到正本提单后立即交还贵公司换回此保证书。"在"提货保证书"上有 W 公司盖章和 W 公司负责人签字。上海快达货代公司接受了 W 公司的保证书，给 W 公司签发了提货单，W 公司凭提货单提取了货物后，称货物质量不符，未到银行付款赎单，提单被退回到美国出口商 D 公司（托运人）。D 公司持正本提单向美国法院以无单放货为由，对上海快达货代公司提出起诉，要求上海快达货代公司赔偿货款损失。

任务 1：按照船公司对船舶经营方式的不同，国际海运可分为哪两种方式？情景中的两项业务可采取哪种方式？这种方式可能会涉及哪些关系方？

任务 2：上海快达货代公司办理情景中的两项业务主要要做好哪些工作？

任务 3：除情景中描述的凭保证书交付货物外，班轮运输中还有哪些交付货物的方式？

任务 4：海运提单的性质是什么？第②项业务中，上海快达货代公司是否应该赔偿货款，为什么？

任务 5：如何计算班轮运输运费？第①项业务中，A 公司应付多少运费？

知识模块

单元一　班轮运输及其货运流程

按照船公司对船舶经营方式的不同，国际海运可分为班轮运输和租船运输两种方式。

根据装载器具技术的不同，班轮运输可分为杂货班轮运输（或称普通海运）和集装箱班轮运输。本项目主要阐述杂货班轮运输业务。关于集装箱班轮运输的基本业务，可参见项目四“集装箱货运业务”。

一、班轮运输的特点及关系方

班轮运输（liner transport），又称定期船运输，是指船舶在固定的航线上和港口之间，按照事先公布的船期表航行，从事货物运输业务，并按照事先公布的费率收取运费的海运方式。

（一）班轮运输的特点

班轮运输的优点是能及时、迅速地将货物发送和运达目的港，特别适应小批量零星件杂货对海上运输的需要；能满足各种货物对海上运输的要求，并能较好地保证货运质量。班轮运输具有如下特点：

第一，由于船舶具有固定航线、固定港口、固定船期和相对固定的运价，因此，“四固定”是班轮运输最基本的特点。

第二，承运人和货主之间权利、义务和责任豁免通常以承运人签发的提单背面条款为依据并受国际公约的制约，即承运人和货主之间在货物装船之前通常并不签订书面运输合同，而是在货物装船后，由承运人签发提单，提单上记载有承运人、托运人责任、权利与义务的条款。

第三，承运人对货物所承担的责任期间是“船舷至船舷”或“钩至钩”，即从货物装上船起至货物卸下船止。

第四，承运人负责装货作业、卸货作业和理舱作业及全部费用。

第五，不计算滞期费、速遣费。

（二）班轮运输的关系方

班轮运输中，通常会涉及班轮公司（船公司）、船舶代理人、无船（公共）承运人、货运代理人、托运人和收货人以及货物装卸、理货人等有关货物运输的关系人以及海关、银行、保险公司等。其中：

班轮公司（liner company）即班轮承运人①，是运用自己拥有或者自己经营的船舶，提供国际港口之间班轮运输服务，并依据法律规定设立的船舶运输企业。班轮公司拥有自己的船期表、运价本、提单或其他运输单据。班轮公司有时也被称为远洋公共承运人（ocean common carrier）。

托运人（shipper），这里指货主企业，包括本人或者委托他人以本人名义或者委托他人为本人与承运人订立海上货物运输合同的人、本人或者委托他人以本人名义或者委托他人为本人将货物交给与海上货物运输合同有关的承运人的人。前者所指托运人是与承运人订立海上货物运输合同的人，后者所指托运人是将货物交给承运人的发货人。

收货人（consignee；receiver）是指有权提取货物的人。提单收货人栏内填明的人就是有权提取货物的人。

---

① 承运人是指本人或者委托他人以本人名义与托运人订立海上货物运输合同的人。承运人可以是拥有船舶或经营船舶的船舶所有人，可以是用各种方式租用船舶的承租人（包括光船租船人、定期租船人和航次租船人），也可以是从事货运代理的运输组织者或者是无船承运人。

二、班轮运输的基本货运流程

班轮运输涉及的关系方很多,其业务流程十分复杂,下面以图 2－1 来简单表示其基本货运流程。

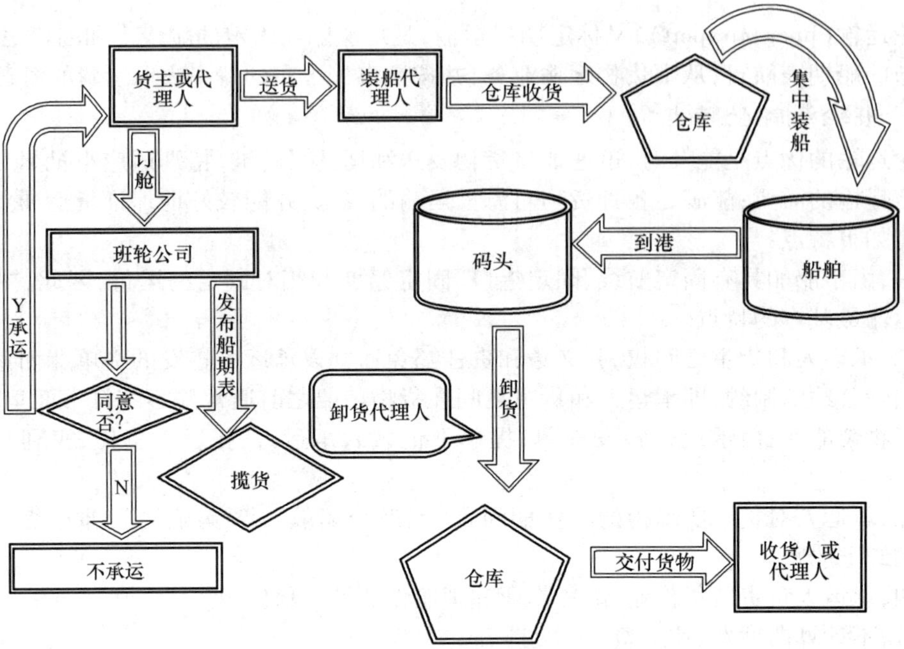

图 2－1　班轮运输的基本货运流程

(一)揽货

揽货是指从事班轮运输经营的船公司为使自己所经营的班轮运输船舶能在载重量和舱容上得到充分利用,力争做到满舱满载,以期获得最好的经营效益而从货主那里争取货源的行为。通俗地说,揽货就是班轮公司寻求货源、出售舱位给货主的市场营销行为。

班轮公司揽货的基本做法是:为自己所经营的班轮航线、船舶挂靠的港口及其到、发时间制定船期表(liner schedule or service schedule),并分送给已经建立起业务关系的原有客户,并在有关的航运期刊上刊载,使客户了解公司经营的班轮运输航线及船期情况,以便联系安排货运,争得货源。

(二)订舱

订舱(booking)是指托运人或其代理人向承运人,即班轮公司或其营业所或代理机构等申请货物运输,承运人对这种申请给予承诺的行为。实践中,承运人与托运人之间不需要签订运输合同,而是以口头或订舱函电进行预约,只要船公司对这种预约给予承诺,并在舱位登记簿上登记,即表明承托双方已建立有关货物运输的关系。

班轮船期表

在实际业务中,托运人或货运代理人订舱时应防止因为考虑因素不周,航线安排不合理,造成运费负担增加,或订舱舱位不足、或航期不合理,时间过于紧张,容易在运作过程产生差错。因此,在办理订舱时一定要将各因素考虑周全。托运人或货运代理人订舱应考虑的因素主要如下:

1. 承运人

选择合适的承运人是托运人或货运代理人应首先考虑的因素。托运人不仅要参考承运人的运费价格、船期、服务等情况,更应着重考察承运人的实力和信誉。托运人一定要防止只重视运费价格而忽视承运人实力和信誉的做法,以免一旦出现问题,即便是承运人的责任,其也无力承担的情况。

2. 船期

班轮的船期是固定的,船期的选择主要是要考虑货物是否能和船期相衔接,既要防止订妥舱位,但到了装船期货物没有备妥,即船妥货不妥,造成空舱,缴纳空舱费;也要防止货备妥而订不上舱位,即货妥船不妥的情况,造成无法及时装运,甚至影响信用证结算。

3. 运费率

运费率是托运人比较关注的因素,直接关系到运输费用,通常应该向几家船公司询问,争取最优惠的运价。

4. 航线、停靠港口、是否转船等

货运代理人要查询船公司航线情况,确定停靠港口是否能满足发货人的运输要求,更重要的是考虑是直达还是需要转船。在其他条件相近的情况下,货运代理人应该优先选择直达,尽量避免选用转船,因为转船一方面货物在途时间要延长,另一方面也容易产生货损、货差或丢失的情况。

5. 装货港

货运代理人应该尽量选择离货物产地较近的装货港,以降低国内运输费用。

6. 集装箱种类、数量、规格、有无温度要求

货运代理人应综合考虑装箱货物的种类、毛重及其包装规格,以及装卸港所在国家交通管理部门的要求等。凡是对于冷冻箱运输的货物,都需要在租船订舱时向承运人确定准确的冷冻温度,并由承运人落实能否满足运输过程中的温度控制需要,以免因为没有明确冷冻温度或是温度设定不准确而使货物质量受到影响,更严重者会造成货物的腐烂变质。

7. 目的港

货运代理人要判断目的港是基本港,还是非基本港。其他条件相似的情况下,应优先选择基本港,如果是非基本港,费用肯定要比基本港高,而且时间上也没有基本港有保障。

8. 货物是否属于危险品

货运代理人应该确定将运输的货物是否属于危险品管理范围,如果是危险品,在订舱时应选择适合危险品运输的集装箱并告知承运人,以便其在集装箱集港时,提前通知港口码头堆场,按危险品规定堆放。

9. 信用证结算的要求

信用证中是否订立了某些需要承运人配合完成的特殊条款,如果有,货运代理人一定要在订舱时提前与船公司沟通,得到船公司的认可与确认。

(三)装船

装船是指托运人应将其托运的货物送至码头承运船舶的船边并进行交接,然后将货物装到船上。装船的方式主要有两种:直接装船和集中装船。

1. 直接装船

如果船舶是在锚地或浮筒作业,托运人应使用自己的或租用的驳船将货物装到船上,这种方式称为直接装船。对一些特殊的货物,如危险品、冷冻品、鲜活货、贵重货多采用这种方式。

2. 集中装船

为了提高装船效率,减少船舶在港停泊时间,不致延误船期,在班轮运输中通常采用集

中装船的方式。集中装船是指由船公司在各装货港指定装船代理人，在各装货港的指定地点（通常为码头仓库）接收托运人送来的货物，办理交接手续后，将货物集中并按货物的卸货次序进行适当的分类后再进行装船。

在杂货班轮运输的情况下，不论采取怎样的装船形式，托运人都应承担将货物送至船边的义务，而作为承运人的班轮公司的责任则是从装船时开始，除非承运人与托运人之间另有不同的约定。因此，集中装船与直接装船的不同之处是由班轮公司指定的装船代理人代托运人将货物从仓库送至船边，而班轮公司与托运人之间的责任界限和装船费用的分担仍然以船边货物挂上吊钩为界。

（四）卸货

卸货是指将船舶所承运的货物在卸货港从船上卸下，交给收货人或其代理人，并办理货物的交接手续。船公司在卸货港的代理人根据船舶发来的到港通知，一方面编制有关单证联系安排泊位和准备办理船舶进港手续，约定装卸公司，等待船舶进港后卸货；另一方面还要把船舶预定到港的时间通知收货人，以便收货人及时做好接收货物的准备工作。

在班轮运输中，为了使分属于众多收货人的各种不同的货物能在船舶有限的停泊时间内迅速卸完，通常都采用集中卸货的办法，即由船公司所指定的装卸公司作为卸货代理人总揽卸货以及向收货人交付货物的工作。在杂货班轮运输中，不论采取怎样的卸船交货的形式，船公司的责任都是以船边为责任界限。

（五）交付

货物交付是船公司凭提单将货物交付给收货人的行为。一般做法是采用“集中卸船，仓库交付”的形式，并且收货人必须在办妥进口手续后，方能提取货物。通常是收货人将提单交给船公司在卸货港的代理人，经代理人审核无误后，签发提货单交给收货人，收货人取得提货单，办理进口手续后，再凭提货单到堆场、仓库等存放货物的现场提取货物。

收货人只有在符合法律规定及航运惯例的前提下，方能取得提货单。在已经签发了提单的情况下，收货人要取得提货的权利，必须以交出提单为前提条件。然而，有时由于某些原因，如由于航速提高、航次较短或提单转让过程延迟，在货物已运抵卸货港的情况下，收货人还无法取得提单，也就无法凭提单来换取提货单提货。此时，按照一般的航运习惯，收货人会开具由银行签署的保证书，以保证书交换提货单后提货，但这种做法往往带来纠纷或不良后果。

交付货物的方式

单元二　班轮运输代理业务

随着国际贸易所涉及的国家和地区不断扩大，海上货物运输量日益增加，且海上货物运输环节多、业务范围广，任何一个货主或船公司都很难亲自处理好每一环节的具体业务，而且限于人力和物力，也不可能在世界范围广设分支机构，在这种情况下，如果将有关业务委托代理人办理，对货主来说，有利于贸易合同的履行，对承运人来说，则无疑扩大了揽货网络，增加了货源。因此，国际货运代理应运而生。本单元分进口、出口两部分阐述国际货运代理在杂货班轮运输中的代理业务。

一、出口货物班轮运输的代理业务

在出口货物班轮运输业务中，国际货运代理（或国际物流企业）的工作主要侧重于货物的装运。图2－2为出口货物班轮运输装运业务的流程。

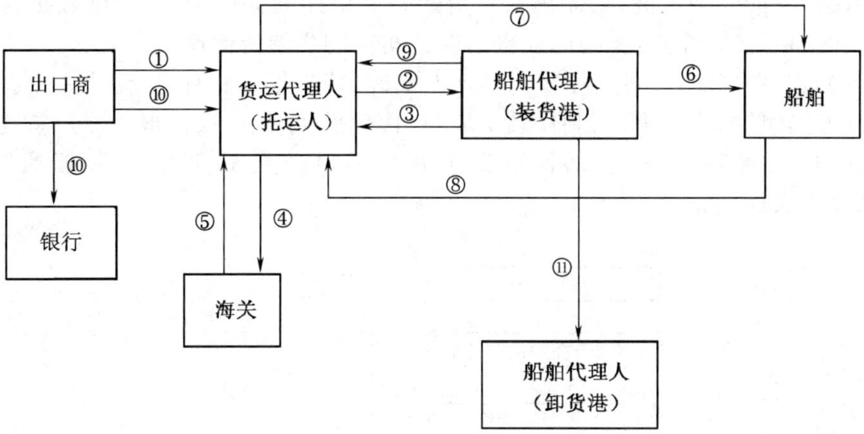

图2－2　出口货物班轮运输装运业务流程

对图2－2的11个步骤说明如下。

第一步，货主（出口商）与货运代理人（或国际物流企业，下同）签订委托代理协议，填制海运出口货物代运委托书，随附商业发票、装箱单、出口货物明细单等必要单据，委托货运代理人代办订舱、报检、报关及货物储运等事宜。

第二步，货运代理人根据代运委托书和订舱委托书，向船公司或其在装货港的代理人提出货物装运申请，缮制并递交托运单（booking note，B/N），并将其随同商业发票、装箱单等单据交给船公司或其代理人办理订舱手续。

第三步，船公司或其代理人同意承运后，在托运单上编号（该号将来即为提单号），填上船名、航次，并签署。同时把配舱回单、装货单（shipping order，S/O）等与托运人有关的单据退还给货运代理人。

第四步，货运代理人备齐装货单及报检、报关所需的全套必要文件，向海关办理货物出口报检、报关手续。

第五步，海关同意放行。

第六步，船公司或其代理人根据留底联编制装货清单，送船舶及理货公司、装卸公司。大副（chief mate）根据装货清单编制货物积载计划交代理人分送理货、装卸公司等按计划装船。

第七步，货运代理人将经过检验的货物送至指定的码头仓库准备装船。

第八步，货物装船后，理货长将装货单交大副，大副核实无误后留下装货单并签发收货单，大副在收货单上注明所收货物的实际情况（大副批注）。如果货物外部没问题，则注明“表面状况良好”；如果货物包装有破损或数量有问题，则如实注明。理货长将大副签发的收货单即大副收据（mate's receipt，M/R）转交给货运代理人。

第九步，货运代理人持大副收据到船公司在装货港的代理人处付清运费（预付运费的情况下），换取正本已装船提单（bill of lading，B/L）。船公司在装货港的代理人审核大副收据无误后，留下大副收据（M/R），签发提单（B/L）给货运代理人。

第十步，货主向货运代理人支付运费，取得全套已装船提单，凭此到银行结汇。

第十一步,货物装船完毕,船公司或其代理人编制出口载货清单(manifest,M/F)送船长签字后向海关办理船舶出口手续,并将出口载货清单交船随带,船舶起航。船公司或其代理人根据提单副本(或大副收据)编制出口载货运费清单连同提单副本、大副收据送交船公司结算代收运费,并将卸货港需要的单证寄给船公司在卸货港的代理人。

从上述11个步骤来看,对国际货运代理人来说,其业务主要有:接受货主委托、订舱、装船前的准备工作(包括合理配载、制作装货联单、代理投保、代理报检报关等)、货物集港与装船、船舶离港后的善后工作(包括换取提单并将提单送交发货人、发装船通知等)。用图2-3来简单表示。

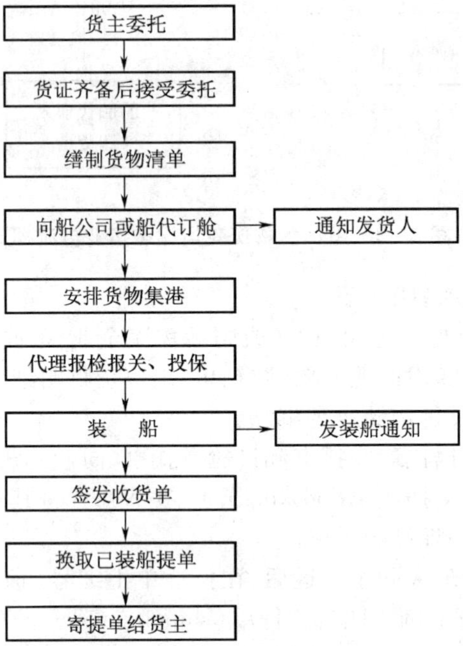

图2-3　国际货运代理在出口货物杂货班轮运输中的主要业务

(一)接受货主委托

国际货运代理通过揽货,与货主签订货运委托代理合同后,要与货主签订海运进出口货物代运委托书。

海运进出口货物代运委托书(简称"委托书",见表2-1)是委托方(进出口企业)向被委托方(货运代理人)提出的一种"要约",被委托方一经书面确认就意味着双方之间委托代理关系的成立,因此委托书应由委托单位盖章,使之成为有效的法律文件。

海运进出口货物代运委托书要详列托运的各项资料和委托办理的事项及工作要求,如:委托编号、提单号、合同号、委托日期、发货人名称地址、收货人名称地址、通知方名称地址、唛头标记、装货港、目的港、船名、货物详细情况、装船日期、可否转船、可否分批、结汇期限、提单份数、运费支付地点等。

海运进出口货物代运委托书主要的填制要求如下:

委托单位编号:出口企业与货运代理间商定的对口编号,一般为出口发票编号。

提单号:不填,待接受委托,订舱后填写。

合同号:如实填写。

委托日期:如实填写。

发货人名称地址:按信用证或合同规定填写,一般为信用证的受益人,即出口商。

收货人名称地址:按信用证或合同的规定填写,一般为"To Order"或者"To Order of ×××"。

通知方名称地址:按信用证或合同规定填写。若信用证未作具体规定,则一般正本留空不填,副本为信用证的开证申请人。

表 2-1 海运进出口货物代运委托书

<table>
<tr><td>(1)委托编号 Entrusting Serial No.</td><td>(2)提单号 B/L No.</td><td>(3)合同号 Contract No.</td><td colspan="2">(4)委托日期 Date of Application</td></tr>
<tr><td colspan="3">(5)发货人名称地址 Shipper (Full Name & Address)</td><td colspan="2" rowspan="3">(8)唛头标记 Marks</td></tr>
<tr><td colspan="3">(6)收货人名称地址 Consignee (Full Name & Address)</td></tr>
<tr><td colspan="3">(7)通知方名称地址 Notify Party (Full Name & Address)</td></tr>
<tr><td colspan="2">(9)装货港 Port of Loading</td><td colspan="2">(10)目的港 Port of Destination</td><td>(11)船名 Vessel Name</td></tr>
<tr><td colspan="5">货 物 详 细 情 况 Cargo Particulars</td></tr>
<tr><td>(12)编号 Number</td><td>(13)件数及包装 No. & Kind of Packages</td><td>(14)货物说明 Description of Goods</td><td>(15)重量 Weight in KG</td><td>(16)体积 Measurement in CBM</td></tr>
<tr><td></td><td></td><td></td><td></td><td></td></tr>
<tr><td colspan="2">(17)装船日期 Loading Date</td><td>(18)可否转船 If Transshipment Allowed</td><td colspan="2">(19)可否分批 If Partial Shipment Allowed</td></tr>
<tr><td colspan="2">(20)结汇期限 L/C Expiry Date</td><td colspan="3">(21)提单份数 Copies of B/L　　正本 Original　　副本 Copy</td></tr>
<tr><td colspan="5">(22)运费支付地点
Freight Payable at</td></tr>
<tr><td colspan="5">(23)备注
Remark</td></tr>
<tr><td colspan="2">委托人
Entrusting Party</td><td colspan="3">承运人签字
Signed for the Carrier</td></tr>
<tr><td colspan="2">地址　电话
Address & Telephone</td><td colspan="3">地址　电话
Address & Telephone</td></tr>
</table>

唛头标记:与发票一致。

装货港:按信用证或合同规定填写。

目的港:按信用证或合同规定填写。

船名:不填,待接受委托,订舱后填写。

编号:填货物件号。

件数及包装:一般杂货以件数做数量单位,如××包。如一批货物有两种或两种以上的包装形式,需标明每种包装的数量和各种包装相加的总数,如 250 木箱(wooden cases)和 450 纸箱(cartons),总件数为 700 件(packages)。大宗散装货应注明吨数和"散装"(in bulk)字样,如"1 000 吨散装"。

货物说明:应根据信用证或合同规定填写,这是制作提单的依据。

重量:填写实际货物的总毛重。

体积:填写实际货物的总体积。

装船日期:不填,待接受委托,订舱后填写。

可否转船:按信用证或合同规定填写。

可否分批:按信用证或合同规定填写。

结汇期限:填信用证的最后期限。

提单份数:按信用证规定填写。若信用证规定为"全套",则填"3 份正本,2 份副本"。

运费支付地点:填写信用证规定的缴付方法,或"freight prepaid"(运费预付)或"freight to collect"(运费到付)。一般在 CIF 或 CFR 出口方式下,均为"运费预付";一般在 FOB 方式下,均为"运费到付",即指货到目的港再付运费。

备注:填写信用证中委托人对提单内容的特殊要求,或对货运代理的要求。

(二)订舱

国际货运代理接受委托后,在货物出运前的一定时间内,向船公司或船公司在装货港的代理申请订舱。

1. 传统的线下订舱

以 CIF 价格条件成交的,订舱工作多数在装货港或出口地订舱。异地订舱是指货物可能在出口地或装船港(即出境地),也可能在非出口地或装船港的产地,发货人在货物产地或非装船港(即出境地)的其他地方直接向出口地或装船港(即出境地)的承运人或其代理人在该货物产地或所在地的代理人进行的订舱、委托办理货物出境手续和安排货物装箱出运的行为。

办理订舱手续的程序是:出口商填制海运出口货物订舱委托书①,随附出口货物明细单、商业发票、装箱单等,委托货运代理订舱,货运代理接受委托后根据商品流向和船期表向船公司或其代理人提出"托运单"(B/N);船公司收到托运单后,根据配载原则②安排船只或舱位并签发"装货单"(S/O),运输合同即告成立,俟船只到港后货主或其代理人便可以凭该单发货、报关、装运。

托运订舱的整个过程可用图 2 – 4 来表示。

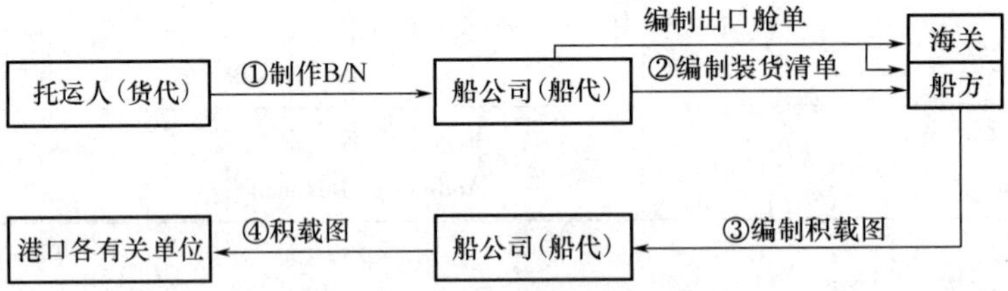

图 2 – 4　托运订舱的整个过程

① 订舱委托书是进出口企业委托货运代理人订舱的证明文件,其填制必须清楚、具体,内容必须真实、可靠,与货物实体、信用证规定相一致。在实际工作中,订舱委托书大多数已与托运单合二为一。

② 配载是分配所装载的货物及货物在船舱内积载的技术性安排。配载的基本要求是:充分利用载重吨和载重容积;保证货物安全;保证船舶安全和适航;便利船舶装卸。

托运单(B/N)是托运人根据贸易合同和信用证条款内容填制的,向承运人或其代理办理货物托运的单据。海运出口托运单样本如表2-2所示。

表2-2 海运出口托运单

海运出口托运单

托运人
SHIPPER
编号 NO.
船名 S/S
目的港
TO

<table>
<tr><td>标记及号码
MARKS & NOS.</td><td>件数
QUANTITY</td><td colspan="2">货名
DESCRIPTION OF GOODS</td><td colspan="2">重量千克
WEIGHT KILOS.</td></tr>
<tr><td colspan="4" rowspan="4">共计件数(大写)TOTAL NUMBER OF PACKAGES IN WRITING</td><td>净重
NET</td><td>毛重
GROSS</td></tr>
<tr><td></td><td></td></tr>
<tr><td colspan="2">运费付款方式
FREIGHT PREPAID/FREIGHT TO COLLECT</td></tr>
<tr><td colspan="2"></td></tr>
<tr><td>运费
FRIGHT</td><td colspan="3"></td><td>尺码
MEASUREMENT</td><td></td></tr>
<tr><td>备注
REMARK</td><td colspan="5"></td></tr>
<tr><td>通知
NOTIFY</td><td></td><td>可否转船
PARTIAL SHIPMENT</td><td></td><td>可否分批
TRANSSHPMENT</td><td></td></tr>
<tr><td rowspan="2">收货人
CONSIGNEE</td><td rowspan="2"></td><td>装期
DATE OF SHIPMENT</td><td></td><td>有效期
DATE OF EXPIRY</td><td></td></tr>
<tr><td>金额
SUM</td><td></td><td>提单份数
COPIES OF B/L</td><td></td></tr>
<tr><td>配货要求
APPEAL</td><td colspan="2"></td><td></td><td>信用证号
L/C NO.</td><td></td></tr>
</table>

托运人或代理人签字:
SIGNED TO THE:
日期
DATE

2. 电子托运订舱

通过电子报文形式订舱的方式称为电子托运。电子托运的基本流程是：托运人在其办公场所将标准结构的托运单电子数据报文，通过终端申报或登录船公司的网站，在“订舱托运”系统中向船公司计算机系统发送托运电子数据；船公司或其代理收到电子托运数据后安排舱位，一旦船公司确认订舱后，再发送“接受订舱”回执给托运人，将确定的船名、航次、关单号等信息数据传回托运人，完成托运订舱手续。电子托运完成订舱仅需几分钟，这与传统的纸质订舱从制单、送单、确认、配载、取单过程相比差错率降低，订舱效率提高。

当前许多船舶代理公司开发了电子订舱系统，如图2－5所示。

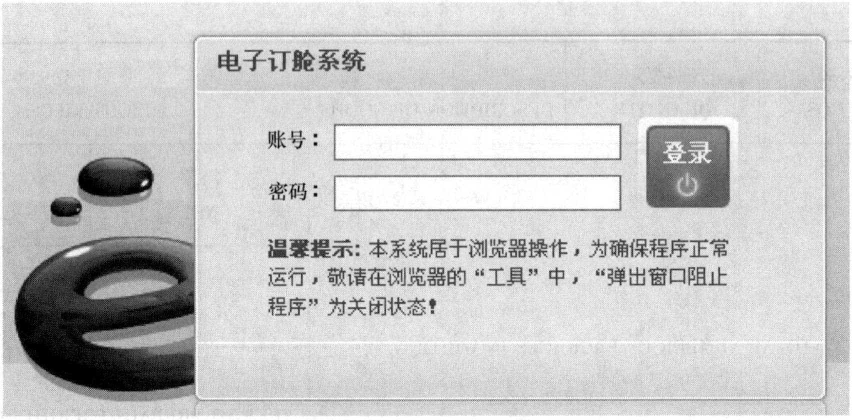

图2－5　电子订舱系统登录界面

电子订舱系统一般能为货运代理用户（货代）、船代用户、船东用户、堆场用户等提供网上操作各项功能。对货运代理用户来说，可以进行网上订舱管理、排载管理、申报管理、提单管理、信息查询和系统维护。

（1）网上订舱管理：为货代和船东提供订舱平台，货代可提交订舱申请，查看船东订舱确认，并可做修改订舱申请及得到船东确认。

（2）网上排载管理：为货代和船代提供排载平台，货代可提交已得到船东订舱确认的排载申请，查看船代的排载确认，并可做修改排载申请及得到船代确认。

（3）网上申报管理：为货代和船代提供预申报平台，货代可提交箱号信息和预申报申请，查看船代的预申报确认，并可做修改预申报申请及得到船代确认。

（4）网上提单管理：为货代和船东提供提单核对平台，货代可在提交箱号资料后，提交提单签发信息，并可做提单修改及得到船东的接受。

（5）信息查询管理：方便货代公司查询订舱的基本信息及状态，统计业务量；以及查询各票业务产生的费用情况。

（6）系统维护管理：货代公司可根据需要自行建立和维护本公司的公司信息和用户信息，方便用户的自主管理。

（三）装船前的准备工作

订舱后国际货运代理要做好装船前的准备工作。国际货运代理需要做好的装船前准备工作包括：合理配载、制作装货联单、代理投保、代理报检报关等。具体要做的事项根据货主的委托事项而定。

1. 合理配载

对国际货运代理来说,合理配载主要是考虑能够把出口货物安全、准确、迅速、节省、方便地运抵目的港交给收货人,以完成贸易合同;对船方来说,则考虑所配载的货物能使船舶保持满舱满载,尽可能减少亏舱,既充分利用货舱容积,又充分利用船舶载重量,从而提高营运的经济效益,保证船舶适航。

2. 制作装货联单

国际货运代理将订舱托运单交给船公司或其代理人,并由船公司或其代理人提供提单号、船名、航次,然后制作装货联单①。装货联单包括托运单、托运单留底、装货单(见表2-3)、收货单四联。

表2-3 装货单

装货单

ORDER SHIPPING

托运人
SHIPPER

编号 船名
NO. S/S

目的港
TO
For

兹将下列完好状况之货物装船后希签署收货单

Received on board the under mentioned goods apparent in good order and condition and sign the accompanying receipt for the same

<table>
<tr><td>标记及号码
MARKS & NOS.</td><td>件数
QUANTITY</td><td>货名
DESCRIPTION OF GOODS</td><td colspan="2">重量千克
WEIGHT KILOS.</td></tr>
<tr><td colspan="3" rowspan="2">共计件数(大写)TOTAL NUMBER OF PACKAGES IN WRITING</td><td>净重
NET</td><td>毛重
GROSS</td></tr>
<tr><td></td><td></td></tr>
</table>

日期 时间
Date Time

装入何舱
Stowed

实收
Received

理货员签字 经办员
Tallied By Approved By

① 装货联单的作用:一是承运人确认承运货物的证明;二是海关对出口货物进行监管的单据;三是作为通知码头仓库放货、船长接受该批货物装船的通知。

托运单在有效期内经承运人或其代理人签署并以装货单的形式送到托运人手中,意味着承运人已接受托运事宜,运输合同成立。

装货单(order shipping)俗称下货纸,由于装货单是海关对出口货物进行监管的单证,所以又被称为关单。装货单是接受了托运人装运申请的船公司签发给托运人,凭以命令船长将承运的货物装船的单据。按运输习惯,装货单一般为一式三份:第一份留底,船方凭以缮制装货清单和积载图,缮制出口载货清单、运费清单,结算运费,最后存档备查和作为运费资料。第二份用作船舶据以装船的依据,又作为向海关办理货物出口申报手续的单据之一。第三份用作收货单。签发装货单时,船公司或其代理人会按不同港口分别编制装货单号(有可能成为最终的提单号),装货单号不会重复,也不会混港编号。签发装货单后,船、货、港等方面都需要有一段时间来编制装货清单、积载计划、办理货物报关、查验放行、货物集中等待装船等准备工作。因此,对每一航次在装船开始前的一定时间应停止签发装货单。

收货单(mates receipt)是指某一票货物装上船后,由船上大副(chief mate)签署给托运人的,作为证明船方已收到该票货物并已装上船的凭证。所以,收货单又称为"大副收据"或"大副收单"。收货单是划分承、托双方责任的重要依据①,是据以换取已装船提单的单证。托运人取得了经大副签署的收货单后,即可凭以向船公司或其代理人换取已装船提单。大副在签署收货单时,会认真检查装船货物的外表状况、货物标志、货物数量等情况。如果货物外表状况不良,出现标志不清,有水渍、油渍或污渍,数量短缺,货物损坏等情况,大副就会将这些情况记载在收货单上。此种记载称为"批注"(remark),习惯上称为"大副批注"。

货物装船后,经大副签字的收货单由承运船舶退还给托运人。如系预付运费,托运人在付清须预付的运费后,即可持收货单向承运人换取已装船提单。如果收货单上有大副批注(有大副批注的收货单称为"不清洁收货单"),承运人应如实将大副批注转注在提单上,这种提单就成为不清洁提单。

(四)代理报检、报关、投保

货主如果将货物报检、报关、投保事项委托国际货运代理办理,则国际货运代理可以代货主报检、报关、投保。

(五)货物集港、装船

货运代理将所有订舱托运单按不同港口分别编出提单号,写上船名,并根据订舱托运单上的内容编制成配船清单,并制出清洁提单,再将订舱托运单连同提单一起交船务代理签单,以便船务代理及时缮制出口载货清单。货运代理在装船之前应协同发货人将所有货物集港,以便船舶到港后能及时装船出运。在装船之前,货运代理备齐全套报关单据向海关申报,海关放行后才能装船。

在货物装船时,国际货运代理应派人做好装船现场的监装工作,做好现场记录,掌握进度,及时处理意外事故,维护货主的利益,保证装船的质量。

(六)船舶离港后的善后工作

船舶离港后,国际货运代理人主要应做好如下善后工作:

---

① 根据《海牙规则》的规定,承运人对货物承担的责任期间是从货物装上船时开始至卸下船时为止。对于货物装船前所发生的损失,承运人不承担责任。

1. 换取提单并将提单送交发货人

货运代理人到船舶代理处交运费和其他费用,凭大副收据换取提单,并及时将提单送交发货人,以保证及时结汇。如果是持有"表面状况良好"的大副收据,则换取的是清洁提单;如果是货物有不好批注的大副收据,则只能换取不清洁提单。由于不清洁提单在出口商办理议付结汇时银行会拒收,故在装船时最好能得到一张"表面状况良好"的大副收据。

2. 处理退关、短装、漏装货物

如货物没有及时发运,或单证不齐不能报关,需办理退关。在可以分批装运的情况下,部分货物已装船,另外部分货物因缺货或破损等原因没能装上船,称短装。在不可分批或用集装箱运输的情况下,货物没能装上船称漏装。船舶离港后,货运代理人应及时将退关、短装或漏装通知书发给发货人,以便发货人及时处理。需再出运的货物,发货人应重新补办托运单订舱。漏装货物应安排最近的航班运出。

3. 发装船通知

货物装船后,货运代理人应及时向国外买方发出"装船通知",以便买方备款、赎单以及办理货运保险、进口报关和接货手续,做好提货准备。如成交条件为 FOB/FCA 或 CFR/CPT 等,货运代理人还需要向进口国保险公司发出该通知以便其为进口商办理货物保险手续。

装船通知(shipping advice)也叫装运通知,或称装运声明(shipping statement),有时也叫 shipment details 或 insurance declaration,是发货人按合同或信用证规定,在货物装船并取得提单后,向买方或其指定的人发出的有关货物装运情况的说明。

在习惯做法上,发货人在装运货物后,应立即(一般在装船后 3 天内)通知买方或收货人有关装运情况,以便其安排具体的接货事宜,如租订仓库、安排接货运输工具、报关等。特别是在 FOB、CFR 等条件下,装船通知又是进口商办理进口货物运输保险的凭证。因此,买方为防止因卖方的疏忽而未及时接到装船通知,经常会在信用证中订明:受益人必须在规定时间内以电传、电报或其他方式将装运情况通知收货人或开证申请人,并凭该电传或电报的副本结汇,此时的电传或电报副本就成为议付或结汇的单据之一。若卖方未及时通知而使买方漏保或没有及时安排接运工具,则货物由此而产生的所有损失,都应由卖方负责。

装船通知以英文制作,一般只提供一份。无统一格式,企业可自行设计。装船通知样本见表 2-4。

装船完毕,货运代理人发出装船通知,并作为托运人凭船公司签发的收货单向船公司或其代理换取已装船提单,这时国内运输段的安排工作即告一段落。国际运输段的安排可由货运代理公司的国外公司或国外代理安排。

4. 做好航次总结

货运代理应在船舶离港后及时作出航次总结,以备保存和查询。

二、进口货物班轮运输代理业务

货运代理在进口货物班轮运输中代理业务的流程如图 2-6 所示。

从图 2-6 来看,货运代理主要应做好如下工作。

(一)承揽和接受货主的委托

货运代理与进口商达成委托代理合同,接受委托事项。

表 2-4 装船通知样本

Shipping Advice

TO:
INVOICE NO. :________________
L/C NO. :________________
S/C NO. :________________
DEAR SIRS:

WE HEREBY INFORM YOU THAT THE GOODS UNDER THE ABOVE MENTIONED CREDIT HAVE BEEN SHIPPED. THE DETAILS OF THE SHIPMENT ARE STATED BELOW.

COMMODITY:________________
NUMBER OF PKGS:________________
INVOICE VALUE:________________
TOTAL G. W:________________
MEASUREMENT:________________
OCEAN VESSEL:________________
DATE OF DEPARTURE:________________
B/L NO. :________________
PORT OF LOADING:________________
DESTINATION:________________

SHIPPING MARKS:

BENEFICIARY'S SIGNATURE:

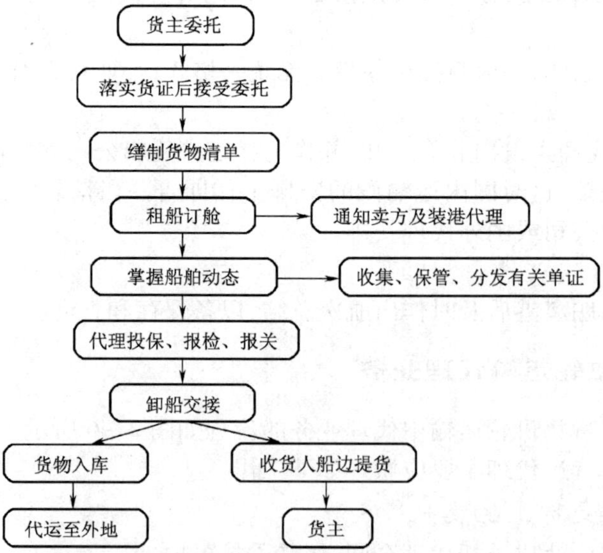

图 2-6 进口货物班轮运输代理业务流程

（二）订舱

进口货物订舱的主要做法是：进口公司收到国外出口商发来的预计装运日期后，先按合同填写进口订舱联系单，然后将其连同进口合同副本送交货运代理，货运代理对进口订舱联系单认真审核后接受订舱委托，并向船公司办理订舱托运手续。

在 FOB 条件下，货运代理在办妥订舱手续后，应在规定的期限内将船名、船期、船籍、船舶吃水深度、装载重量、到达港口等事项及时通知卖方，并催告卖方如期装船。

（三）掌握进口船舶动态与收集、整理单证

掌握进口船舶动态、船期对于做好港口工作，及时、合理地安排进口船舶卸货，尽快把货物交到收货人手中极为重要。货运代理应做好填写运输卡片和填写进口船舶动态表的工作。安排船、货时，不论是国内班轮还是国外班轮均需认真按船、按航次填写，以作为船、货安排的根据。运输卡片内容包括船名、船期、各港所配货物的主要货类、数量、实装量、离开装货港和到达卸货港日期以及指定装货港代理的日期和运输过程中的主要情况。

进口船舶动态表主要填写船舶类别、卸港顺序、各港货类、货量、预计抵达国内第一卸货港的时间。如有特殊货物如甲板货、重大件货和危险品货物均需列明，以便卸货港事先作出卸货安排。

进口货物运输单证一般包括商务单证和货运单证两大类。商务单证有贸易合同正本及副本、发票、提单、装箱单、品质证明书和保险单等。货运单证主要有载货清单、货物积载图、提单等。进口货物运输单证多由装货港口的代理和港口轮船代理公司、银行、国外发货人提供。进口货物的各种单证是港口进行卸货、报关、报检、交接和疏运等项工作不可缺少的资料，因此负责运输的部门收到单证后，应以此与进口合同进行核对。若份数不够，要及时复制，分发有关单位，以便船只到港后各单位相互配合，共同做好接、卸、疏运等工作。

（四）代理投保、报检、报关

代理投保、报检、报关工作主要依据委托代理合同行事。

（五）卸船和交接

卸船交货的形式主要有直接卸船交货和集中卸船、仓库交付两种。直接卸船交货是指将船舶所承运的货物在提单所载明的卸货港从船上卸下，在船边交给收货人并办理货物的交接手续。

集中卸船、仓库交付是指由船公司指定装卸公司作为卸货代理人，由卸货代理人总揽卸货和接收货物并向收货人实际交付货物的工作。

在杂货班轮运输中，不论采取怎样的卸船交货形式，船公司的责任都是以船边为责任界限，而且卸货费用也是按这样的分界线来划分的。在杂货班轮运输中，承运人对承运货物的责任期间可以概括为“船舷至船舷”或“钩至钩”。

（六）进口代运

进口货物卸船报关后，由收货人自行到码头提货的叫作自提。各港口接卸单位或货运代理接受用货部门的委托，代为办理进口货物到达国内港口后的国内转运业务，这种业务称为进口代运工作。

进口代运工作的基本做法是：委托单位向货运代理提出长期或临时委托，签订海运进口货物国内交接、代运协议书。货到目的地后，收货人应与承运人办理交接手续。

单元三　货运单证和海运提单

在班轮运输中，从办理货物托运手续开始，到货物装船、卸船，直至货物交付的整个过程，都需要编制各种单证。这些单证是在货方（包括托运人和收货人）与船方之间办理货物交接的证明，也是货方、港方、船方等有关单位之间从事业务工作的凭证，又是划分货方、港方、船方各自责任的必要依据。

海运提单是承运人签发给托运人的表明货物已被承运人收讫的货物收据，是一种货物所有权凭证。

一、主要的货运单证

在班轮运输中从办理货物托运、装船，直到卸货和交货的整个环节中，需要编制各种货运单证。货运单证在各个国家和各个港口，甚至各个船公司都不完全一致，但就主要单证而言，其基本内容与作用大同小异，并能在国际航运中通用。

（一）货运单证的分类

班轮运输货运单证可分为在装货港编制使用的货运单证和在卸货港编制使用的货运单证两大类，见表2－5。

表2－5　杂货班轮货运主要单证汇总

港口	单证		签发人或编制人	制作时间与制作依据	作用
装货港	装货联单	托运单(B/N)	托运人或其代理	托运货物之前；S/C与L/C	申请订舱配载的书面凭证
		装货单(S/O)/关单/下货纸	托运人或其代理填制，船公司盖章确认	装船之前；B/N和船舶配载情况	船公司或其代理确认订舱、出口货运的承诺；要求船长将货物装船承运的凭证；出口报关手续的必备单据
		收货单(M/R)/大副收据	船上大副签署给托运人	装船后；收货的实际情况	证明货物已经装上船；证明承运人已经收到货物，并开始负责；托运人凭以换取提单的单证；签发已装船的清洁提单或不清洁提单的依据
	提单(B/L)		船公司或船代	装船完毕后；根据M/R	海上货物运输合同的证明；货物已由承运人接管或已装船的货物收据；是承运人保证凭以交付货物的物权凭证
	装货清单(L/L)		船公司或船代	装船前；B/N留底	为积载计划提供依据；是理货等业务的单据
	载货清单(M/F)		船公司或船代	装船后；M/R或B/L	是整艘船舶出口报关的必备单据（装货单是每票货物报关的必备单据）；是出口退税单据之一；是卸货港安排卸货的单据；是卸货港海关放行的凭据
	货物积载图		船上大副	船到港前绘制草图，装船后修改制出最终积载图；L/L	形象具体地表示每一票货物在船舱内的位置与装载情况；指导有关方面安排泊位、货物出舱、下驳、搬运等工作
	危险货物清单		船公司或船代	装船前	可详细列出船舶载运危险货物的情况；船舶载运危险货物时必备的单证之一

续表

港口	单证	签发人或编制人	制作时间与制作依据	作用
卸货港	提货单(D/O)	船公司或船代	到货后; B/L	收货人向仓库或场站提取货物的凭证;船公司或其代理对仓库或场站交货的通知
	过驳清单	理货人员编制,船方签字确认	卸船后; 理货单证	收货人向船公司提出损害赔偿要求的证明材料;船公司处理收货人索赔要求的原始资料和依据
	货物溢短单			
	货物残损单			

1. 在装货港编制的货运单证

在装货港编制的货运单证主要有:货物代运委托书、托运单(booking note,B/N)、装货单(shipping order,S/O)、收货单(即大副收据,mate's receipt,M/R)、装货清单(loading list,L/L)、载货清单(manifest,M/F)、载货运费清单(freight manifest,F/M)、货物积载图(stowage plan)、危险货物清单等。

单元二已对在装货港编制的货运单证中的一些主要单证如托运单、装货单、收货单进行了介绍,这里再对另外几个单证作简单介绍:

(1)装货清单。装货清单是承运人根据装货单留底,将全船待装货物按目的港和货物性质归类,依航次、靠港顺序排列编制的装货单汇总清单,是船上大副编制配载计划的主要依据,又是供现场理货人员进行理货、港方安排驳运、进出库场以及承运人掌握情况的业务单据。

(2)载货清单。载货清单又称"舱单",是在货物装船完毕后,根据大副收据或提单编制的一份按卸货港顺序逐票列明全船实际载运货物的汇总清单。其内容包括船名及船籍、开航日期、装货港及卸货港,同时逐票列明所载货物的详细情况。载货清单是办理船舶出(进)口报关手续的单证,是船舶载运所列货物的证明。

(3)货物积载图。出口货物在货物装船前,必须就货物装船顺序、货物在船上的装载位置等情况作出详细的计划,以指导有关方面安排泊位、货物出舱、下驳、搬运等工作。通常用图表的形式表示货物在船舱内的装载情况,该类图表称为货物积载图。

(4)危险货物清单。危险货物清单是专门列出船舶载运的全部危险货物的明细表。其记载的内容除装货清单、载货清单所应记载的内容外,还特别增加了危险货物的性能和装船位置两项。按照一般港口的规定,凡船舶装运危险货物,船方应向有关部门(我国为海事局)申请派员监督装卸。在装货港装船完毕后由监装部门签发给船方一份危险货物安全装载书(dangerous cargo safe stowage certificate),它是船舶载运危险货物时必备的单证之一。

2. 在卸货港编制使用的货运单证

在卸货港编制使用的货运单证主要有:提货单(delivery order,D/O)、过驳清单(boat note)、货物溢短单(over landed & short landed cargo list)、货物残损单(broken & damaged list)等。

(1)提货单。提货单又称小提单,是收货人凭正本提单或副本提单随同有效的担保向承运人或其代理人换取的,可向港口装卸部门提取货物的凭证。提货单不具备流通作用,一般记有“禁止流通”(non－negotiable)字样。

(2)过驳清单。过驳清单是采用驳船作业时,作为证明货物交接和表明所交货物实际情况的单证。过驳清单是根据卸货时的理货单证编制的,其内容包括驳船名、货名、标志、号码、包装、件数、卸货港、卸货日期、舱口号等,并由收货人、卸货公司、驳船经营人等收取货物的一方与船方共同签字确认。

(3)货物溢短单。货物溢短单是指一票货物所卸下的数量与载货清单上所记载的不符,发生溢卸或短卸的证明单据。该单证由理货员编制,并且必须经船方和有关方(如收货人及仓库等)共同签字确认。

(4)货物残损单。货物残损单是指卸货完毕,理货员根据卸货过程中发现的货物破损、水湿、水渍、渗漏、霉烂、生锈、弯曲变形等情况记录编制的,证明货物残损情况的单据。该单据必须经船方签认。

过驳清单、货物溢短单、货物残损单通常是收货人向船公司提出损害赔偿需求的证明材料,也是船公司处理收货人索赔需求的原始材料和依据。

(二)主要货运单证的流转

图2－7为杂货班轮货运主要货运单证的流转程序。

对图2－7所示各步骤序号的说明如下:

①托运人向船公司在装货港的代理人(也可直接向船公司或其营业所)提出货物装运申请,递交托运单,填写装货联单。

②船公司同意承运后,其代理人指定船名,核对装货单(S/O)与托运单上的内容无误后,签发装货单,将留底联留下后退还给托运人,要求托运人将货物及时送至指定的码头仓库。

③托运人持装货单及有关单证向海关办理货物出口报关、验发放行手续,海关在装货单上加盖放行章后,货物准予装船出口。

④船公司在装货港的代理人根据留底联编制装货清单(L/L),送船舶及理货公司、装卸公司。

⑤大副根据装货清单编制货物积载计划交代理人分送理货、装卸公司等按计划装船。

⑥托运人将经过检验及检量的货物送至指定的码头仓库准备装船。

⑦货物装船后,理货长将装货单交大副,大副核实无误后留下装货单并签发收货单(M/R)。

⑧理货长将大副签发的收货单转交给托运人。

⑨托运人持收货单到船公司在装货港的代理人处付清运费(预付运费情况下),换取正本已装船提单(B/L)。

⑩船公司在装货港的代理人审核无误后,留下收货单并签发提单给托运人。

⑪托运人持提单及有关单证到议付银行结汇(在信用证支付方式下),取得货款,议付行将提单及有关单证邮寄开证银行。

⑫货物装船完毕后,船公司在装货港的代理人编妥出口载货清单(M/F),送船长签字后向海关办理船舶出口手续,并将载货清单交船随带,船舶起航。

⑬船公司在装货港的代理人根据提单副本(或收货单)编制出口载货运费清单,连同提单副本、收货单送交船公司结算代收运费,并将卸货港需要的单证寄给船公司在卸货港的代理人。

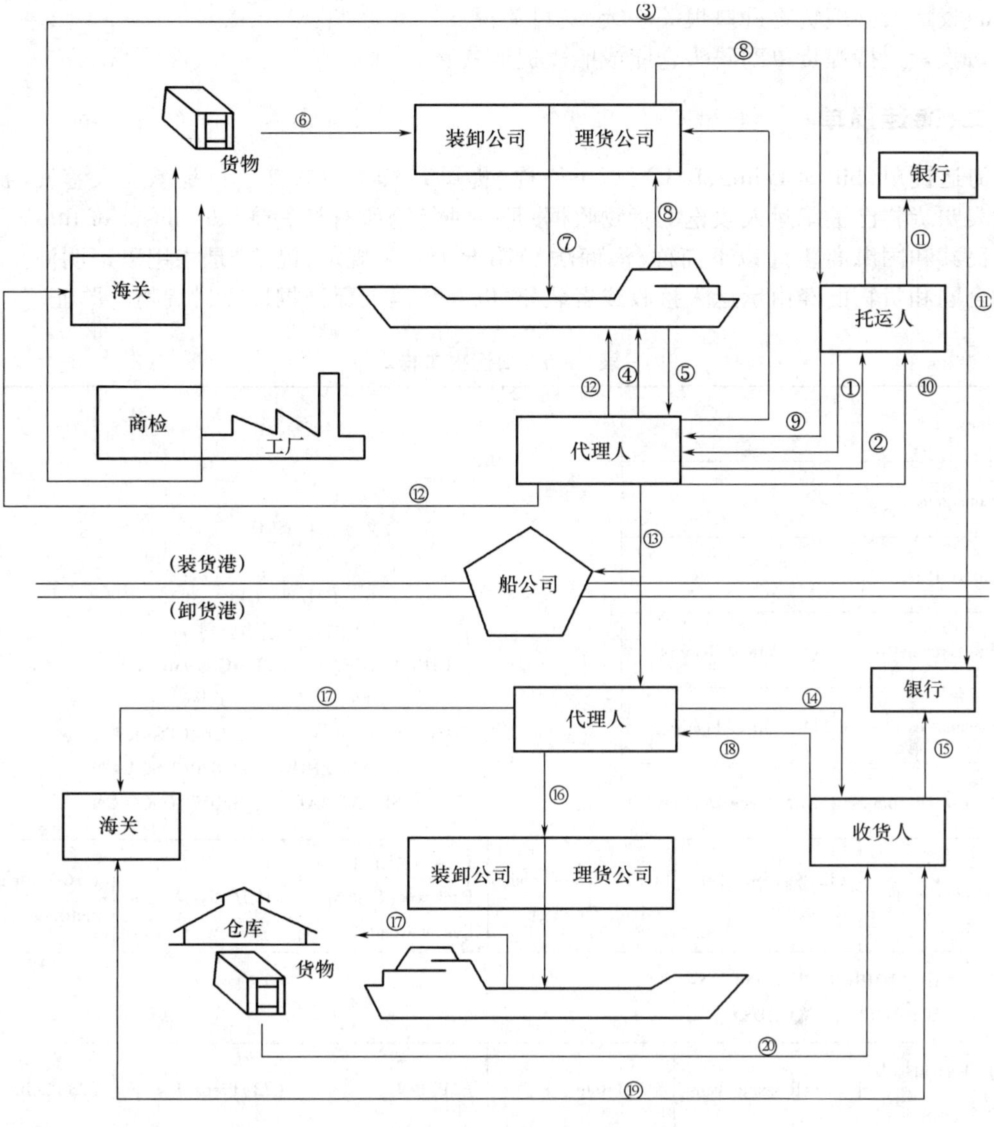

图 2－7　杂货班轮货运主要货运单证的流转

⑭船公司在卸货港的代理人接到船舶抵港电报后，通知收货人船舶到港日期，做好提货准备。

⑮收货人到开证银行付清货款取回提单（在信用证支付方式下）。

⑯卸货港船公司的代理人根据装货港船公司的代理人寄来的货运单证，编制进口载货清单及有关船舶进口报关和卸货所需的单证，约定装卸公司、理货公司，联系安排泊位，做好接船及卸货的准备工作。

⑰船舶抵港后，船公司在卸货港的代理人随即办理船舶进口手续，船舶靠泊后即开始卸货。

⑱收货人持正本提单向船公司在卸货港的代理人办理提货手续，付清应付的费用后，换取代理人签发的提货单（D/O）。

⑲收货人办理货物进口报关手续，支付关税。

⑳收货人持提货单到码头仓库或船边提取货物。

二、海运提单

海运提单(bill of lading，B/L)(以下简称“提单”，样本见表2－6)是承运人签发给托运人的表明货物已被承运人收讫的货物收据，是一种货物所有权凭证(document of title)。《中华人民共和国海商法》(以下简称《海商法》)第七十一条规定，提单“是指用以证明海上货物运输合同和货物已经由承运人接收或者装船，以及承运人保证据以交付货物的单证。”

表2－6　海运提单样本

<table>
<tr><td colspan="2">(1)Shipper</td><td rowspan="6">COSCO

B/L No.(4)
中国远洋运输公司
CHINA OCEAN SHIPPING COMPANY
Cable： Telex：
COSCO BEIJING 22264CPCPK CN
GUANGZHOU 44080COSCA CN
SHANGHAI 33057COSCO CN</td></tr>
<tr><td colspan="2">(2)Consignee</td></tr>
<tr><td colspan="2">(3)Notify Party</td></tr>
<tr><td>(5)Pre Carriage by</td><td>(6)Port of Receipt</td></tr>
<tr><td>(7)Ocean Vessel</td><td>(8)Port of Loading</td></tr>
<tr><td>(9)Port of Discharge</td><td>(10)Place Delivery</td></tr>
</table>

<table>
<tr><td>(11)Container No.</td><td>(12)Seal No. Marks & Nos.</td><td>(13)No. of containers Or Pkgs.</td><td>(14) Kind of Packages；Description of Goods</td><td>(15)Gross Weight</td><td>(16) Measurement</td></tr>
<tr><td colspan="2">(17)TOTAL NUMBER OF CONTAINERS OF PACKAGES(IN WORDS)</td><td colspan="4"></td></tr>
<tr><td>(18) Freight & charges</td><td>(19)Revenue Tons</td><td>(20)Rate</td><td>(21)Per</td><td>(22)Prepaid</td><td>(23)Collect</td></tr>
<tr><td rowspan="2">(24)Ex. Rate</td><td>(25)prepaid at</td><td colspan="2">(27)payable at</td><td colspan="2">(29)Place and date of Issue</td></tr>
<tr><td>(26)Total Prepaid</td><td colspan="2">(28)No. of Original B(s)/L</td><td colspan="2" rowspan="2">Signed for the Carrier
COSCO SHANGHAI SHIPPING CO.，LTD.
×××

(32)COPIES</td></tr>
<tr><td colspan="4">LADEN ON BOARD THE VESSEL
(30)Date：
(COSCO STANDARD FORM 07)
BY：COSCO SHANGHAI SHIPPING CO.，LTD.
×××
(31)ENDORSEMENT：</td></tr>
</table>

提单的种类如图2－8所示。

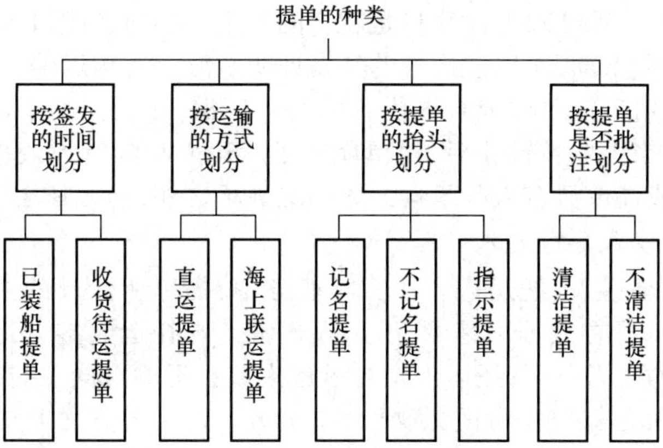

图2－8　提单的种类

（一）提单的法律性质

物权凭证、货物收据、运输合同的证明这三个基本功能是提单在法律上的核心内容。

1. 提单是货物的物权凭证

谁拥有提单，谁就拥有了货物。提单持有人可据以提取货物，也可凭此向银行押汇，还可在载货船舶到达目的港交货之前进行转让①。提单是货物的物权凭证主要表现在以下两个方面：

（1）提单代表提单上记载的货物，证明提单持有人对货物的占有。货方凭提单提货，船方按提单的规定交货。我国《海商法》第七十一条规定，如果是记名提单（straight B/L），承运人只能将货物交给提单上的记名人；如果是指示提单（order B/L），承运人只能按提单上的记名人的指示交货；如果是空白提单（blank B/L，open B/L），承运人可以向任何持有该提单的人交货。

（2）转让或处分提单等于转让或处分提单载明的货物。只要不是记名提单，提单都可以转让流通，如用于结汇、买卖、抵押、融资等。在承运人交付货物前，善意受让提单的合法持有人可以仅凭受让提单而取得提单项下的货物。

2. 提单是承运人接收货物或货物已装船的收据

无论是已装船提单（shipped B/L，on board B/L）还是收货待运提单（received for shipment B/L），都是承运人接管货物的收据。

提单作为货物收据（receipt of goods），应记载法定的事项。按照《海牙规则》的要求，提单至少应该记载三个事项：①标志（mark），它是识别件杂货的重要记号；②货物包数或件数，或者重量，或者体积；③货物表面状况。我国《海商法》也有类似规定。

提单的证据效力，对托运人和收货人或其他善意提单持有人是不同的。对托运人来说，它是“初步证据”，对善意提单持有人来说，它就成了“最终证据”。

① 提单还是一种可以流通的有价证券，作为对价转让的标的物或贷款的抵押品，但提单的转让必须在承运人交货前才有效。提单持有人必须在货物运抵目的港一定时间内把货提走，过期不提，视为无主货物，承运人可对货物行使处置权。

3. 提单是托运人与承运人之间订有海上货物运输合同的证明

提单是承运人签发的，是单方法律行为。因此提单只是海上货物运输合同的证明，而非合同本身。但在实践中，承托双方往往只是就合同的主要事项达成口头或书面协议，而提单背面有大量的权利义务条款，所以说提单的签发证明了海上货物运输合同的最终成立，而且证明了合同的内容。由于提单构成合同内容的初步证据，在提交不了运输合同时就成了合同内容的最后证据。当提单被转让后，提单就成了承运人与收货人或提单持有人之间的运输合同，因为收货人或提单持有人与承运人之间除提单之外，别无其他契约关系。

（二）提单的当事人、关系人

提单的当事人是承运人、托运人。在实际业务中，提单所涉及的主要关系人有收货人、提单持有人等。其中，承运人通常是与托运人签订运输合同、承担运输任务的航运公司；托运人是与承运人签订运输合同、送交所运送货物的人；收货人是有权提货的人，常常是买方。以上各方之间的权利、义务关系就构成了提单关系的主要内容。正本提单的合法持有人拥有对货物的请求权，承运人负有向正本提单的合法持有人交付货物的责任。

清洁提单和不清洁提单、电子提单

（三）提单的签发与收回

1. 提单的签发

提单要经过签发才具有法律效力，签发提单是承运人的义务。承运人（或其代理人）或承运人授权的人（船长或其代理人）可以签发提单。提单应由承运人或其代理人签发，或者是由船长或其代理人签发。承运人自身签署的要注明“as carrier”；如果是代理人签署提单，则代理人须注明被代理人的名称和身份，标明“as agent for the carrier × × ×”。

提单签发的份数。一般签发正本（original）一式三份、副本（copy）若干份。

签发时间一般要在货物装船以后凭场站收据签发，如果在装船前签发，就构成预借提单（advanced B/L）①。预借提单既违约又违法，通常被视为欺诈行为，因而可能会给承运人带来许多不必要的麻烦，甚至是很大的损失，在实际业务中，应避免采用。

在实际业务中还应避免倒签提单。倒签提单（anti - dated B/L）是因实际装船日期迟于信用证规定的装船期限，卖方在来不及改证时，为了安全结汇，可能以出具“保函”的形式，由承运人倒签提单签发日期或装船日期，使之符合信用证的规定。倒签提单是一种既违约又违法的行为，在许多国家都被视为卖方和船方的共同欺诈，一经发现，承运人将不得不与托运人共同赔偿收货人因此而遭受的损失，因此，在实际业务中应尽量避免。

对于直接签发船公司提单的货物，一般来说，在开船后 1 个工作日内货运代理人要与船公司联系领取提单事宜，确定提单份数和领取时间。收到提单后，应核对份数、格式、船名、航次提单号等是否正确，并根据船名、航次按委托单位分类登记，委托单位凭协议确认签章，登记签章后领取提单，并注明发放日期。

由于航线过短，银行传递单据的速度较慢，会出现货到单未到的情形，这时的提单就成为过期提单。银行对于这种客观原因造成的过期，将给予接受。但卖方迟于运输单据签发日期 21 天后向银行提交提单，银行将有权拒收，这种过期提单是无效的。

---

① 预借提单是指船舶延期抵港、备货拖延等原因引起船、货衔接不当，信用证中规定的装运期、有效期已到，货物却尚未装船完毕，在这种情况下，托运人为了及时结汇，要求承运人预先签发已装船提单，同时由托运人出具“保函”，保证一旦发生因预借提单引起的买方索赔行为，卖方将承担一切风险责任的提单。

2. 提单的收回

在目的港，收货人凭一份正本提单提货后，其余正本提单作废。承运人在目的港之外的地点交货的，应收回全部正本提单，否则难以免除在目的港向正本提单持有人交货的义务。

（四）提单的流转

提单流转环节较多，因贸易方式不同，流转环节也不同。以信用证方式结汇的 CIF 买卖，其提单流转的整个过程如图 2－9 所示。

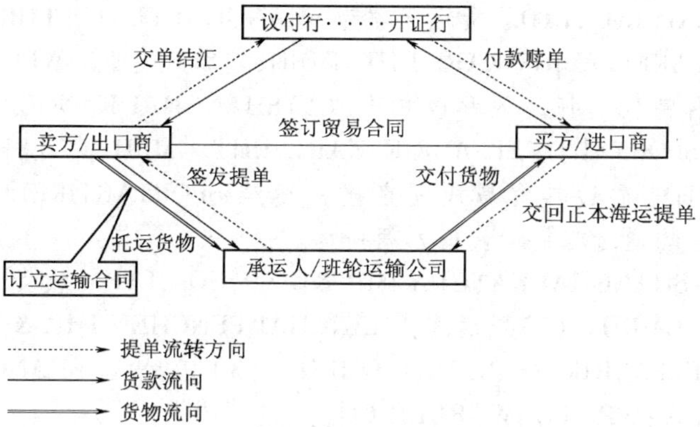

图 2－9　提单流转示意图

从图 2－9 来看，提单一般流转环节为：起运港承运人或其代理签发→出口商或其货运代理转给托运人→开证银行→收货人（进口商）→目的港承运人或其代理。

从流转环节看，收货人要拿到提单提货，必须通过银行，即收货人必须向开证行付款赎单，否则银行不会将提单交给收货人。

值得注意的是：作为货运代理人，只可将提单交给托运人，千万不可将提单随意交给第三人。目前国外许多收货人在中国设有代表处，有的托运人要求将提单（1/3）交给收货人的代表，而又缺少必要的委托授权手续，一旦发生贸易纠纷，货运代理人往往难逃其责。在提单流转过程中，提单上的发货人、收货人、受让人都应按要求背书。没有背书的提单，其持有人得到提单的合法性往往会受到怀疑。

（五）提单正面的填写

提单正面填写主要应注意如下项目。

第一，托运人或发货人（shipper）。托运人可以是货主，也可以是货主的代理人或货运代理人。信用证支付方式下一般为信用证中的受益人。如果开证人为了贸易上的需要，要求做第三者提单（third party B/L），也可照办。托收支付方式下的提单发货人栏应由按合同规定的卖方填制。

第二，收货人（consignee）。如是信用证支付方式下的提单，要严格按信用证规定办理。如是托收方式下的提单，本栏填"to order"或填"to order of shipper"均可，然后由发货人背书。信用证支付方式下如要求记名提单，则可填上具体的收货公司或收货人名称；如属指示提单，则填为"指示"（order）或"凭指示"（to order）；如需在提单上列明指示人，则可根据不同要求，做成"凭托运人指示"（to order of shipper）、"凭收货人指示"（to order of consignee）或"凭银行指示"（to order of ××bank）。不记名式，即在本栏留空不填，或填入"to bearer"（来人抬头）。

填写本栏应注意三点：①本栏若填写“to order”或“to order of shipper”等字样，表示指示提单，可转让，一般通过背书方转让给受让人；②本栏若填写实际收货人，表示记名提单，不可以转让；③承运人不接受一票货物有两个或两个以上的收货人，如有，本栏内填写第一收货人，第二收货人填在被通知人栏内。

【例】已知一笔交易中，各有关当事人的名称为：

卖方：SHANGHAI KANGDA IMP. & EXP. CO. , LTD.；其贸易代理为 SHANGHAI PENCHEN IMP. & EXP. CO. ,LTD.，货运代理为 SHANGHAI FUYUN FORWARDER CO.。

买方：SPORTARTIKELFABRIK KARL UHT GMBH；其货运代理为 WPP FORWARDER CO.。

请写出以下三种情况的托运人和收货人：(1) SHANGHAI KANGDA IMP. & EXP. CO. , LTD. 直接托运给 SPORTARTIKELFABRIK KARL UHT GMBH；(2) SHANGHAI KANGDA IMP. & EXP. CO. ,LTD. 通过其贸易代理直接托运给 SPORTARTIKELFABRIK KARL UHT GMBH；(3) 买卖双方均通过其货运代理办理托运。

解：(1) 托运人：SHANGHAI KANGDA IMP. & EXP. CO. ,LTD.；收货人：SPORTARTIKELFABRIK KARL UHT GMBH。(2) 托运人：SHANGHAI PENCHEN IMP. & EXP. CO. ,LTD.；收货人：SPORTARTIKELFABRIK KARL UHT GMBH。(3) 托运人：SHANGHAI FUYUN FORWARDER CO.；收货人：WPP FORWARDER CO.。

第三，被通知人（notify party）。被通知人一般是收货人的代理人。在信用证项下，银行作为收货人而显示在提单上，这时的被通知人往往是实际收货人。如信用证上对提单被通知人有具体规定，则必须严格按信用证要求填写。如果是记名提单或收货人指示提单，且收货人又有详细地址的，则此栏可以不填。如果是空白指示提单或托运人指示提单，则此栏必须填列被通知人名称及详细地址，否则船方就无法与收货人联系，收货人也不能及时报关提货。信用证规定的被通知人后如有“only”一词，提单亦应参照打印，不能省略。托收方式下的提单，本栏可按合同的买方名称填入。

第四，提单号码（B/L No.）。提单号码一般列在提单右上角，以便于工作联系和查核。发货人向收货人发送装船通知（shipment advice）时，也要列明船名和提单号码。

第五，船名（name of vessel）。本栏填实际船名，如系班轮有航次号者应注明航次号。

第六，装货港（port of loading）。发货地不一定是装货港，本栏应填实际起运港的具体名称，且必须符合信用证和合同规定。

第七，卸货港（port of discharge）。填列货物实际卸下的最终港口名称。如属转船，第一程提单上的卸货港填转船港，收货人填二程船公司；第二程提单装货港填上述转船港，卸货港填最后目的港，如由第一程船公司出联运提单（through B/L），则卸货港即可填最后目的港，并在提单上列明第一和第二程船名。如经某港转运，要显示“via × ×”字样。在运用集装箱运输方式时，目前使用“联合运输提单”（combined transport B/L）的，提单上除列明装货港、卸货港外，还要列明“收货地”（place of receipt）、“交货地”（place of delivery）以及“第一程运输工具”（pre carriage by）、“海运船名和航次”（ocean vessel，voy. no.）。填写卸货港，还要注意同名港口问题，如属选择港提单，要在此栏中注明。

第八，货名（description of goods）。在信用证项下货名必须与信用证上规定的货名一致。

第九，件数和包装种类（number and kind of packages）。本栏主要填包装数量和包装单位。如果提单项下商品的包装单位不止一种，则应分别表示。如 250 箱，其中包括 100 个木箱和 150 个纸箱，可表示如下：

100 wooden cases

150 cartons

250 packages

如上述多种包装单位分别表示，则毛重和尺码栏亦应分别表示。

如是散装货无件数，本栏可表示“in bulk”（散装）。

第十，唛头（shipping marks）。信用证有规定的，必须按规定填列，否则可按发票上的唛头填列。

第十一，毛重、尺码（gross weight，measurement）。除信用证另有规定者外，一般以公斤为单位列出货物的毛重，以立方米列出货物的体积，小数点以下保留三位。若裸装货物没有毛重，只有净重，则在净重前加注：“N. W. ”（Net Weight）。提单的货物重量应与其他单据的货物重量一致。

第十二，运费和费用（freight and charges）。一般为预付（freight prepaid）或到付（freight collect）。如以 CIF 或 CFR 出口，一般应填上运费预付字样，千万不可漏列，否则收货人会因运费问题提不到货，虽可查清情况，但拖延提货时间也将造成损失。如以 FOB 出口，则可填上“运费到付”字样，除非收货人委托发货人垫付运费。

第十三，提单的签发、日期和份数。提单必须由承运人或船长或他们的代理签发，并应明确表明签发人身份。一般表示方法有“Carrier”“Captain”或“As Agent for the Carrier：× × ×”等。提单份数一般按信用证要求出具，如“Full Set of”，一般理解成三份正本若干份副本，当其中一份正本完成提货任务后，其余各份失效。提单还是结汇的必需单据，特别是在跟单信用证结汇时，银行要求所提供的单证必须一致，因此提单上所签的日期必须与信用证或合同上所要求的最后装船期一致或先于装船期。如果卖方估计货物无法在信用证装船期前装上船，应尽早通知买方，要求修改信用证，而不应利用“倒签提单”“预借提单”等欺诈行为取得货款。

第十四，签单地点和日期（place and date of issue）。签单地点是承运人经营业务所在的地点，一般承运人多数在装运港设有代理人，所以签单地点多数是承运人接管货物或装运的地点。

单元四　班轮运费

班轮运费是承运人为承运货物而收取的报酬，而计算运费的单价（或费率）则称班轮运价。

一、班轮运价

班轮运价包括货物从起运港到目的港的运输费用以及货物在启运港和目的港的装、卸费用。班轮运价一般是以运价表的形式公布的，比较固定。

按运价表的制定来划分，班轮运价表主要有三类：

其一，班轮公会（freight conference）运价表。由班轮公会制定的运价表，为参加公会的班轮公司所使用，规定的运价比较高，是一种垄断性的价格，承运的条件也有利于船方。如远东水脚公会运价表。

其二，班轮公司运价表。由班轮公司自己制定的运价表，如中国远洋运输（集团）公司运价表。

其三，货方运价表。由货方制定、船方接受使用的运价表。能制定运价表的货方一般是较大的货主，并能保证常年有稳定的货源供应。中国对外贸易运输(集团)总公司运价表即属此种。

二、班轮运费

使用班轮运价表的注意事项

班轮运费由基本运费和各种附加运费构成。

(一)基本运费

基本运费是指货物对在预定航线的各基本港口之间进行运输所规定的运价，它是构成全程运费的主要部分。基本运费的计收标准，通常按不同商品分为下列几种：

(1)按货物的毛重计收。在运价表中，以“W”字母(Weight 的首字母)表示。一般以 1 吨为计算单位。

(2)按货物的体积计收。在运价表中，以“M”字母(Measurement 的首字母)表示。一般以 1 立方米为计算单位。

(3)按货物的毛重或体积计收运费，计收时取其数量较高者。在运价表中以“W/M”字母表示。按惯例凡 1 重量吨货物的体积超过 1 立方米或 40 立方英尺者即按体积收费；1 重量吨货物其体积不足 1 立方米或 40 立方英尺者，按毛重计收。

(4)按货物的价格计收运费，又称从价运费。在运价表中以“Ad. val”或“A. V. ”表示。按从价计算运费的，一般都属高值货物。从价运费(Ad. Val)表示该种货物应按其 FOB 价格的某一百分比计算运费。但是，在实际业务中，某些贸易合同可能是以 CIF 价格或 CFR 价格成交的，所以，要将 CIF、CFR 价格换算为 FOB 价格。之后，再算出从价运费。按照一般的贸易习惯，按 CFR 价格是 CIF 价格的 99% 的比例，通过以下关系求得 FOB 价格。

$$\text{FOB 价格} = \frac{\text{CFR 价格}}{1 + \text{Ad. Val}} = \frac{0.99\text{CIF 价格}}{1 + \text{Ad. Val}}$$

(5)按货物重量或体积或价值三者中最高的一种计收，在运价表中以“W/M or Ad. val”表示。也有按货物重量或体积计收，然后再加收一定百分比的从价运费，在运价表中以“W /M plus Ad. val”表示。

(6)按货物的件数计收。如汽车、火车按辆(per unit)；活牲畜如牛、羊等论头(per head)计算。

(7)对大宗低值货物，采用船、货双方临时议定运价的办法。如粮食、豆类、煤炭、矿砂等。上述大宗货物，一船在班轮费率表内未规定具体费率，在订舱时，由托运人和船公司临时洽商议订。议价运费通常比按等级计算运费低廉。

班轮公司对同一包装、同一票货物或同一提单内出现混装情况的，计收运费的原则是就高不就低。如果不同商品混装在同一包装内，则全部运费按其中较高者计收。同一票商品如包装不同，其计费标准及等级也不同。托运人应按不同包装分列毛重及体积，才能分别计收运费，否则全部货物均按较高者收取运费。同一提单内如有两种或两种以上不同货名，托运人应分别列出不同货名的毛重或体积，否则将全部按较高者收取运费。

(二)附加费

附加费(surcharges)是对一些需要特殊处理的货物或由于客观情况的变化等使运输费用大幅度增加，班轮公司为弥补损失而额外加收的费用。附加费的种类很多，而且随着客观情况的变化而变化，如超重附加费、超长附加费、燃油附加费、港口附加费、绕航附加费、转船附加费、直航附加费、选卸附加费、货币贬值附加费等。

各种附加费的计算方法主要有两种：一种是以百分比表示，即在基本费率的基础上增加一定百分比；另一种是用绝对数表示，即每运费吨增加若干金额，可以与基本费率直接相加计算。

三、班轮运费的计算

班轮运费的基本运费和各种附加费均按班轮运价表计算。由于班轮运价表的结构不同，运费的计算方法也不同。单项费率运价表只要找到商品列名，也就找到了运价和计算单位，再加上有关的附加费即可求得该批货物的总运价。等级运价表的计算程序较为复杂，应先根据商品的英文名称，从商品名栏内查明商品等级的计收标准，然后根据该商品的等级的计收标准从航线港口划分栏内查基本费率，再查明该商品有无附加费用，如有，各为哪些附加费，最后根据基本费率和附加费求出该商品的总运费。

$$总运费 = 基本运费 + \sum 附加费$$

班轮运费的计算公式分三种情况：

其一，在没有任何附加费的情况下班轮运费的计算公式为：

$$F = f \times Q$$

式中：F 为总运费，以下同。

f 为基本费率，以下同。

Q 为货运量，以下同。

【例】设 A 公司向日本出口冻驴肉 30 吨，共需装 1 500 箱，每箱毛重 25kg，每箱体积为 20cm × 30cm × 40cm。贸易合同中规定每箱 FOB30 美元。现 A 公司委托 B 货运代理公司代理出口运输，代理费为运费的 3%。问应如何计算该批货物的运费和代理费？每箱的 CFR 价应报多少？

解析：先按冻驴肉的英文（frozen donkey - meat）字母顺序从运价表中查找其属几级货，按什么标准计算。经查该商品属 8 级货，计收标准为 W/M。然后再查出日本航线每一运费吨①的运价为 144 美元，无其他任何附加费。再次，分清该商品系重货还是轻货，也就是计算该商品的积载系数是大于 1，还是小于 1。如大于 1 则为轻货，小于 1 则为重货。计算的办法是：0. 2 × 0. 3 × 0. 4/0. 025 = 0. 96，可见该商品是按重货计算运费。

将以上已知的数据代入公式即得总运费：

$$F = 144\ 美元/运费吨 \times 0.025\ 运费吨/箱 \times 1\ 500\ 箱 = 5\ 400\ 美元$$

该批货物的代理费 = 5 400 美元 × 3% = 162 美元。

其二，在有各种附加费，而且附加费按基本费率的百分比收取的情况下，运费的计算公式为：

$$F = fQ(1 + S_1 + S_2 + \cdots + S_n)$$

式中：$S_1, \cdots, S_n$ 为各项附加费的百分比。

---

① 运费吨（freight ton）又称计费吨，是计算运费的一个特殊计算单位，指按一种货物的重量或体积计算运费的单位，分为重量吨和尺码吨。重量吨是按货物毛重计算运费的单位，1 重量吨 = 1 长吨 = 2 240 磅；尺码吨是按货物体积计算运费的单位，1 尺码吨 = 40 立方英尺。一般情况下，同一货物的重量和体积相比较，以大者为运费吨。

其三，在各项附加费按绝对数收取的情况下，运费的计算公式为：

$$F = fQ + (S_1 + S_2 + \cdots + S_n) \times Q$$

式中：$S_1 + S_2 + \cdots + S_n$为各种附加费的绝对数。

【例】设某出口公司向马来西亚出口大型机床1台，毛重为7.5吨，目的港为巴生港或槟城。运送机床去新马航线的基本费率每1运费吨为1 500港元，另加收超重附加费每运费吨为28港元，选港费为20港元。问该机床的运费为多少？

解析：将上述已知数据代入公式即得：

$$F = 1\,500 \text{港元} \times 7.5 + (28 + 20) \text{港元} \times 7.5 = 11\,610 \text{港元}$$

即该机床的运费为11 610港元。

任务解析

下面根据上述所学知识对项目情景的任务进行简要解析。

任务1：按照船公司对船舶经营方式的不同，国际海运可分为班轮运输和租船运输两种方式。情景中的两项业务可采取班轮运输。班轮运输通常会涉及班轮公司（船公司）、船舶代理人、无船（公共）承运人、货运代理人、托运人和收货人以及货物装卸、理货人等有关货物运输的关系人以及海关、检验检疫机构、银行、保险公司等。

任务2：上海快达货代公司的第(1)项业务属于出口货物班轮运输，主要要做好如下工作：接受货主委托、订舱、装船前的准备工作（包括合理配载、制作装货联单、代理报检、代理投保、代理报关等）、货物集港与装船、船舶离港后的善后工作（包括换取提单并将提单送交发货人、发装船通知等）。上海快达货代公司的第(2)项业务属于进口货物班轮运输，主要要做好如下工作：承揽和接受货主的委托；订舱；掌握进口船舶动态与收集、整理单证；代理投保、报检、报关；卸船和交接；进口代运等。

任务3：除情景中描述的凭保证书交付货物外，班轮运输中还有仓库交付货物、船边交付货物、货主选择卸货港交付货物、变更卸货港交付货物等方式。

任务4：提单是承运人与托运人之间运输契约（合同）的证明，是一种货物所有权凭证。谁拥有提单，谁就拥有了货物。上海快达货代公司应该赔偿D公司的货款，这是因为：收款人提货时必须以正本提单为凭，而承运人交付货物时必须收回正本提单，并在提单上做作废的批注。如收货人用保证书交换提货单提货，承运人违反了运输合同的义务，承运人对正当提单持有人仍负有赔偿一切损失的责任。如承运人无单放货，他就必须为此而承担赔偿责任。所以本案下，D公司（托运人）有权要求上海快达货代公司赔偿货款，上海快达货代公司应赔偿此货款。

任务5：W：25千克 = 0.025吨。

M：$20\text{cm} \times 30\text{cm} \times 40\text{cm} = 24\,000\text{cm}^3 = 0.024\text{m}^3$。

因0.025 > 0.024，即W > M，所以，以W为标准计收运费。

运费 $= 443.00 \times 0.025 \times 1\,000 \times (1 + 30\% + 10\%) = 15\,505$（元）。

个案分析

1. 由黄埔港(广州)运往美国纽约港500箱玩具,每箱体积0.25m^3,毛重为15kg,计收标准为W/M,该线基本运费为60美元/运费吨,另加收20%燃油附加费和10%港口附加费。问题:该批玩具运费为多少?

2. A公司出口某商品20吨(净重),装1 000箱,每箱单价为46美元,委托B物流公司代运,B物流公司取得清洁提单,加一成投保一切险。货到目的港后,买方发现除短少3箱外,还短量680千克。问题:A公司共遭受多少损失?B物流公司是否负责赔偿?

3. 某货主委托承运人的货运站装载1 000箱小五金,货运站收到1 000箱货物后,出具仓库收据给货主。在装箱时,装箱单上记载980箱,由于提单上记载1 000箱,收货人向承运人提出索赔,但承运人拒赔。问题:承运人是否要赔偿收货人的损失?如果需要赔偿,应赔偿多少箱?

4. 我国A公司先后与德国B公司和法国C公司签订出口合同,价值6.5万欧元。装运期为当年1月至2月。但由于原定的装货船舶出故障,只能改装另一艘外轮,致使货物到3月12日才装船完毕。在A公司的请求下,外轮代理公司将提单的日期改为2月26日,货物到达汉堡后,买方对装货日期提出异议,要求A公司提供1月份装船证明。A公司坚持提单是正常的,无需提供证明。结果买方聘请律师上货船查阅船长的航行日志,证明提单日期是伪造的,立即凭律师拍摄的证据,向当地法院控告并由法院发出通知扣留该船。经过4个月的协商,最后,A公司赔款1.5万欧元,买方才撤回上诉而结案。问题:(1)本案例的提单是否是倒签提单?为什么?(2)倒签提单属于什么性质?(3)在什么情况才可以签发倒签提单?(4)如何识别一份提单是倒签提单?

参考答案

复习与思考

一、名词解释

班轮公司　托运人　班轮运输　订舱　舱单　S/O　D/O　B/L　装船通知　倒签提单　预借提单　基本运费

二、简答题

1. 班轮运输具有哪些特点?
2. 图示班轮运输的基本货运流程。
3. 图示托运订舱的过程。
4. 电子托运订舱如何进行?
5. 简述海运进出口货物班轮运输代理的主要业务。
6. 在杂货班轮运输中装船作业、卸船交货形式可分为哪几种?
7. 在装货港编制的单证主要有哪些?
8. 为什么装货单被称为关单?
9. 简述在装货港编制的货运单证的流转程序。

10. 在卸货港编制使用的货运单证主要有哪些?
11. 图示在卸货港编制的货运单证的流转程序。
12. 海运提单具有哪些基本功能?
13. 根据提单抬头的不同,提单可分为哪几种?
14. 简述提单的签发人、签发时间的相关要求。
15. 图示海运提单的流转程序。
16. 简述班轮运输基本运费的计收标准。

项目三　租船运输货运业务

项目要求

1. 认知租船运输的特点及了解租船市场的运作。
2. 理解租船的方式及应注意的事项。
3. 掌握租船合同的主要内容。

项目情景

上海B钢铁企业向英国C公司按FOB价格购进一批矿产品共30 000吨。委托上海快达货代公司运输。上海B钢铁企业与英国C公司在贸易合同中规定卖方每天应负责装货2 000吨,按晴天工作日计算。上海快达货代公司在英国租船市场通过D租船经纪人与A船运公司达成租船合同,在运进这批货物的租船合同中规定每天装货2 500吨,按连续工作日计算。在上述两个合同中滞期费每天均为6 000美元,速遣费每天均为3 000美元。结果卖方只用了13天(其中包括两个星期天)便将全部货物装完。

任务1:何谓租船运输?哪些货物适合租船运输?上海快达货代公司运输这批矿产品是否可以采用租船运输?租船的方式有哪些?

任务2:何谓情景中提到的租船市场?有哪些主要的租船市场和租船经纪人?

任务3:上海快达货代公司在租船市场上租船一般要经过哪些环节?

任务4:何谓租船合同?除情景中提到的滞期费、速遣费等外,租船合同的主要内容有哪些?

任务5:情景中是按照贸易合同中的规定有利于卖方,还是按照租船合同中规定的条件有利于卖方?

知识模块

单元一　租船运输的特点与方式

租船运输(tramp shipping,carriage of goods by chartering)是通过船舶出租人和承租人之间签订运输合同或船舶租用合同进行货物运输的基本营运方式。在这种方式下,船舶所有人为了赚取运费,把船舶按照事先商定的条件,租给租船人,由租船人支付租金,以完成特定海上运输任务。

租船运输又称不定期运输,是相对于定期船运输的另一种船舶运输方式。它既没有固定的船舶班期,也没有固定的航线和挂靠港,而是按照货源的要求和货主对货物运输的要求,安排船舶航行计划,组织货物运输。

一、租船运输的特点

租船运输的特点主要有如下几个：

第一，租船运输是根据租船合同组织运输的，双方事先要签订书面的租船合同。租船合同订明了双方的责任、权利和义务，也是解决争议的依据。相比于班轮运输，租船运输没有固定的航线、装卸港及航期，也没有固定的运价。

第二，国际租船市场行情影响租金或运费水平的高低。

第三，船舶营运中有关费用的分担取决于不同的租船方式，并在租船合同中订明。租船运输中的船舶港口使用费、装卸费及船期延误按租船合同规定划分及计算，而班轮运输中船舶中的一切正常营运支出均由船方负担。

第四，租船运输主要适用于大宗货物的运输，如谷物、矿石、煤炭等。

二、租船的方式

当货主的货量达到一定规模时则可使用租船运输。租船方式主要包括定程租船（voyage charter，trip charter）、定期租船（time charter）、光船租船（demise or bareboat charter）和包运租船 4 种。

大宗货物的分类与特点

（一）定程租船

定程租船又称为程租船或航次租船（voyage charter），是指船舶所有人按双方事先议定的运价与条件向租船人提供船舶的全部或部分舱位，在指定的港口之间进行一个或多个航次运输指定货物的租船业务。

定程租船又可分为单航次租船（single voyage charter）、来回航次租船（round voyage charter）、连续航次租船（consecutive voyage charter）、包运合同（contract of affreightment，COA）等形式。

船舶航次及其生产周期

定程租船的主要特点是：

第一，以航次为基础，规定一定的航线和装卸港口，以及装运的货物种类、名称、数量等。

第二，船舶的调度、经营管理由船方负责，船方并负担船舶的燃料、物料、修理、港口使用费、淡水以及船员工资等营运费用。

第三，在多数情况下，运价按照货物数量计算或采用包干运费。定程租船的运费一般按装运货物的数量计算，也有按航次包租总金额计算的，至于货物在港口的装卸费用，究竟由船方抑或租方负担，应在租船合同中作出明确规定。

第四，规定一定的装卸期限或装卸率，并计算滞期、速遣费。

第五，船方除有航行、驾驶、管理责任外，还应对货物运输负责。在定程租船方式下，船方必须按租船合同规定的航程完成货物运输任务，并负责船舶的经营管理及在航行中的费用开支；租船人则应该支付双方约定的运费。

第六，船方和租方的权利和义务以租船合同为准。

（二）定期租船

定期租船（time charter）又称期租船，是指船舶所有人把船舶出租给承租人使用一定时期的租船方式，在此期限内，承租人可以利用船舶的运载能力来安排货运。定期租船情况下，以约定的使用期限为船舶租期，而不以完成航次数的多少来计算。在租期内，承租人利用租赁的船舶既可以进行不定期货物运输，也可以投入班轮运输，还可以在租期内将船舶转租。

定期租船的主要特点是：

第一，必须租用整船。

第二，不规定船舶的航线和装卸港口，只规定航行区域范围。

第三，对船舶装运的货物不做具体规定，可以选择装运任何合法的货物。

第四，租船人有船舶的调度权，并负责船舶的营运，支付船用的燃料、各项港口费用、捐税、货物装卸等费用。船东只负责船舶的维修、保险、配备船员、供给船员的给养和支付其他固定费用。

第五，以一定时间为租船条件，租赁期间的船期损失，除特殊原因外，均归租船人负担，故定期租船合同不规定滞期速遣条款。

第六，租金一般是预付，按照每载重吨每月（或每日）计算，租金在租期内不变。

第七，双方的权利义务以定期租船合同的规定为依据。

（三）光船租船

光船租船方式又称船壳租船。这种租船方式实质上是一种财产租赁方式，船舶所有人不具有承揽运输的责任。在租期内，船舶所有人只提供一艘空船给承租人使用，由承租人为船舶配备船员，负责营运管理和供应，以及一切固定或变动的营运费用，船舶所有人在租期内除了收取租金外，对船舶和经营不再承担任何责任和费用。光船租船是定期租船的一种派生租船方式。

光船租船的主要特点是：

第一，船舶所有人提供一艘适航的空船，不负责船舶运输。

第二，承租人配备全部船员，并负责指挥。

第三，承租人以承运人身份负责船舶的经营及营运调度工作，并承担在租期内的事件损失。

第四，承租人负担除船舶的资本费用外的全部固定及变动成本。

第五，以整船出租，租金按船舶的载重吨、租期及商定的租金率计算。

第六，船舶的占有权从船舶交予承租人使用时起转移至承运人。

（四）包运租船

包运租船是指船舶所有人向承租人提供一定吨位的运力，在确定的港口之间，按事先约定的时间、航次周期和每航次较为均等的运量，完成合同规定的全部货运量的租船方式。包运租船是定程租船的一种派生方式。

包运租船的主要特点是：

第一，包运租船合同中不特别指定某一船舶及其国籍，仅规定租用船舶的船级、船龄和其技术规范等。

第二，租期的长短取决于运输货物的总运量及船舶航次周期所需的时间。

第三，承租人通常是货物贸易量较大的工矿企业、贸易机构、大型的石油公司。

第四，航次中所产生的航行时间延误风险由船舶所有人承担。

第五，运费按船舶实际装运货物的数量及约定的运费率计收，通常采用航次计算。

第六，航次费用的负担责任划分一般与航次租期方式相同。

租船运输与班轮运输的主要区别见表3－1、表3－2、表3－3。

表 3-1　租船运输与班轮运输的主要区别(1)

比较项目	班轮运输	租船运输
市场形态	寡头垄断的市场	完全竞争的市场
宏观管理	公共运输,管理相对严格	私人运输,管理相对宽松
航线与时间	定线、定港、定船期	航线、港口和时间由双方约定
服务对象和承运货物	非特定的众多货主,多为批量小、价值较高,要求快速运送的货物	特定的大货主,多为批量较大、价值低廉、运费负担能力较低、无须快速运送的货物
运输合同	双方不签署书面合同,多以提单来证明合同的存在	双方必须签发书面合同,并辅以提单
运费、租金	运价由船公司事先公布并登记备案,具有公开性、稳定性和费率较高的特点	运价或租金由双方根据市场供求状况协商确定,具有秘密性和不稳定性
港内作业与有关费用	这些作业与费用通常包含在运价之中	由双方根据合同条款确定
滞期费与速遣费	无此费用	通常有此费用
接收货地点	非集装箱货:船至船;集装箱货:港至港	船至船

表 3-2　租船运输与班轮运输的主要区别(2)

比较项目	班轮运输	租船运输
托运人	非特定的众多货主	特定租船人
双方权利义务依据	以提单或海运单为主	以租船合同为主,提单为辅
货物	高价的件杂货、集装箱货	低价的大宗散装货
国际组织与政府的管理	对提单内容作出强制性规定	对租船合同内容无强制性规定
运费	船公司公布的运费表,较稳定	由租船合同约定,不稳定
船型	杂货船或集装箱船	散装专用船、油轮等
航线、港口、船期	固定	不固定
船公司规模	班轮公司的规模一般较大	租船公司规模通常较小

表 3-3　租船运输与班轮运输的主要区别(3)

比较项目	班轮运输	租船运输			
		航次租船	定期租船	光船租船	包运租船
船员配备与船长任命	船东	船东	船东	承租人	船东
船舶调度与安排	船东	船东	承租人	承租人	船东
揽货	船东	船东	承租人	承租人	船东
运费/租金	运费	运费	租金	租金	运费
订租舱位	部分舱位	整船或部分舱位	整船舱位	整船舱位	整船舱位
承运人	船东	船东	承租人	承租人	船东

续表

比较项目		班轮运输	租船运输			
			航次租船	定期租船	光船租船	包运租船
有关营运费用的分担	船员工资等	船东	船东	船东	承租人	船东
	港口使用费	船东	船东	承租人	承租人	船东
	燃油费	船东	船东	承租人	承租人	船东
	装卸费	船东	合同约定	承租人	承租人	合同约定
	船舶维修费	船东	船东	船东	承租人	船东
	滞期/速遣费	无	有	无	无	有
	检验保险费	船东	船东	船东	合同约定	船东

单元二　租船运输的业务流程

租船通常在租船市场上进行。船东(或二船东)向租船人提供的不是运输劳务,而是船舶的使用权。船东和租船人之间所进行的租船业务是对外贸易的一种商业行为。租船运输的业务流程是指从租船、船舶抵港前准备、船舶在港与航行直至船舶租期结束等不同阶段有关货运作业的基本程序。本单元主要阐述租船流程以及租船货物装运流程。

一、租船市场

租船市场即需求船舶的承租人和提供船舶运力的出租人协商洽谈租船业务,订立租船合同的主要场所。租船通常在租船市场上进行。在租船市场里,船东(ship owner)、租船人(charterer)、租船经纪人(ship broker)聚集在一起,互通信息,提供船舶和货源,进行租船活动。

租船市场的主要作用有:①为船/货双方提供租船业务机会,通过租船经纪人签约;②24小时高效地为船/货双方成交提供服务;③调节世界航运的平衡;④为船/货双方提供租船市场行情。

世界主要租船市场有:英国伦敦租船市场①、美国纽约租船市场、北欧租船市场(包括:挪威的奥斯陆、瑞典的斯德哥尔摩、德国的汉堡、荷兰的鹿特丹等专业化船舶租船市场)、新加坡租船市场、东京租船市场、上海租船市场、香港租船市场等。

在租船市场上,大宗交易常常是通过租船经纪人进行的。租船经纪人主要提供以大宗散杂货为主的租船、揽货、订舱、船舶买卖、信息咨询的中介服务。租船经纪人分为:船东经纪人、承租人经纪人、双方当事人经纪人。

租船经纪人拥有广泛的业务联系渠道,能向船方提供咨询信息和向租船人提供船源情况,促使双方选择适当的洽谈对象并为当事人双方斡旋并解决困难。租船业务中,租船经纪人代表各自委托人洽谈租船业务,代为签约,可迅速而有效地促进租船业务的成交,减少船东或租船人大量的事务性工作,减少了租约中的责任风险,协调了租船市场的正常运营。租船业务成交后,由船东付给运费的一定百分比给经纪人作为佣金。我国比较著名的租船经

① 伦敦的波罗的海商业航运交易所(The Baltic Mercantile and Shipping Exchange)是国际上最大的散杂货租船市场。

纪公司有:中国租船有限公司(简称“中租公司”);上海辛浦森航运咨询有限公司;克拉克森航运经纪(上海)有限公司等。

二、租船的业务流程

租船业务流程是指租船合同的洽谈与签署以及有关运费/租金、滞期费与速遣费计算与收取等方面的业务操作规程。

租船的业务流程与商品贸易流程基本一致,同样需要租方和船方之间通过一定的形式提出自己的条件,经过反复商洽,最后达成租船交易。租船一般要经过询盘、报盘、还盘、接受和签约五个环节。

若国际物流企业或货运代理选择租船进行出口货物托运,则可选择适当的租船代理人或经纪人(如中国租船有限公司),将托运货物的详细资料(种类、数量、装卸港、时间等)告知经纪人,委托其洽租适当的船舶。船公司接到经纪人的询价后,若有意承运,船方将向经纪人提出报价;经纪人接到报价后与国际物流企业或货运代理协商;若国际物流企业或货运代理对船方的报价有不同意见,可通过经纪人向船方还价,直到双方达成一致,订立正式的租船合同。

租船运输合同正式签订后,船舶所有人就可按合同的要求,安排船舶投入营运;货方备好货物准备装船。

货运代理租船时应注意的问题:

第一,与船方订立租船合同时,必须注意租船合同与进出口合同有关装运时间的一致性。租前必须了解和熟悉贸易合同中的有关贸易条件,要做到租船条款与贸易条款相衔接。要了解货物的品名、性质(易燃、易爆、易腐等)、包装、尺码、重量以及其他一些情况,如卡车的重量和尺寸、冷冻货所需的温度、超长超重货的重量和长度等。要了解装卸港口情况、装卸率、价格条件、备货通知期限等。

第二,弄清装卸港口的地理位置、是海港还是河港、港口和泊位的水深、候泊时间(指拥挤情况)、港口的作业时间、装卸效率、港口费用、捐税、港口习惯等。

第三,要选租船龄较小、质量较好的船,一般不要租用15年以上的超龄船。

第四,要考虑船东的信誉和财务情况,在航运不景气的时候更应如此,以免造成不利影响。

第五,正式报价前要了解市场行情,做好程租与期租、大船与小船、好船与次船和不同航线的比价工作,做到心中有数,要随行就市。

第六,利用船东之间、代理商之间、不同船型之间的矛盾,争取按较为有利的条件达成交易。

第七,在洽租长期租船时要考虑在这段时间内,有无稳定的基本货源;最好不要在高运价时租进;若在租期内情况变化,例如货源不足时,可考虑转租等。

三、租船货物装运手续与流程

租船货物的装运手续通常包括以下环节:

其一,签发装货单。租船合同订立后,托运人备妥货物,即可请求承运人签发装货单,待相关手续办妥之后,可将出口货物运至装货港口,向海关申报通关。

其二,宣载与装船。承运人将船舶开抵装货港并完成一切装货准备之后,由船长向托运人签发装货准备就绪通知书(notice of readiness),以书面形式宣布本航次装运货物的实际数量，习惯上称为“宣载”（the Declaration of Cargo）。托运人在此文件上签字后，立即依运输合同的规定开始装船，以免产生滞期费。

其三，装船时间计算。在租船运输中，船方通常不负责货物在装卸港的装船与卸船及其费用。但船方必须向港务当局缴纳港口使用费，该费用一般按船舶在港停泊时间计算。因此，船方要计算货方装船的天数，并做成装卸时间表（time sheet），待货物装船完毕后，再计算货方是否滞期或速遣，并予以惩罚或奖励。

其四，货量检测。货物装船后，一般由货主委请公证机构会同船方，按照装船前后船舶吃水的情况，检测装船货物的重量。

其五，签发大副收据。货物装船完毕后，由船上大副向货主签发大副收据，证明装船货物的状况，并作为换取提单的依据。

其六，支付运费，换取提单。货主按照租船合同的规定（CIF 或 CFR 条件），向承运人支付运费，并以大副收据向承运人换取正式提单。该提单是依据租船合同签发的，通常称为租船提单（charter party B/L），它与班轮提单有所不同。

其七，寄送装船通知。这一手续和程序与班轮运输完全相同。

单元三　租船合同的主要内容与范本

租船合同（charter party，C/P）是一种运输契约，本质上是船舶所有人与承租人双方自愿接受法律约束的协议，双方有义务遵守。为方便事后法律问题的处理，一般在租船合同中应对适用的规则、规定、法律予以明确。当租船合同对适用法律没有明确规定时，可根据海事国际私法的原则具体适用船籍国、签约地国、合同所用文字国等法律。

在实务中，为了简化和加速签订租船合同的进程，在国际租船市场上，一些航运集团、大航运公司或贸易集团根据本行业特点，结合货物种类、运输航线以及习惯做法，制定了一些租船合同范本。

租船合同用得较多的是航次租船合同和期租合同。

一、航次租船合同

航次租船合同（voyage charter party，voy. C/P），又称程租合同，是指船舶出租人向承租人提供船舶的全部或部分舱位，装运约定的货物，从一港经海路运往另一港，而由承租人支付约定运费的货物运输合同。航次租船合同具体又分为单航次租船合同（single trip C/P）、往返航次租船合同（return trip C/P）、连续单航次租船合同（consecutive single trip C/P），以及连续往返航次租船合同（consecutive return trip C/P）等多种形式。

根据我国《海商法》的规定，航次租船合同必须以书面形式订立。因此，口头的陈述不具有法律效力。

（一）航次租船合同的主要条款

我国《海商法》第九十三条规定：“航次租船合同的内容，主要包括船舶所有人和承租人的名称、船名、船籍、载货重量、容积、货名、装货港和目的港、受载期限、运费、滞期费、速遣费以及其他有关事项。”航次租船合同的内容因具体业务的货类、航线、贸易条件等不同，使用的标准租船合同格式的条款不同，可以根据具体情况和对双方有利的原则，对标准合同格式中的若干条款进行删减或增加，对于没有明确规定的事项可以依照法律或商业习惯处理。

航次租船合同的主要内容有以下 9 项：

1. 合同当事人

航次租船合同的当事人是船舶所有人和承租人。为此，租船合同中须列明船舶所有人和租船人的名称、住址和主要营业所地址。

2. 船舶概况

船舶概况主要包括承租人对船舶的一些要求和船名、船籍、船级、船舶吨位等。一旦在合同中确定了船舶，就必须由该艘船舶执行合同规定的航次运输任务。如果原来指定的船舶由于意外事故沉没或者不能履行合同，则合同受阻，合同自此解除，双方均不承担责任。在实践中，为能顺利地履行合同以及避免因原指定船舶发生意外事故而导致合同解除，通常在指定船名的情况下，在航次租船合同中加入"代替船条款"(substitute clause)，赋予船舶所有人"选择权"。船舶所有人在指定替代船时，必须在船级、船型、载重吨、位置等方面与原定船舶相符，否则，承租人有权取消合同，并要求损害赔偿。

3. 装卸港

在航次租船运输中，装卸港(loading/discharging ports or places)通常由承租人指定或选择①，航次租船合同中也将具体港口名称予以记载。目前国际上约定装卸港的方法有以下几种：

(1)明确指定具体的装货港和卸货港。这种方法是在合同中只记载装货港和卸货港的港口名称，而没有确定该港的具体泊位，装卸作业的具体泊位按该港的习惯决定。单航次租船运输时，往往采用这种规定方法。

(2)规定某个特定的装卸泊位或地点。这种方法是在租船合同中，除指定港名外，还要指明港内的装卸泊位或地点，如注明某港某泊位。这是承租人为了装卸方便而在租船合同中作出的规定。

(3)由承租人选择装货港和卸货港。这种方法通常是在合同中注明两个或两个以上装货港或卸货港名，或某个区域，并规定承租人在其范围内选择其中的一个或两个。这个范围必须是在一条连续的海岸线上。对于卸货港而言，这种选择权必须在船东签发提单之前或者抵达第一个选卸港之前若干小时内行使，否则，因为承租人未及时"宣港"(declaration of port)而给出租人造成的延误损失，承租人应负责赔偿。

我国《海商法》第一百零一条规定："出租人应当在合同约定的卸货港卸货。合同订有承租人选择卸货港条款的，在承租人未按照合同约定及时通知确定卸货港时，船长可以从约定的选卸港中自行选定一港卸货。承租人未按照合同约定及时通知确定的卸货港，致使出租人遭受损失的，应当负赔偿责任。出租人未按合同约定，擅自选定港口卸货致使承租人遭受损失的，应当负赔偿责任。"

如果在租船合同中明确规定了装、卸港口或泊位，即在列明港口(named port)和泊位(named berth)条件下，除非合同另有约定，否则承租人没有保证港口安全性的义务。而这意味着港口和泊位的安全风险和责任在船舶所有人一方。

如果在订立租船合同时，承租人选定了某一港口，但没有列明具体泊位，则该港口的安全风险由船舶所有人负责，而泊位的风险和责任由承租人承担。当然，由于某一事件造成一个港内所有泊位的不安全性，依然作为港口风险处理，由船舶所有人承担风险。

① 承租人所指定的港口或泊位都必须是能使船舶安全进出，并进行装卸货物的"安全港"(safe port)和"安全泊位"(safe berth)。

如果在订立租船合同时，承租人并没有列明某一个具体的港口，而是写作“port A or port B or port C”等选择性的条款，也是由船舶所有人承担安全港口和泊位的风险和责任。而如果承租人并不是在几个列明的港口中选择，而是在一个较大范围内，如“one port between Singapore and Kobe”，这时风险分摊应是船舶所有人负责列明的港口或泊位，即本例中为新加坡和日本神户。

如果在租船合同中，装卸港口或泊位是由承租人选择或待指定，则承租人一般有保证港口或泊位安全的义务。

4. 受载期与解约日

受载期(laydays)是船舶在租船合同规定的日期内到达约定的装货港，并做好装货准备的期限。解约日(canceling date)是船舶到达合同规定的装货港，并做好装货准备的最后一天。航次租船合同中将该条款用“LAYCAN”来表示。

5. 货物

航次租船合同的货物条款包括货物的种类、数量及提供货物的时间等。我国《海商法》第一百条规定：“承租人应当提供约定的货物；经出租人同意，可以更换货物。但是，更换的货物对出租人不利的，出租人有权拒绝或者解除合同。因未提供约定的货物致使出租人遭受损失的，承租人应当负赔偿责任。”

如果在租船合同中规定了货物数量，那么承租人所提供的货物的数量必须达到船舶的装载能力，即重货按照满载、轻货按照满舱的要求，同时，船舶所有人也有义务尽可能提供载货空间。如果租船合同中规定了承租人有义务对船舶提供“满载货物”，同时又规定“或多或少一定百分比”(more or less ××%)，或者规定“至多××吨，至少××吨”，那么这两种情况下，应该由船长进行“宣载”，即根据本航次所需要的物料、油、水等因素，由船长在装货港宣布可以装载的货物数量。

【例】某租船合同规定某一船舶的载重吨位为6 000吨，5%的伸缩率，运价为每吨10美元。装货前，船长宣载5 800吨，货方实装货4 000吨，问：运价为多少？

解析：程租船运费是以船舶的承运能力为基准计算的，因此定价为5 800×10＝58 000(美元)。

6. 装卸费用分担

装卸费用是指将货物从岸边(或驳船)装入舱内和将货物从船舱内卸至岸边(或驳船)的费用。如果租船合同中没有作出约定，则由船舶所有人负担，但关于装卸费用及风险如何分担的问题，一般租约中都会作出约定，此时应完全依据合同条款的具体约定。常见的约定方法有以下几种：

(1)船方负担装费和卸费，又称“班轮条件”(gross terms；liner terms或berth terms)。在这种条件下，费用划分界限一般在船边，承租人把货物交到船边的吊钩下，船方负责把货物装进舱内并整理好；卸货时，船方负责把货物从舱内卸到船边，由承租人或收货人提货。所以，责任和费用的划分以船边为界，由船舶所有人负责雇用装卸工人，并负担货物的装卸费用。这种条款多用于包装货或木材，而不适用于散装货。

(2)船方管装不管卸(free out，简称“F. O.”)。它是指在装货港由船舶出租人负担装货费，在卸货港由承租人负担卸货费。

(3)船方管卸不管装(free in，简称“F. I.”)。它是指在装货港由承租人负担装货费用，在卸货港由船舶出租人负担卸货费用。

(4)船方不管装和卸(free in and out,简称“F. I. O”)。此种方法使用较多,即船舶出租人既不管装也不管卸。采用这一方法,还应明确谁负担理舱和平舱费。一般都规定由承租方负担,即船方不负担装、卸、理舱和平舱费(free in and out, stowed, trimmed, 简称“F. I. O. S. T”)。

7. 装卸时间

装卸时间是指合同当事人双方约定的船舶所有人使船舶适于装卸货物,无须在运费之外支付附加费的时间,也可以说是承租人和船舶所有人约定的,承租人保证将合同货物在装货港全部装完以及在卸货港全部卸完的时间之和。

程租船合同中对装卸时间的确定,最为常见的有三种方法。

(1)分开确定装卸时间,即对装货确定一个“允许装货时间”(time allowed for loading);对卸货确定一个“允许卸货时间”(time allowed for discharging)。

(2)确定总的装卸时间。总的装卸时间又称为“装卸共用时间”,即对装货和卸货确定一个“允许使用的总时间”(total time allowed to use)。例如“许可装卸时间共20天”(20 days allowed for loading and discharging)。

(3)许可装卸时间用装卸率表示,如“每天装或卸1 000吨”(1 000 tons per day for loading or discharging)。

双方当事人确定装卸时间长短的主要依据因素是货物种类、货物数量以及船舶所到港的日常装卸率。装卸时间一旦在合同中确定,对双方当事人均有约束力。

由于装卸时间的长短直接影响到船舶的使用周期,对船东来说,在由货方承担装卸责任时,装卸时间无法控制,为保证船期,通常应规定在多长时间内货方应完成装卸作业。

在租船合同中,装卸时间往往是用天数来表示的,随着各种各样租船合同的订立,对于天数的表述也是多种多样的。但使用最多的是连续24小时晴天工作日(weather working day of 24 consecutive hours)计算法①,即在昼夜作业的港口,须连续工作24小时才算一天,如中间有几个小时坏天气不能作业,则应予扣除。例如周一是好天气,从9时开始计算许可时间,则到周二(如果仍是好天气)9时才是一个工作日。如果在此期间有3个小时因坏天气无法作业,则到周二12时才算作一个工作日。此外,双休日和节假日也应除外。

许可装卸时间的规定方法一般如下:

许可装卸时间中的“日”如何计算,应在合同中明确规定,常见的规定方法有下列几种:①连续日(running days or consecutive days)。②工作日(working days)。③累计8小时工作日(working days of 8 hours)。④累计24小时工作日(working days of 24 hours)。⑤晴天工作日(weather working days)。⑥连续24小时晴天工作日(weather working days of 24 consecutive hours)。

关于利用星期日和节假日作业是否计入装卸时间的问题在合同中应订明:“星期日和节假日除外”(sundays and holidays excepted, SHEX)、“不用不算,用了要算”(SHEX unless

---

① 24小时工作日(working day of 24 hours),其含义为累计足够24个小时的工作时间作为一个工作日,例如港口当地实行8小时工作制,那么三个工作日才可算作一个24小时工作日;24小时连续工作日(working day of 24 consecutive hours),此时装卸时间是被连续计算的,其含义与工作日基本相同。24小时晴天工作日这种表示方法与晴天工作日的表述基本相同,但是其有一个比较小的差别,即在24小时连续晴天工作日的条件下,对任何时间当中发生的坏天气,不论是否发生在作业时间,均要进行实扣实销;而在晴天工作日中,如果坏天气不是发生在工作时间,那么不得进行扣减,但如果发生在工作时间,那么需要按照工作时间与24小时的比例进行扣减。

used)，或“不用不算，即使用了也不算”(SHEX even used)。此外，装货和卸货时间是分别计算还是合并计算也都需要明确规定。

8. 滞期费与速遣费

滞期费(demurrage money)是指承租人如不能在合同约定的许可装卸时间内将货物全部装完或卸完，必须按照合同规定向船东支付的罚款。如果承租人在约定的装卸货时间之前完成装卸作业，船东给承租人的奖励称为速遣费(despatch money)。

一般滞期费定为每天若干金额，不是一天按比例计算。它等于滞期时间和约定的滞期费率的乘积。

根据国际航运惯例，速遣费费率通常是滞期费费率的一半(dispatch half demurrage, DHD)，除非合同另有明确规定。例如规定：“滞期费每日 1 500 美元，速遣费每日 750 美元，不足一天按比例计算”(Demurrage/Despatch USD1 500/750 per day or pro rata)。

在租船合同中，如无相反规定还应遵循“一旦滞期，永远滞期”(Once on demurrage always on demurrage)的原则，也就是只要发生滞期，原本可以扣除的双休日、节假日和坏天气等均不能扣除。在计算速遣时间的问题上，出租人和承租人容易发生争议的是在节省的时间中是否扣除双休日、节假日及因不良天气停止工作的时间。为了防止争议，租船合同也常常采用一些含义明确的用语，表明速遣时间的计算，即“节省全部时间”(all time saved)和“节省全部工作时间”(all working time saved)。当合同中没有明确约定采用哪一种用语来计算速遣时间时，通常解释是按“节省全部工作时间”计算，因为按这种用语计算比较合理，实践中采用的也比较多。

在实际工作中，滞期时间与速遣时间是通过实际使用的装卸时间与合同允许使用的装卸时间相比较而计算出来的。实际使用的装卸时间减去可用的装卸时间计算出来的如果是正值，则是滞期时间；如果是负值，则为速遣时间。

【例】滞期费与速遣费的计算举例

黑龙江龙华货运代理公司托运大豆 14 000 吨，租用一艘程租船装运，租船合同中有关的装运条件如下：

(1)每个晴天工作日(24 小时)装货定额为 700 吨，星期日和节假日除外，如果使用了，按半数时间计入。

(2)双休日和节假日前一日 18 时以后至双休日和节假日后一日的 8 时以前为假日时间。

(3)滞期费和速遣费每天(24 小时)均为 USD1 500。

(4)凡上午接受船长递交的“装卸准备就绪通知书”(notice of readiness)，装卸时间从当日 14 时起算，凡下午接受通知书，装卸时间从次日 8 时起算。

(5)如有速遣费发生，按“节省全部工作时间”(all working time saved)计算。

装货记录如表 3-4 所示。

表 3-4 装货记录

日期	星期	说明	备注
4 月 27 日	三	上午 8 时接受船长递交的通知书	
4 月 28 日	四	0 时—24 时	下雨停工 2 小时

续表

日期	星期	说明	备注
4 月 29 日	五	0 时—24 时	
4 月 30 日	六	0 时—24 时	18 时以后下雨 2 小时
5 月 1 日	日	0 时—24 时	节假日
5 月 2 日	一	0 时—24 时	节假日
5 月 3 日	二	0 时—24 时	节假日
5 月 4 日	三	0 时—24 时	8 时以前下雨停工 4 小时
5 月 5 日	四	0 时—14 时	

问题:根据以上条件计算滞期费或速遣费。

解析:根据以上条件计算滞期费或速遣费时,可分为以下几步:

第一步,计算使用时间:

4 月 27 日(星期三)为:10 小时(当日 14 时至 24 时)。

4 月 28 日(星期四)为:24 − 2 = 22(小时)。

4 月 29 日(星期五)为:24 小时。

4 月 30 日(星期六)为:18 + (6 − 2) × 1/2 = 20(小时)。

5 月 1 日(星期日)为:24 × 1/2 = 12(小时)。

5 月 2 日(星期一)为:24 × 1/2 = 12(小时)。

5 月 3 日(星期二)为:24 × 1/2 = 12(小时)。

5 月 4 日(星期三)为:(24 − 8) + (8 − 4) × 1/2 = 18(小时)。

5 月 5 日(星期四)为:14 小时。

合计:10 + 22 + 24 + 20 + 12 + 12 + 12 + 18 + 14 = 144(小时) = 6(天)。

第二步,计算允许装卸时间:14 000 / 700 = 20(天)。

第三步,计算非工作时间:

4 月 30 日的非工作时间为:(6 − 2) × 1/2 = 2(小时)。

5 月 1 日的非工作时间为:12 小时。

5 月 2 日的非工作时间为:12 小时。

5 月 3 日的非工作时间为:12 小时。

5 月 4 日的非工作时间为:(8 − 4)/2 = 2(小时)。

合计:2 + 12 + 12 + 12 + 2 = 40(小时) = 1.67(天)。

第四步,计算滞期费或速遣费:由于 6 天 + 1.67 天 = 7.67 天 < 20 天,所以应计算速遣费。

速遣费 = USD 1 500 × (20 − 7.67) = USD 18 495。

9. 运费

双方在租船合同中要明确规定运费的费率、计算标准、支付方式和时间等。

运费的表现形式有运费率(rate of freight)和包干运费(lump sum freight)两种。运费率是指每运费吨若干金额,如每吨 11 美元(USD 11 per ton)或每立方米 38 美元(USD 38 per cubic meter);包干运费是指按提供的船舶,定一笔整船运费,不论实际装货多少,一律照付,但船东必须保证船舶的载重量和装货容积。

当按运费率计算运费时，在合同中应确定计算运费吨标准。特别是以重量作为标准时，首先确定按什么货量。一般载货量有装货数量和卸货数量两种。“装货数量”(in taken or loading quantity)是指由发货人在装货港提供并记入提单，并经船方核定后签字的货量，这就是提单货量(B/L weight)，通常租船合同规定的载货量都是提单货量。“卸货数量”(landed, delivered or out－turn quantity)是指由收货人在卸货港对货物称重后确定的货量。由于这种计量方式由收货人或租船人负担称重费用和时间费用，因此，租船合同一般规定租方选择按卸货量计付运费或按装货量减1%～2%计付运费。

如果合同规定运费应在货物运抵目的港时支付，习惯上称作“运费到付”(freight to collect)。在运费到付的情况下，船舶所有人必须将货物运送到合同规定或租船人选择的卸货港，才有权取得该项运费。运费的风险始终是由船舶所有人承担。常见的运费到付的规定方法有以下三种：

(1)运费在交货时支付(Freight payable on delivery of cargo)；

(2)运费在卸货前支付(Freight payable before discharging)；

(3)运费在交货后支付(Freight payable after delivery of cargo)。

如果合同规定运费在船舶到达目的港之前支付，习惯上称作“运费预付”(freight prepaid)。对租船人来说，由于货物还未运抵目的港却已预付了运费，实际上存在着一定的风险和利息损失，因此，在运费预付的情况下，运费的风险由租船人承担，租船人通常会向保险公司投保运费。常见的运费预付的规定方法有以下三种：

(1)运费在签发提单时全部预付(Full freight to be prepaid at signing B/L)；

(2)运费在签发提单时预付90%，在目的港卸货时支付10% (90% of freight be prepaid on signing B/L, 10% of freight to be paid on discharging of cargo)；

(3)运费在签发提单七天内全部预付(Full freight to be prepaid within 7 days after signing and releasing B/L)。

(二)航次租船合同范本

航次租船合同大多通过船舶经纪人在国际租船市场订立，为便利谈判通常采用标准格式合同。国际标准合同是海事国际惯例的重要形式之一，既有非政府组织(如航运协会)制定的，也有某个大船运集团制定的，如：古巴食糖租船合同(Cuba sugar charter party)、澳大利亚谷物租船合同(Australia grain charter party, AUSTWHEAT)、北美谷物租船合同(North America grain charter party, NORGRAIN)、威尔士煤炭租船合同(chamber of shipping walsh coal charter party)、油轮程租船合同(tanker voyage charter party)等。

目前航次租船合同范本使用较广的有“标准杂货租船合同”(uniform general charter party, GENCON)，简称“金康合同”或“金康格式”。金康合同1922年由国际著名船舶所有人组织波罗的海国际航运协会(BIMCO)公布，分别于1976年、1994年进行修订，可适用于各种航线及各类杂货的航次租船。

“金康合同1994”(“GENCON 94”)共19条。其主要内容包括：船舶所有人与承租人；船舶所有人责任条款；绕航条款；运费支付；装卸(费用、风险、船吊、装卸工人损害)；装卸时间；滞期费；留置权条款；解约条款；提单；互有责任碰撞条款；共同海损和新杰森条款；税收和使费条款；经纪人费用；代理；普通罢工条款；战争风险；普通冰冻条款；法律和仲裁。金康合同样本见表3－5。

表 3-5　航次租船合同——金康格式

<table>
<tr><td rowspan="2">1. Shipbroker</td><td>RECOMMENDED
THE BALTIC AND INTERNATIONAL MARITIME CONFERENCE
UNIFORM GENERAL CHARTER(AS REVISED 1922 AND 1976)
INCLUDING "F. I. O." ALTERNATIVE, ETC
(To be used for trades for which no approved form is in force)
CODE NAME: "GENCON" Part I</td></tr>
<tr><td>2. Place and date</td></tr>
<tr><td>3. Owners/Place of business (Cl. 1)</td><td>4. Charterers/Place of business (Cl. 1)</td></tr>
<tr><td>5. Vessel's name (Cl. 1)</td><td>6. GT/NT (Cl. 1)</td></tr>
<tr><td>7. DWT all told on summer load line in metric tons(abt.)(Cl. 1)</td><td rowspan="2">8. Present position (Cl. 1)</td></tr>
<tr><td>9. Expected ready to load (abt.)(Cl. 1)</td></tr>
<tr><td>10. Loading port or place (Cl. 1)</td><td>11. Discharging port or place (Cl. 1)</td></tr>
<tr><td colspan="2">12. Cargo (also state quantity and margin in Owners' option, if agreed; if full and complete cargo not agreed state "part cargo")(Cl. 1)</td></tr>
<tr><td>13. Freight rate (also state if payable on delivered or in taken quantity)(Cl. 1)</td><td>14. Freight payment (state currency and method of payment, also beneficiary and bank account)(Cl. 4)</td></tr>
<tr><td>15. Loading and discharging costs [state alternative (a) or (b) of Cl. 5, also indicate if vessel is gearless]</td><td rowspan="2">16. Laytime[if separate laytime for load. And disch. is agreed, fill in (a) and (b), if total laytime for load. and disch. fill in (c) only] (Cl. 6)
(a) Laytime for loading
(b) Laytime for discharging
(c) Total laytime for loading and discharging</td></tr>
<tr><td>17. Shippers (state name and address) (Cl. 6)</td></tr>
<tr><td>18. Demurrage rate(loading and discharging)(Cl. 7)</td><td>19. Cancelling date (Cl. 10)</td></tr>
<tr><td colspan="2">20. Brokerage commission and to whom payable (Cl. 14)</td></tr>
<tr><td colspan="2">21. Additional clauses covering special provisions, if agreed.</td></tr>
<tr><td colspan="2">It is mutually agreed that this Contract shall be performed subject to the conditions contained in this Charter Party which shall include Part I as well as Part II. In the event of a conflict of conditions, the provisions of Part I shall prevail over those of part II to the extent of such conflict.</td></tr>
<tr><td>Signature (Owners)</td><td>Signature (Charterers)</td></tr>
</table>

二、期租合同

期租合同也称定期租船合同(time charter party),指船舶出租人向承租人提供约定的船舶,由承租人在约定期限内按照约定的用途使用,并支付租金的合同。

期租船租赁时间长,且租期内由租方经营管理。期租合同与航次租船合同在内容上有所不同。

(一)期租合同当事人的主要权利和义务

1. 出租人的主要权利和义务

(1)交付约定船舶。出租人应当按照合同约定的时间交付船舶。

(2)船舶适航性担保责任。我国《海商法》第一百三十二条规定:"出租人交付船舶时,应当做到谨慎处理,使船舶适航。交付的船舶应当适于约定的用途。"

(3)履约期间的义务。①出租人对船舶适航性的担保责任在船舶出租期间应保持有效。船舶在租期内不符合约定的适航状态或其他状态,出租人应当采取合理措施,使之尽快恢复。②支付应支付的费用。③要求船长等服从承租人合理的指示。

(4)收取租金,保有撤船权和留置权。按照我国《海商法》规定,出租人有权收取租金;在承租人不按期支付租金的情况下,出租人有权撤回船舶,请求赔偿;出租人对船上的货物可以行使留置权。

(5)船舶转让权。我国《海商法》规定,出租人可以转让其船舶。

2. 承租人的主要权利和义务

(1)支付租金。租金是承租人向出租人支付的租船费用,但根据我国《海商法》的规定,船舶不符合约定的适航状态或者其他状态而不能正常营运连续满 24 小时的,对因此而损失的营运时间,承租人不付租金。

(2)合理使用船舶。承租人有权在租期内使用船舶,但要受约定的使用范围的限制,如应在约定的航行区域营运,运输约定的合法的货物等。

(3)提供与营运有关的物料、支付与营运有关的费用。

(4)承租人可以转租。

(5)按期交还船舶。涉及还船的通知、时间(如最后航次)、地点、船舶状态等问题。

(二)期租合同的主要内容

期租合同的主要内容有以下七项:

1. 船舶说明

船舶说明的主要项目包括建造年份、船舶结构、吊杆起重能力、船籍、船级、载重吨和载货容积、吃水、航速与油耗等。

2. 租期

租期(charter period)的长短主要根据租方的需要而定。通常的租期订法有三种。

(1)暗含伸缩性。合同规定租期为若干月,例如"6 个月",虽未明确有无伸缩,但按惯例,允许租方有一个合理的伸缩时间,"4 ~6 个月"也属这种方法。

(2)明确规定伸缩时间。合同规定租期为若干月及租期的具体伸缩天数,例如"6 个月,20 天伸缩"(six months 20 days more or less)。

(3)规定没有或暗含没有伸缩。如合同规定租期为最少若干月最多若干月,则租方必须在规定时间内还船,不能再伸缩,例如"最少 5 个月,最多 8 个月"(five months minimum eight months maximum)就没有伸缩期了。

3. 交船

交船即船东把船舶和船员交给租船人使用,此时即是租期和租金开始计算之时。

交船地点的订法很多,如在租方指定的港口交船,船到达租方指定的港口引水站交船,或"船过某一位置交船"等。交船地点的选择关键在于船舶空放的经济损失由谁负担。

4. 租金

租船人为使用船舶而付出的代价称为租金(hire)。习惯上租金按每月、每天或每夏季载重吨计算,也可按整船每天若干金额计算,两者之间可相互换算。例如,一艘夏季载重吨为25 000吨的船,每30天每吨的租率为8美元,则这条船每天租金为25 000×8÷30=6 666(美元)。租金与船舶所载货物无关。

5. 停租与复租

停租(off hire)是指在租期内因约定的原因(例如船方人员或物料不足、机器故障、检验船舶、入坞修理等船方责任事故)造成租方租期损失时,租方有中断支付停止使用船舶期间租金的权利。停租期间无须支付租金,当船舶恢复使用时,称为复租(on hire)。停租和复租时双方必须办理记录手续。

6. 还船

租期满时,租船人有义务按照租约规定的地点和条件将船还给船东。还船之时就是租金停付之时。

还船地点和时间的订法对租方有利的是"船在何时何处备妥,就在何时何处还船"(when where the vessel ready,W. W. R);对船东较有利的是"出港引水员下船时作为还船"(dropping outward pilot,D. O. P),在这一条件下,船东可少付一笔出港使用费。因为牵涉费用问题,故这条内容应尽可能明确。

7. 转租

合同中一般明确租船人在租期内有权把所租来的船转租(sub-let)给他人,但租船人仍有义务履行原租船合同。长期租船条件下,租船人有时会因货源或经营决策等原因,将租船转租给第三者,这种情况下,租船人就成了二船东(disponent owner)。在洽订转租合同时,要严格把握原租船合同条款,以保证第三者的行为在受转租合同约束的同时不违背原租船合同,以防止二船东与真正的船东之间发生不必要的纠纷。例如,转租合同中的航行地区必须和原租船合同中的规定一致,共同海损理赔条款、仲裁条款也要一致。

除上述介绍的期租合同部分常用条款外,期租合同条文还有很多,例如,对货物种类及航行区域的限制,船东的责任及免责条款、首要条款、战争条款等,此外还有冰冻条款、征用条款、航速索赔条款等。

(三)期租合同范本

实践中,期租合同通常是在双方当事人选定的合同格式基础上,对格式中所列条款,按双方意图进行修改、删减和补充而达成一份有效的书面协议。期租合同范本常用的有中国租船公司拟定的租船合同范本"中国期租1980"(SINOTIME 1980)、波罗的海国际海运协会的标准定期租船合同(uniform time charter,BAITIME)、纽约土产交易所定期租船合同(new york produce exchange time charter party,NYPE,简称"time charter party")。

其中,标准定期租船合同又称巴尔的摩租船合同。该合同由波罗的海国际航运协会于1909年制定,是英国航运公会承认的标准定期租船合同格式。自1909年制定以来,这一格式合同几经修改,现使用的是1950年修订的格式。其主要条款有:①船舶说明(description of the ship);②租期(charter period);③交船(delivery of vessel);④租金(hire);⑤停租与复租(off hire/suspension of hire or on hire);⑥还船(redelivery of vessel)。

(四)期租合同与航次租船合同的不同

期租合同具有财产租赁合同和运输合同的双重性,因为承租人根据定期租船合同在一定时期内取得对船舶的调动权和使用权。另外,承租人租赁船舶,在多数情况下是为了承运第三人的货物,且合同中有许多条款是直接规定货物运输的,因此,它又具有运输合同的某些特征。其与航次租船合同的不同主要有三点。

1. 出租人地位不同

在期租合同中,承租人享有出租人让与的经营权,因此,在其承揽第三者货物时,通常以自己的名义签发提单交与托运人,承租人为承运人,他与托运人、收货人具有最密切的合同关系,而出租人与第三人无合同关系。

另外,这种经营权的区别,使得期租合同的船东为了保证船舶的安全而在合同中加入有关航区、可装运货物范围等航次租船合同中没有的规定。

2. 在营运成本方面不同

在航次租船合同中由船方负担的航次成本在定期租船下转由租船人承担,因而在期租中会有关于燃油消耗量、航速的规定。

3. 在时间损失上不同

航次租船的时间损失由船方承担,因此,在航次租船合同中有关于装卸时间的规定;而在期租合同中,时间损失若非由船方原因引起,应由租船人承担,因此,期租合同中有关于停租的规定。

任务解析

下面根据上述所学知识对项目情景的任务进行简要解析。

任务1:租船运输是通过船舶出租人和承租人之间签订运输合同或船舶租用合同进行货物运输的基本营运方式。租船运输主要适用于大宗货物的运输,如谷物、矿石、煤炭等。上海快达货代公司运输这批矿产品可以采用租船运输。租船方式主要包括定程租船、定期租船、光船租船和包运租船4种。

任务2:租船市场即需求船舶的承租人和提供船舶运力的出租人协商洽谈租船业务,订立租船合同的主要场所。世界主要租船市场有:英国伦敦租船市场、美国纽约租船市场、北欧租船市场、新加坡租船市场、香港租船市场等。我国比较著名的租船经纪公司有:中国租船有限公司(简称中租公司)、上海辛浦森航运咨询有限公司、克拉克森航运经纪(上海)有限公司等。

任务3:上海快达货代公司在租船市场上租船一般要经过询盘、报盘、还盘、接受和签约五个环节,最后达成租船交易。

任务4:租船合同是一种运输契约,本质上是船舶所有人与承租人双方自愿接受法律约束的协议。航次租船合同的主要内容有以下9项:合同当事人、船舶概况、装卸港、受载期与解约日、货物、装卸费用分担、装卸时间、滞期与速遣、运费。期租合同的主要内容有以下7项:船舶说明、租期、交船、租金、停租与复租、还船、转租。

任务5:在贸易合同中规定卖方每天应负责装货2 000吨,按晴天工作日计算。该批货的装卸时间为30 000/2 000 = 15(天)(晴天工作日)。晴天工作日的含义为既是晴天又是工作日的一天,如遇刮风下雨,使装卸工作不能正常进行,虽属工作日也不能计算装卸时间。双休日更不可计为装卸日。按照贸易合同规定的装卸时间为15天,而卖方只用了13天(其中包括双休日）全部装完，则卖方实际可计算的装货日为 11 天，有 4 天速遣，可得速遣费 12 000 美元。在租船合同中规定每天装货 2 500 吨，按连续工作日计算。该批货的装卸时间为 30 000/2 500 = 12（天）（连续工作日）。连续日是从午夜零时到次日午夜零时，不管天气如何，时钟连续走过 24 小时就算一天，没有任何扣除。卖方用 13 天将全部货物装完，根据租船合同，卖方有 1 天滞期，卖方应向船方支付滞期费 6 000 美元。因此，按照贸易合同中的规定有利于卖方，而按照租船合同中规定的条件则不利于卖方。

个案分析

1. 某轮装运小麦 20 000 吨，定程租船合同规定：船东不负责装卸、理舱、平舱；按连续 24 小时晴天工作日计算，装货率为每天 2 000 吨；周末、法定节假日除外（不用不算，用了也不算），星期六下午 6 时以后至下一个工作日 8 时前不计为装卸时间（工作日前一天和节假日后一天亦同样办理），递交备装通知书后从次日上午 8 时开始，如通知书于下午 4 时以后送达则于次日下午 2 时开始起算装货时间，滞期费每天 8 000 美元，速遣费折半，不足一天按比例计算；滞期按连续计算，速遣按节省工作时间计算。备装通知书于 5 月 20 日下午 2:30 送达，具体装卸时间如表 3－6 所示。试计算滞期费或速遣费（设星期六为码头工作日，星期日为码头单休日）。

表 3－6　某轮装卸时间表

Date	Week	Hours		Time Used (Hours)			Despatch/Demurrage			Remarks
		From	To	D	H	M	D	H	M	
5 月 21 日	Set	08:00	24:00		16					非工作时间 8 小时
5 月 22 日	Sun	—	—							星期日
5 月 23 日	Mon	08:00	24:00		16					非工作时间 8 小时
5 月 24 日	Tue	08:00	24:00		22					下雨 2 小时
5 月 25 日	Wed	08:00	24:00	1						
5 月 26 日	Thu	08:00	24:00	1						
5 月 27 日	Fri	08:00	24:00	1						
5 月 28 日	Set	08:00	24:00		16					非工作时间 8 小时
5 月 29 日	Sun	—	—							星期日
5 月 30 日	Mon	08:00	24:00		16					非工作时间 8 小时
5 月 31 日	Tue	08:00	24:00	1						
6 月 1 日	Wed	08:00	24:00		21					至晚 9 点全部装完

2. 我某出口公司按 CFR 条件向日本出口红豆 250 吨，合同规定卸货港为日本口岸，发货物时，正好有一船驶往大阪，我公司打算租用该船，但在装运前，我方主动去电询问哪个口岸卸货时正值货价下跌，日方故意让我方在日本东北部的一个小港卸货，我方坚持要在神户、大阪卸货。双方争执不下，日方就此撤销合同。问题：我方做法是否合适？日本商人是

否违约？

3. A 公司与 B 公司签订合作意向书，从中国空运和海运活鳗到韩国。5 月，A 公司以期租形式从 C 公司处租进“鸿翔 9 号”船进行水产品运输。根据买卖合同、租船合同，B 公司负责组织货源，并于 6 月 4 日和 5 日将 1.8 吨活鳗分别装入“鸿翔 9 号”的船舱。次日，B 公司人员发现活鳗已经全部死亡。经鉴定，由于船舱内存留油漆气味并渗入舱内海水中，使舱内海水不适于活海鳗的存活。A 公司和 B 公司以船舶不适载为由提起诉讼，要求 C 公司赔偿损失。经查，在“鸿翔 9 号”交付 A 公司之前，验船公证行曾对“鸿翔 9 号”进行装载活鱼试验，结论为适载；在活鳗装入船舱前，C 公司曾建议 A 公司给船舱供氧而未被采纳。问题：A 公司和 C 公司哪一方对活鳗死亡承担赔偿责任？

参考答案

复习与思考

一、名词解释

租船运输　租船市场　航次租船　定期租船　航次期租　滞期费　速遣费　许可装卸时间

二、简答题

1. 租船运输有什么特点？租船方式有哪几种？
2. 在程租合同中为什么都订有“滞期速遣”条款？
3. “金康合同 1994”的主要内容有哪些？
4. 期租合同与航次租船合同有哪些不同？
5. 在程租合同中许可装卸时间的约定方法通常分哪几种？
6. 定程租船方式下装卸费用一般如何划分？
7. 简述货运代理人员租船时应注意哪些问题。
8. 简述期租合同当事人的主要权利和义务。

项目四　集装箱货运业务

项目要求

1. 认知集装箱，了解集装箱运输的特点。
2. 掌握集装箱运输的业务流程。
3. 熟悉集装箱海运的常用单证。
4. 掌握集装箱的集拼业务。
5. 能够计算或估算集装箱海运运费。

项目情景

A国际货运代理公司经营国际集装箱拼箱业务。下面是A国际货运代理公司两则业务记录：①某年9月5日，A国际货运代理公司代理甘肃A公司出口德国B公司一批人造纤维，体积为20立方米、毛重为17.8吨。甘肃A公司要求A国际货运代理公司选择卸货港Rotterdam或Hamburg（Rotterdam和Hamburg都是基本港口，基本运费率为USD 80.00/FT，三个以内选卸港的附加费率为每运费吨加收USD 3.0，“W/M”。如果集装箱运输，海运费的基本费率为USD 1 100.00/TEU，货币附加费10%，燃油附加费10%）。②9月15日，A国际货运代理公司在Rotterdam港自己的货运站（CFS）将分别属于6个不同发货人的拼箱货装入一个20英尺的集装箱，然后向某班轮公司托运。该集装箱于9月18日装船，班轮公司签发给A国际货运代理企业CY—CY交接的FCL条款下的Master B/L一套；A国际货运代理企业然后向不同的发货人分别签发了CFS—CFS交接的LCL条款下的House B/L共6套。

任务1：集装箱运输有何特点？在第①项业务中若不计杂货运输和集装箱运输两种运输方式的其他费用，A国际货运代理公司从节省海运费的角度考虑是否该用集装箱运输？

任务2：在第①项业务中A国际货运代理公司采用集装箱运输，需要做好哪些业务工作？会涉及哪些主要单证？

任务3：除情景中提及的CY—CY交接、CFS—CFS交接外，集装箱交接方式还有哪些？

任务4：何谓国际集装箱拼箱业务？A国际货运代理公司在集拼业务中处于何种身份？

知识模块

单元一　集装箱运输及其关系人

集装箱运输是将货物装在集装箱内，以集装箱作为一个货物集合（成组）单元，进行装卸、运输（包括船舶运输、铁路、公路、航空运输以及这几种运输方式的联合运输）的运输组织形式。随着集装箱化货物运输的兴起与发展，集装箱货物运输已日益成为国际航运物流行业的一种举足轻重的运输方式。目前我国大陆沿海港口集装箱运输的发展大体形成了三个区域:一是以深圳为龙头的珠江三角洲地区;二是以上海为中心的长江三角洲地区;三是以青岛、天津、大连为代表的环渤海湾地区。

一、集装箱及集装箱运输的特点

在集装箱运输中,货物由物流中心汇集起来,按发货人的要求,通过集装箱配送专车把集装箱送到集装箱码头或集装箱货运站,再通过各种集装箱运输方式把货物送到收货人所在地的物流中心或直接送到收货人处。集装箱运输最大的成功在于其产品的标准化以及由此建立的一整套运输体系,并且以此为基础逐步实现全球范围内的船舶、港口、航线、公路、中转站、多式联运相配套的物流系统。

(一)集装箱的特点

集装箱(container)是用钢、铝、胶合板、玻璃钢或这些材料混合制成的大型装货容器,是具有一定规格和强度,专为周转使用的大型货箱。国际标准化组织(ISO)对集装箱下的定义为"集装箱是一种运输设备"。集装箱在我国香港称为"货箱",在我国台湾称为"货柜"。

集装箱按用途分为:干货集装箱(dry container)、散货集装箱(bulk container)、冷藏集装箱(reefer container)、挂衣集装箱(dress hanger container)、开顶集装箱(open top container)、台架式集装箱(platform based container)、罐式集装箱(tank container)、通风集装箱(ventilated container)和平台集装箱(platform container)等,见表4-1。

表4-1 集装箱类型及适用货物表

箱型	英文简称	特点	适合货物
干货箱 杂货箱	GP HQ	一端开门、两端开门或侧壁设有侧门,均有水密性,箱门可270°开启	一般货物
开顶箱	OT	箱顶("硬顶"和"软顶")可以拆下	超高、超重货物
台架箱	FR	没有箱顶和侧壁	超高、超重货物
散货箱	BK	一端有箱门,顶部有2~3个装货口,箱门的下方还设有卸货口	散装货
平台箱	PF	无上部结构、只有底部结构	超宽、超长货物
通风箱	VH	侧壁或端壁上设有4~6个通风口	易腐货物
罐式箱	TK	由罐体和箱体框架两部分构成,顶部设有装货口(入孔),罐底有排出阀	液体、气体
冷藏箱	RF	具有制冷或保温功能	冷藏货
服装集装箱	HT	内侧梁上装有许多横杆,每根横杆垂下若干绳扣	服装

按尺寸①分,目前国际标准集装箱的宽度均为8英尺(ft);高度有8英尺、8英尺6英寸、9英尺6英寸和小于8英尺4种;长度有40英尺、30英尺、20英尺和10英尺4种

① 集装箱外尺寸是确定集装箱能否在船舶、底盘车、货车、铁路车辆之间进行换装的主要参数。集装箱内尺寸决定集装箱内容积和箱内货物的最大尺寸。

(见表4－2)。此外,还有一些国家颁布的各自标准下所使用的集装箱。目前,在海上运输中,经常使用的是国际标准化组织IAA型和ICC型集装箱,即主要采用长度为20ft(6.1m)和40ft(12.2m)的两种集装箱。为使集装箱箱数计算统一化,把20ft集装箱作为一个标准箱(1TEU,twenty－feet equivalent units),一个40ft集装箱作为两个标准箱,一个30ft的集装箱计为1.5个标准箱,一个10ft的集装箱计为0.5个标准箱,以利于统计集装箱的吞吐量、载运量、营运量等。

表4－2　国际标准集装箱规格尺寸和总重量

箱型	规格	长度(L)	宽度(W)	高度(H)	最大总重量(kg)
40ft	IAAA IAA IA IAX	40ft	8ft	9.5ft 8.5ft 8ft ＜8ft	30 480
30ft	IBBB IBB IB IBX	30ft	8ft	9.5ft 8.5ft 8ft ＜8ft	25 400
20ft	ICC IC ICX	20ft	8ft	8.5ft 8ft ＜8ft	24 000
10ft	ID IDX	10ft	8ft	8ft ＜8ft	10 160

集装箱的配货毛重与有效容积一般如下:

20英尺货柜:配货毛重一般为17.5吨,有效容积约为25m^3。

40英尺货柜:配货毛重一般为22吨,有效容积约为55m^3。

40英尺高柜:配货毛重一般为23吨,有效容积约为68m^3。

集装箱具有坚固、密封和可以反复使用等优越性,这是任何运输包装都无法与之比拟的。集装箱放在船上等于是货舱,放在火车上等于是车皮,放在卡车上等于是货车,因此,无论在单一运输方式下还是多式运输方式下均不必中途倒箱。集装箱的内部容量较大,而且易于装满和卸空,在装卸设备配套的情况下它能迅速搬运。

(二)集装箱运输的特点

集装箱运输是以集装箱作为运输单位进行货物运输的一种先进的现代化运输方式。它除具有杂货班轮运输的优点外,还比杂货班轮运输速度更快、货运质量更高。目前,世界主要航线上的班轮运输,除少部分货载仍使用杂货班轮经营外,班轮运输已基本上发展为集装箱班轮运输。

集装箱运输的特点主要是将件杂货集中成组装入箱内,采用大型装卸机械,发挥多式联运的系统化的长处,实现门到门的运输,使船主与货主两方受益。

第一,在全程运输中,可以将集装箱从一种运输工具上直接方便地换装到另一种运输工具上,而无须接触或移动箱内所装货物。

第二,货物在发货人的工厂或仓库装箱后,可经由海陆空不同运输方式一直运至收货人的工厂或仓库,实现"门到门"运输而中途无须开箱倒载和检验,大大减少了中间环节,简化了货运手续,加快了货运速度,缩短了货运时间,从而减少了商品在途时间。

第三,减少了营运费用,降低了运输成本。采用集装箱运输以后,集装箱船运量增大,可降低单位货物的船舶运费;装卸效率提高,可降低装卸费用和港口停泊费,加快了车船周转率,单位货物运费降低;换装效能提高,整体降低货物联运装卸费用;货物运输安全性提高,运输中保险费用也相应下降。因而集装箱整体运输成本大大降低。

第四,一般由一个承运人负责全程运输。

二、集装箱运输的关系人

随着集装箱运输的逐步发展、成熟,与之相适应的、有别于传统运输方式的管理方法和工作机构也相应地发展起来,形成了一套适应集装箱运输特点的运输体系。集装箱运输系统包括海运、陆运、空运、港口、货运站以及与集装箱运输有关的海关、检验检疫、船舶代理公司、货运代理公司等众多机构。它们相互配合,在整个运输过程中发挥着各自不同的作用。除货主及其代理人外,集装箱运输的关系人还主要包括:经营集装箱货物运输的实际承运人、无船承运人、集装箱租赁公司、集装箱码头(堆场)经营人、集装箱货运站。

其中,经营集装箱货物运输的实际承运人包括经营集装箱运输的船公司、联营公司、公路集装箱运输公司、航空集装箱运输公司等。

无船承运人是指在集装箱运输中,经营集装箱货运的揽货、装箱、拆箱、内陆运输及经营中转站或内陆站业务,但不掌握运载工具的专业机构。它在承运人与托运人之间起着中间桥梁的作用。

集装箱租赁公司(container leasing company)是随集装箱运输发展而兴起的一种新兴行业,它专门经营集装箱的出租业务。

集装箱码头(堆场)经营人(container terminal operator)是拥有码头和集装箱堆场(container yard,CY)经营权(或所有权),从事集装箱交接、装卸、保管等业务的服务机构。它受托运人或其代理人以及承运人或其代理人的委托提供各种集装箱运输服务。

集装箱货运站(container freight station,CFS)是在内陆交通比较便利的大中城市设立的提供集装箱交接、中转或其他运输服务的专门场所。一般可分为集装箱内陆货运站及港口货运站。

单元二　集装箱运输的一般流程及装箱与交接方式

集装箱运输在集装箱运输的港站以及与货代、船代、运输公司、银行、保险、监管等部门的业务活动中,围绕着集装箱的验收、提取、装卸、堆存、装箱、拆箱、收费、一关三检等,存在着错综复杂的作业环节,伴随着众多的单证处理要求。

一、集装箱运输的一般流程

集装箱货物的运输一般是将分散的小批量货源预先在内陆的某几个点加以集中,等组成大批量货源后，通过内陆运输，将其运至集装箱码头装船，然后通过海上运输，到达卸船港卸货，再通过内陆运输，将集装箱货物运到最终目的地。其货运的一般流程可用图 4 – 1 简单表示。

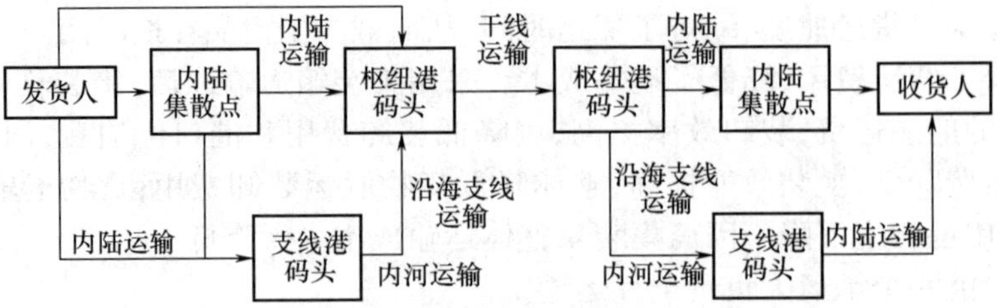

图 4 – 1　集装箱货运的一般流程

二、集装箱货物的装箱方式与交接方式

集装箱货物的运输有不同的集散方式和流转程序。

（一）集装箱货物的装箱方式

在集装箱货物的流转过程中，其流转形态分为两种：一种为整箱货；另一种为拼箱货。

1. 整箱货

整箱货（full container cargo load，FCL）是指发货人或其代理人把经报关、检验的货物自行装箱、铅封①后，以箱为单位进行托运和交付。习惯上，整箱货只有一个发货人和一个收货人。拆箱由收货人办理。承运人只负责箱体外表完好，不负责箱内的货损、货差。整箱货的流转过程如图 4 – 2 所示。

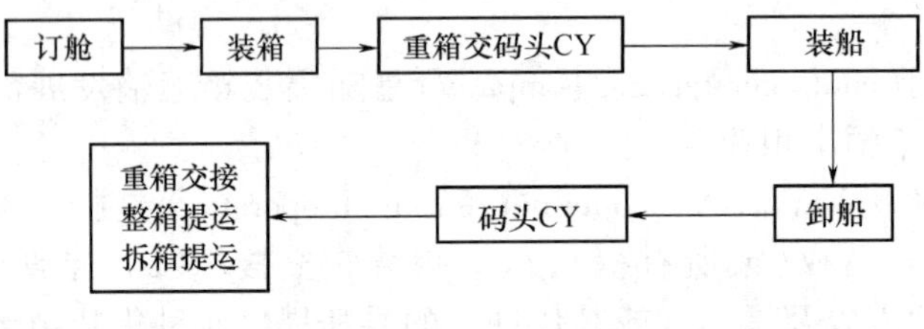

图 4 – 2　整箱货的流转过程

2. 拼箱货

拼箱货（less than container cargo load，LCL，或 consolidated cargo），是指承运人或货运代理人接受货主托运的数量不足整箱的小票货运后，根据货类性质和目的地进行分类整理，把去往同一目的地的货集中到一定数量，然后拼装入箱的货物。由于一个箱内有不同货主的货拼装在一起，所以叫拼箱。这种情况在货主托运的货物数量不足装满整箱时采用。习惯上，拼箱货涉及多个发货人或多个收货人。拼箱货的分类、整理、集中、装箱（拆箱）、交货等工作均在承运人码头集装箱货运站（container freight station）或内陆集装箱转运站进行。拼箱货的流转过程如图 4 – 3 所示。

① 在整箱货物运输中，交货时只要货箱铅封完好无损，承运人即完成运输任务，但对箱内货物不承担责任。

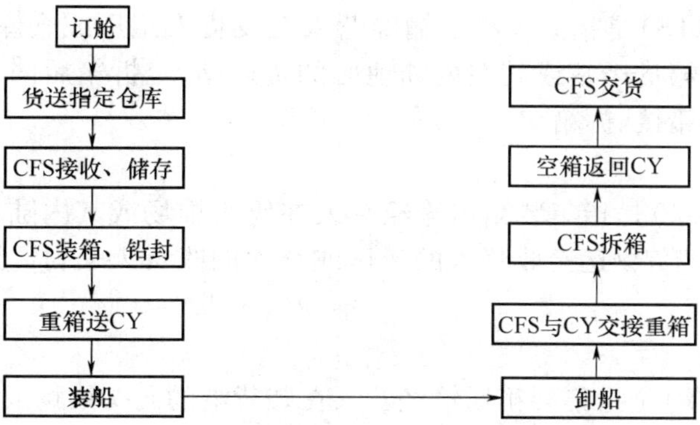

图4－3　拼箱货的流转过程

（二）集装箱货物的交接方式

集装箱货物的交接有多种方式：以传统的方式在船边进行交接，以整箱货的方式在集装箱堆场进行交接，以拼箱货的方式在集装箱货运站进行交接，也可以在多式联运方式下在货主的仓库或工厂进行交接。在海上集装箱班轮运输实践中，班轮公司通常承运整箱货，并在集装箱堆场交接；而集拼经营人则承运拼箱货，并在集装箱货运站与货方交接货物。实际业务中，集装箱货物的交接方式通常主要有以下几种（如图4－4所示）：

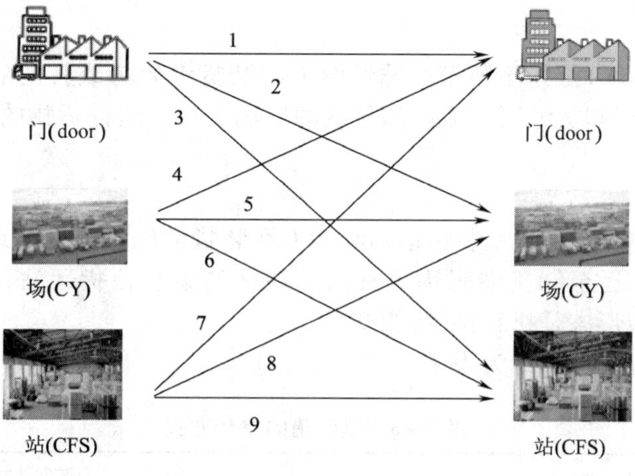

图4－4　集装箱货物的交接方式

1. 门到门

门到门（door to door）是指集装箱运输经营人从发货人工厂或仓库接收货物，负责运至收货人工厂或仓库交付。这种货物的交接形态都是整箱接、整箱交。

2. 门到场

门到场（door to CY）是指集装箱运输经营人从发货人工厂或仓库接收货物，并负责运至卸货港码头堆场或其内陆堆场，向收货人交付。这种货物的交接形态也是整箱接、整箱交。

3. 门到站

门到站(door to CFS)是指集装箱运输经营人在发货人工厂或仓库接收货物,并负责运至卸货港码头的集装箱货运站或其在内陆地区的货运站,经拆箱后向各收货人交付。这种货物的交接形态是整箱接、拆箱交。

4. 场到门

场到门(CY to door)是指集装箱运输经营人在码头堆场或其内陆堆场接收发货人的货物(整箱货),并负责把货物运至收货人的工厂或仓库向收货人交付。这种货物的交接形态是整箱接、整箱交。

5. 场到场

场到场(CY to CY)是指集装箱运输经营人在装货港的码头堆场或其内陆堆场接收货物(整箱货),并负责运至卸货港码头堆场或其内陆堆场,在堆场向收货人交付(整箱货)。这种货物的交接形态是整箱接、整箱交。

6. 场到站

场到站(CY to CFS)是指集装箱运输经营人在装货港的码头堆场或其内陆堆场接收货物,并负责运至卸货港码头集装箱货运站或其在内陆地区的集装箱货运站,经拆箱后向收货人交付。这种货物的交接形态是整箱接、拆箱交。

7. 站到门

站到门(CFS to door)是指集装箱运输经营人在装货港码头的集装箱货运站及其内陆的集装箱货运站接收货物,拼箱后,运至收货人的工厂或仓库交付。这种货物的交接形态是拼箱接、整箱交。

8. 站到场

站到场(CFS to CY)是指集装箱运输经营人在装货港码头或其内陆的集装箱货运站接收货物,经拼箱后运至卸货港码头或内陆地区的堆场交付。这种货物的交接形态是拼箱接、整箱交。

9. 站到站

站到站(CFS to CFS)是指集装箱运输经营人在装货港码头或内陆地区的集装箱货运站接收货物,经拼箱后,运至卸货港码头或其内陆地区的集装箱货运站,拆箱后,向收货人交付。这种货物的交接形态是拼箱接、拆箱交。

集装箱的交货方式可归纳为表4－3。

表4－3　集装箱的交货方式

交货地点	装箱方式
门到门(door to door) 场到场(CY to CY) 门到场(door to CY) 场到门(CY to door)	整箱货与整箱货的交接(FCL－FCL)
站到门(CFS to door) 站到场(CFS to CY)	拼箱货与整箱货的交接(LCL－FCL)

续表

交货地点	装箱方式
门到站(door to CFS) 场到站(CY to CFS)	整箱货与拼箱货的交接(FCL - LCL)
站到站(CFS to CFS)	拼箱货与拼箱货的交接(LCL - LCL)

单元三　出口货物集装箱运输

本单元主要阐述出口货物集装箱运输流程以及主要单证。

一、出口货物集装箱运输流程

我们用图 4 - 5 进行简单表示出口货物集装箱运输流程。

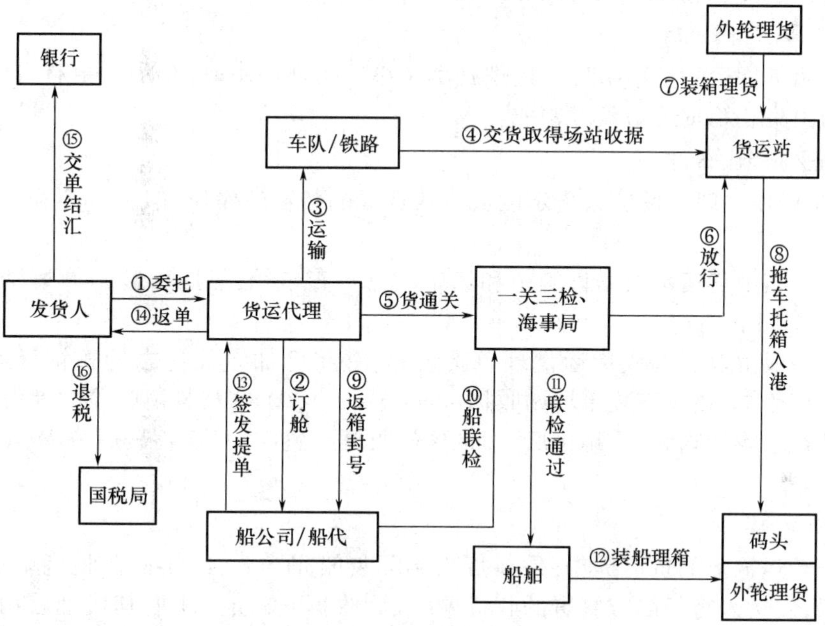

图 4 - 5　出口货物集装箱运输流程

从货运代理的角度,出口货物集装箱运输的流程可简化为如下步骤:揽货接单、签订代理协议→接受委托、索取出口单证→订舱配载→提取空箱→货物报检、报关、保险→整/拼箱操作→制作提单→集港交货→港口装船→换取提单→装船通知→费用结算→单证整卷归档。从操作内容来说,涉及货物与单证等;从关联部门来说,涉及客户、船公司、集装箱码头、海关等。下面对一些主要环节进行阐述。

(一)订舱配载

集装箱班轮运输下的托运手续与程序,与非集装箱班轮运输基本一致,只是场站收据与装箱单以及集装箱货物交接方式有一定的差别,其他手续与程序两者基本相同。

订舱配载的程序是货运代理根据发货人的贸易合同或信用证条款或委托书的规定，在货物托运前的一定时间内填好集装箱托运单[①]（container booking note），注明要求配载的船只、航次等，向船公司或其代理人在截单期[②]前申请订舱。船公司或其代理人审核货名、重量、尺码、卸货港等后可予接收，即在托运单上填写船名、航次、提单号，抽留其需要各联并在集装箱装货单上盖好签单章，连同其余各联退回货运代理人作为对该批货物订舱的确认。

船公司或其代理公司根据自己的运力、航线等具体情况考虑货运代理的要求，决定接受与否，若接受申请就着手编制订舱单，然后分送集装箱堆场（CY）和集装箱货运站（CFS），据以安排空箱及办理货运交接。

货运代理还应向船公司或船代递交装货单。集装箱准备妥当之后，要进行配载，制定积载方案，编制出配载单或装箱明细单。配载时，应充分利用集装箱的载重量和容积。

货运代理在取得船公司的配舱回单后，分船归类立卡，做好每批货物的记录，这种记录称为船卡（shipping list by vessel）。船卡是货运代理人在某一条船上的全部货物清单，可据以检查通关情况、装箱情况、集港情况、信用证有效期内提单是否签发等。因此，它对货运代理人掌握工作进度、实现跟踪检查、加强有效管理极为有用。

（二）提取空箱

通常整箱货货运的空箱由货运代理到集装箱码头堆场领取，有的货主有自备箱；拼箱货货运的空箱由集装箱货运站负责领取。

（三）整/拼箱操作

整/拼箱操作一般由发货人指定的或货代选择的装箱站操作，但发货人和货运代理可监督装箱。

拼箱货装箱由货运站根据订舱单和场站收据负责装箱，然后由装箱人编制集装箱装箱单（container load plan）。

整箱货一般由发货人或货运代理负责装箱，并将已加海关封志的整箱货运到货运站。货运站根据订舱单，核对集装箱场站收据（dock receipt，D/R）及装箱单验收货物。

货运站在验收货物和/或箱子后，即在场站收据上签字，并将签署后的 D/R 交还给发货人或货运代理。

（四）换取提单

杂货班轮运输下的货运提单，是在货物实际装船完毕后，经船方在收货单上签署，表明货物已装船，发货人将经船方签署的收货单（大副收据）交船公司或其代理公司换取已装船提单。而集装箱运输下的货运提单则是用码头收据换取的，它与杂货班轮运输下签发的已装船提单不同，是一张收货待运提单。所以，在大多数情况下，船公司根据发货人的要求，在提单上填注具体的装船日期和船名后，该收货待运提单也便具有了与已装船提单同样的性质和作用。

发货人或货运代理凭 D/R 向集装箱运输经营人或其代理换取提单，然后去银行办理结汇。

---

① 集装箱货物托运单的填制与杂货班轮货物托运单基本相同，但除应填写与杂货班轮托运单相似栏目外，还应标明托运货物的交接方式，如 CY－CY、CFS－CFS 等，以及集装箱货物的种类，如普通、冷藏、液体等。

② 截单期即是该船接受订舱的最后日期，超过截单期如舱位尚有多余或船期因故延误，船公司同意再次接受订舱，称为“加载”。截单期一般在预定装船日期前几天，以便进行报关、报检、装箱、集港、制单等项工作。

(五)发装船通知

集装箱装卸区根据装货情况，制订装船计划，并将出运的箱子调整到集装箱码头前方堆场，待船靠岸后，即可装船出运。货运代理要对大宗货箱掌握装船进度，船开后代出口人向国外卸港代理发送装船通知。

二、出口货物集装箱运输的主要单证

在集装箱货物进出口业务中，除采用与传统的散杂货运输中相同的商务单证(如商业发票、报关单、检验检疫证书、磅码单、装箱单、货物托运单、装货单、提单等各种单证)以外，在运输单证中根据集装箱运输的特点，还采用了空箱提交单、设备交接单、集装箱装箱单、场站收据、提货通知书、到货通知书、交货记录、卸货报告和待提集装箱报告等。

集装箱出口单证流转流程如图4-6所示。

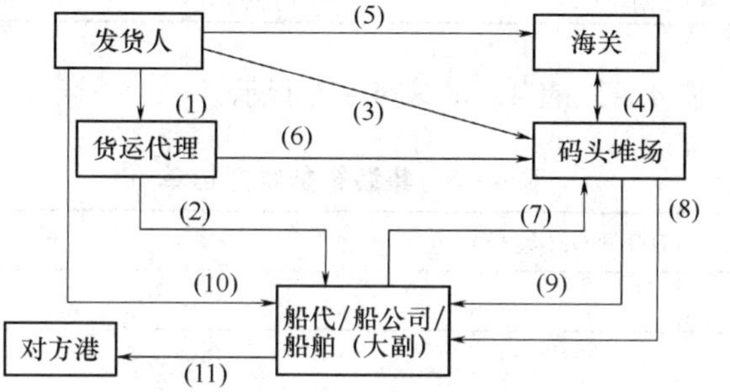

图4-6 集装箱出口单证流转流程

图4-6中各流程涉及的具体单证如下：①货物委托书、委托报关书；②订舱单；③设备交接单、装箱单；④堆存信息/查验、监管信息；⑤装货单、商业发票、出口许可证、商品说明书等；⑥装货单、大副收据、场站收据；⑦预配清单、预配船图、危险品清单、温控箱清单、危险品货物积载申报单等；⑧配载图、装船顺序单；⑨外轮理货计数单、实际积载图；⑩场站收据；⑪实际积载图、舱单、危险品清单、温控箱清单、残损箱清单等。

下面主要介绍出口货物集装箱运输中的场站收据联单、集装箱装箱单、设备交接单。

(一)场站收据联单

与传统件杂货班轮运输所使用的托运单证相比，场站收据联单是一份综合性的单证。为了提高集装箱货物托运的效率，场站收据联单把货物托运单(订舱单)、装货单(关单)、大副收据、理货单、配舱回单、运费通知等单证汇成了一份。

1. 场站收据联单的构成和用途

场站收据联单是由承运人发出的证明已收到托运货物并开始对货物负责的凭证。场站收据一般是在托运人口头或书面订舱，与船公司或船代达成了货物运输的协议，船代确认订舱后，由船代交托运人或货代填制，在码头堆场、集装箱货运站或内陆货运站收到整箱货或拼箱货后签发生效，托运人或其货运代理人可凭场站收据，向船代换取已装船或待装船提单。

当货运代理去船公司订舱的时候用的就是场站收据联单(十联单)，其构成和用途如表4-4所示。

表 4－4　场站收据的构成和用途

序号	名　称	颜色	用　途
1	集装箱货物托运单——货方留底	白色	托运人留存备查
2	集装箱货物托运单——船代留底	白色	编制装船清单、积载图、预制提单
3	运费通知(1)	白色	计算运费
4	运费通知(2)	白色	运费收取通知
5	装货单——场站收据副本(1)	白色	报关并作为装货指示
	缴纳出口货物港杂费申请书	白色	港方计算港杂费
6	场站收据副本(2)——大副联	粉红色	报关，船方留存备查
7	场站收据	淡黄色	报关，船代凭以签发提单
8	货代留底	白色	缮制货物流向单
9	配舱回单(1)	白色	货代缮制提单等
10	配舱回单(2)	白色	根据回单批注修改提单

十联单样本举例如表 4－5、表 4－6、表 4－7 所示。

表 4－5　集装箱货物托运单

SHIPPER(发货人)		D/R NO.(编号)			
CONSIGNEE(收货人)					
NOTIFY PARTY(通知人)					
PRE－CARRIAGE BY(前程运输) PLACE OF RECEIPT(收货地点)					
OCEAN VESSEL VOY. NO.(船名及航次) PORT OF LOADING(装货港)					
PORT OF DISCHARGE(卸货港) PLACE OF DELIVERY(交货地点)			FINAL DESTINATION FOR THE MERCHANT'S REFERENCE(目的地)		
CONTAINER NO.(集装箱箱号)	SEAL NO.(铅封号)	NO. OF CONTAINERS OR PKGS(箱数或件数)	KIND OF PACKAGES; DESCRIPTION OF GOODS(包装及货名)	GROSS WEIGHT(毛重，公斤)	MEASUREMENT(尺码，立方米)
TOTAL NUMBER OF CONTAINERS OR PACKAGES (IN WORDS)(集装箱或件数合计，大写)			SAY ________ ONLY		
FREIGHT & CHARGES(运费与附加费)	REVENUE TONS(运费吨)	RATE(费率)	PRE	PREPAID(预付)	COLLECT(到付)
EX. RATE(兑换率)	PREPAID AT(预付地点)	PAYABLE AT(到付地点)	PLACE OF ISSUE(签发地点)		
	TOTAL PREPAID(预付总额)	NO. OF ORIGINAL B/L THREE(正本提单份数)			

续表

<table>
<tr><td>SERVICE TYPE ON RECEIVE（接货形式）</td><td>SERVICE TYPE ON DELIVERY（交货形式）</td><td colspan="2">REEFER TEMPERATURE REQUIRED（冷藏温度）</td><td>℉</td><td>℃</td></tr>
<tr><td colspan="2" rowspan="2">TYPE OF GOODS（种类）</td><td>ORDINARY，REETER ，DANGEROUS ，AUTO</td><td rowspan="2">危险品</td><td colspan="2" rowspan="2">CLASS：
PROPERTY：
IMDG CODE PAGE：
UN NO.</td></tr>
<tr><td>LIQUID，LIVE ANIMAL ，BULK</td></tr>
<tr><td colspan="2">可否转船</td><td>可否分批</td><td colspan="3" rowspan="2"></td></tr>
<tr><td colspan="2">装期</td><td>效期</td></tr>
<tr><td colspan="2">金额：</td><td colspan="4" rowspan="2"></td></tr>
<tr><td colspan="2">制单日期：</td></tr>
</table>

表 4－6　集装箱货物装货单

<table>
<tr><td colspan="2">SHIPPER（发货人）</td><td colspan="2">D/R NO.（编号）</td><td colspan="5"></td></tr>
<tr><td colspan="2">CONSIGNEE（收货人）</td><td colspan="7"></td></tr>
<tr><td colspan="2">NOTIFY PARTY（通知人）</td><td colspan="7"></td></tr>
<tr><td colspan="4">PRE－CARRIAGE BY（前程运输）
PLACE OF RECEIPT（收货地点）</td><td colspan="5"></td></tr>
<tr><td colspan="4">OCEAN VESSEL VOY. NO.（船名及航次）
PORT OF LOADING（装货港）</td><td colspan="5"></td></tr>
<tr><td colspan="4">PORT OF DISCHARGE（卸货港）
PLACE OF DELIVERY（交货地点）</td><td colspan="5">FINAL DESTINATION FOR THE MERCHANT'S REFERENCE（目的地）</td></tr>
<tr><td>CONTAINER NO.（集装箱箱号）</td><td>SEAL NO.（铅封号）</td><td>NO. OF CONTAINERS OR PKGS（箱数或件数）</td><td colspan="2">KIND OF PACKAGES：DESCRIPTION OF GOODS（包装及货名）</td><td colspan="2">GROSS WEIGHT（毛重，公斤）</td><td colspan="2">MEASUREMENT（尺码，立方米）</td></tr>
<tr><td colspan="2">TOTAL NUMBER OF CONTAINERS OR PACKAGES（IN WORDS）（集装箱或件数合计，大写）</td><td></td><td colspan="6">SAY ________________ ONLY</td></tr>
<tr><td colspan="2">FREIGHT & CHARGES（运费与附加费）</td><td>REVENUE TONS（运费吨）</td><td>RATE（费率）</td><td>PRE</td><td>PREPAID（预付）</td><td colspan="3">COLLECT（到付）</td></tr>
<tr><td rowspan="2">EX. RATE（兑换率）</td><td colspan="2">PREPAID AT（预付地点）</td><td colspan="2">PAYABLE AT（到付地点）</td><td colspan="4">PLACE OF ISSUE（签发地点）</td></tr>
<tr><td colspan="2">TOTAL PREPAID（预付总额）</td><td colspan="2">NO. OF ORIGINAL B/L THREE（正本提单份数）</td><td colspan="4"></td></tr>
</table>

续表

<table>
<tr><td>SERVICE TYPE ON RECEIVE (接货形式)</td><td>SERVICE TYPE ON DELIVERY (交货形式)</td><td colspan="2">REEFER TEMPERATURE REQUIRED (冷藏温度)</td><td>℉</td><td>℃</td></tr>
<tr><td colspan="2" rowspan="2">TYPE OF GOODS (种类)</td><td>ORDINARY, REEFER, DANGEROUS, AUTO</td><td rowspan="2">危险品</td><td colspan="2" rowspan="2">CLASS:
PROPERTY:
IMDG CODE PAGE:
UN NO.</td></tr>
<tr><td>LIQUID, LIVE ANIMAL, BULK</td></tr>
<tr><td colspan="2">可否转船</td><td>可否分批</td><td colspan="3" rowspan="2"></td></tr>
<tr><td colspan="2">装期</td><td>效期</td></tr>
<tr><td colspan="2">金额:</td><td colspan="4" rowspan="2"></td></tr>
<tr><td colspan="2">制单日期:</td></tr>
</table>

表4-7 集装箱货物场站收据

<table>
<tr><td colspan="3">SHIPPER(发货人)</td><td colspan="3">D/R NO.(编号)</td></tr>
<tr><td colspan="3">CONSIGNEE(收货人)</td><td colspan="3" rowspan="2"></td></tr>
<tr><td colspan="3">NOTIFY PARTY(通知人)</td></tr>
<tr><td colspan="4">PRE-CARRIAGE BY(前程运输)
PLACE OF RECEIPT(收货地点)</td><td colspan="2"></td></tr>
<tr><td colspan="4">OCEAN VESSEL VOY. NO.(船名及航次)
PORT OF LOADING(装货港)</td><td colspan="2"></td></tr>
<tr><td colspan="4">PORT OF DISCHARGE(卸货港)
PLACE OF DELIVERY(交货地点)</td><td colspan="2">FINAL DESTINATION FOR THE MERCHANT'S REFERENCE(目的地)</td></tr>
<tr><td>CONTAINER NO.(集装箱箱号)</td><td>SEAL NO.(铅封号)</td><td>NO. OF CONTAINERS OR PKGS(箱数或件数)</td><td>KIND OF PACKAGES: DESCRIPTION OF GOODS(包装及货名)</td><td>GROSS WEIGHT(毛重,公斤)</td><td>MEASUREMENT(尺码,立方米)</td></tr>
<tr><td colspan="2">TOTAL NUMBER OF CONTAINERS OR PACKAGES (IN WORDS)(集装箱或件数合计,大写)</td><td></td><td colspan="3">SAY ________ ONLY</td></tr>
<tr><td rowspan="2">CONTAINER NO.(集装箱箱号)</td><td rowspan="2">SEAL NO.(铅封号)</td><td rowspan="2">PKGS</td><td colspan="3">CONTAINER NO. SEAL NO. PKGS</td></tr>
<tr><td colspan="3">PECEIVED BY TERMINAL(终点接货人)</td></tr>
<tr><td rowspan="2">FREIGHT & CHARGES(运费与附加费)</td><td colspan="2">PREPAID AT (预付地点)</td><td>PAYABLE AT (到付地点)</td><td colspan="2">PLACE OF ISSUE (签发地点)</td></tr>
<tr><td colspan="2">TOTAL PREPAID (预付总额)</td><td>NO. OF ORIGINAL B/L THREE(正本提单份数)</td><td colspan="2"></td></tr>
</table>

续表

<table>
<tr><td>SERVICE TYPE ON RECEIVE (接货形式)</td><td>SERVICE TYPE ON DELIVERY (交货形式)</td><td colspan="2">REEFER TEMPERATURE REQUIRED (冷藏温度)</td><td>℉</td><td>℃</td></tr>
<tr><td colspan="2" rowspan="2">TYPE OF GOODS (种类)</td><td>ORDINARY, REEFER, DANGEROUS, AUTO</td><td rowspan="2">危险品</td><td colspan="2" rowspan="2">CLASS:
PROPERTY:
IMDG CODE PAGE:
UN NO.</td></tr>
<tr><td>LIQUID, LIVE ANIMAL, BULK</td></tr>
<tr><td colspan="2">可否转船</td><td>可否分批</td><td colspan="3" rowspan="2"></td></tr>
<tr><td colspan="2">装期</td><td>效期</td></tr>
<tr><td colspan="2">金额:</td><td colspan="4" rowspan="2"></td></tr>
<tr><td colspan="2">制单日期:</td></tr>
</table>

场站收据联单的填制要求如下:

(1)场站收据由发货人填制,由发货人或其代理人交船舶代理确认订舱。场站收据中的收货人、通知人、箱号、封志号、箱数、收货方式和交货方式应如实填报,不允许一票场站收据上同时出现两种收货方式、两种交接方式。

(2)对填制栏目内容如有任何变更或整票退关,应向船公司或船舶代理人和其他有关单位分送更正通知单。

(3)发货人或其代理人应在海关放行后将货物装箱。各装箱点应将每票场站收据的箱号、封志号、箱数及时报告发货人或其代理人,发货人或其代理人应在场站收据正本和副本的相应栏目上填明箱号、封志号、箱数。

(4)场站业务员在集装箱进场时,重点核对场站收据装货单上的海关放行章、箱号、封志号、箱数等栏目,在实收栏目内批注、签字,在签章栏目注明签章日期,加盖场站章。

2. 场站收据十联单的流转

场站收据十联单的流转程序如图 4 - 7 所示。

(1)货运代理接受托运人的委托后填制一式十联场站收据,并将第 1 联(货主留底联)交由货主留存以备查询,将其余 9 联送船公司或船代申请订舱。

(2)船公司或船代经审核确认接受订舱申请,确定船名、航次,给每票货物一个提单号,将提单号填入 9 联单相应栏目,并在第 5 联(装货单联)加盖确认订舱章,然后留下 2 ~ 4 联,其余 5 ~ 10 联退还托运人或货代。

(3)货代留下第 8 联(货代留底联)用于编制货物流向单及作为留底以备查询,并将第 9 联即配舱回单(1)联退给托运人作为缮制提单和其他货运单证的依据;如果由货代缮制单证,则不需退还给托运人。

(4)货代将第 5 ~ 7 联(已盖章的装货单联、缴纳出口货物港务申请书联、场站收据大副联、场站收据正本联)随同报关单和其他出口报关用的单证向海关办理货物出口报关手续。

(5)海关接受报关申报后,经过查验合格、征关税后对申报货物进行放行,在第 5 联(装

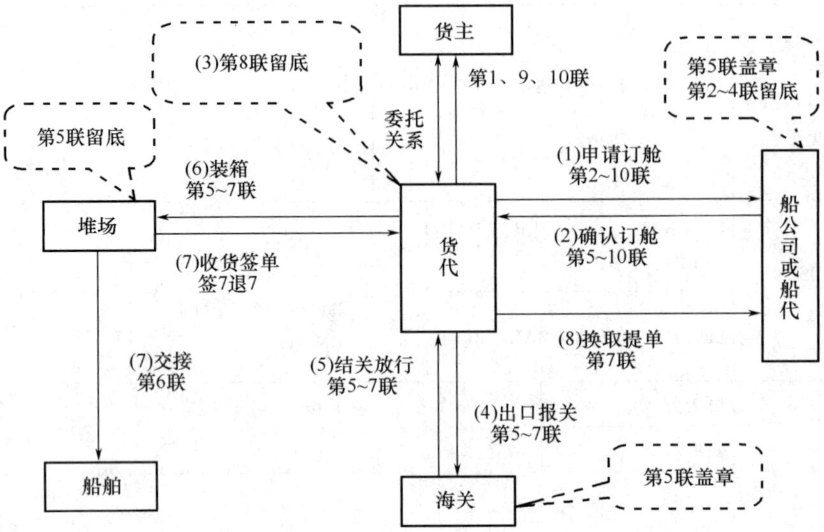

图4-7　场站收据十联单的流转

货单联)上加盖海关放行章,并将5~7联退还给货代。

(6)货代将退回的5~7联及第10联即配舱回单(2)联随同集装箱或待装货物送装箱地点(货主指定地方、CY或CFS)装箱。

(7)CY或CFS查验集装箱或货物后,先查验第5联的海关放行章,再检查进场货物的内容、箱数、货物总件数是否与单证相符。若无异常情况则在第7联(场站收据正本联)上加批实收箱数并签字、加盖场站收据签证章,在第10联上签章;如实际收到的集装箱货物与单证不符,则需在第5联、第10联上做出批注,并将其退还货代或货主,而货代或货主则须根据批注修改已缮制的提单等单证。场站留下第5、6联:第5联(装货单联)归档保存以备查询;第5联附页用来向托运人或货代结算费用;第6联(大副收据联)连同配载图应及时转交理货部门,由理货员在装船完毕后交船上大副留底。第7联(场站收据正本联)应退回托运人或货代。

(8)托运人或货代拿到第7联(场站收据正本联),并凭此要求船代签发正本提单(装船前可签发收货待运提单,装船后可签发已装船提单)。但在实际业务中,托运人或货代并不取回第7联,而是在集装箱装船4小时内,由船代在港区和现场人员与港区场站签证组交接将其带回,船代据此签发装船提单。

(二)集装箱装箱单

集装箱装箱单是记载集装箱内所有装载货物的名称、重量、尺码、数量等内容的单证,它是装箱人根据实际装入箱内的货物制作的。

1. 集装箱装箱单及其作用

集装箱装箱单(样本见表4-8)每一个集装箱一份,一式五联,其中:码头、船代、承运人各一联,发货人、装箱人两联。

集装箱货运站装箱时,集装箱装箱单由装箱的货运站缮制;由发货人装箱时,集装箱装箱单由发货人或其货运代理的装箱货运站缮制。集装箱装箱单填制准确与否直接关系到出口货物进港、装船、运输的安全及效率。集装箱装箱单是发票的补充单据,它列明了信用证

表 4－8 集装箱货物装箱单

装　箱　单

CONTAINER LOAD PLAN

集装箱号 Container No.	集装箱规格 Type of Container： 20 40
铅封号 Seal No.	冷藏温度 ℉ ℃ Reefer. Temp. Required

船名 Ocean Vessel 航次 Voy. No.	收货地点 Place of Receipt □-场 CY □-站 CFS □-门 Door	装货港 Port of Loading	卸货港 Port of Discharging	交货地点 Place of Delivery □-场 CY □-站 CFS □-门 Door

箱主 Owner	提单号码 B/L No.	1. 发货人 Shipper 2. 收货人 Consignee 3. 通知人 Notify Party	标志和号码 Marks & Numbers	件数及包装种类 No. & Kind of Pkgs.	货名 Description of Goods	重量(千克) Weight (kg.)	尺码(立方米) Measurement (Cu. M.)
		底 Front 门 Door			总件数 Total Number of Packages 重量及尺码总计 Total Weight & Measurement		

危险品要注明危险品标志分类及闪点 In case of dangerous goods, please enter the label classification and flash point of the goods	重新铅封号 New Seal No.	开封原因 Reason for Breaking Seal		装箱日期 Date of Vanning： 装箱地点 at： (地点及国名 Place & Country)	皮重 Tare Weight
	出口 Export	驾驶员签收 Received by Drayman	堆场签收 Received by CY	装箱人 Packed by： 发货人 货运站(Shipper/CFS)…… (签署)Signed	总毛重 Gross Weight
	进口 Import	驾驶员签收 Received by Drayman	货运站签收 Received by CFS		发货人或货运站留存 I. SHIPPER/CFS (1)一式十份 此栏每份不同

（或合同）中买卖双方约定的有关包装事宜的细节，在信用证有明确要求时，就必须严格按信用证约定制作。集装箱装箱单记载内容必须与场站数据保持一致；所装货物如品种不同必须按箱子前部到箱门的先后顺序填写。

集装箱装箱单是记载出口货物信息的重要单证之一，其作用主要表现在如下几方面：

其一是船公司了解集装箱内所装货物的明细表。

其二是计算船舶吃水和稳定性的基本数据来源。

其三是集装箱装、卸两港编制装、卸船计划的依据。

其四是发货人、集装箱货运站与集装箱堆场之间货物交接的依据。

其五是便于国外买方在货物到达目的港时供海关检查和核对货物。

其六是办理保税内陆运输，以及办理货物从码头堆场运出手续，并作为集装箱货运站办理掏箱、分类、交货的依据。

其七是处理货损、货差索赔时的重要单据之一。

2. 集装箱装箱单的流转

发货人或货运站将货物装箱，缮制装箱单一式五联后，连同装箱货物一起送至集装箱堆场。集装箱堆场的业务人员在五联单上签收后，留下码头联、船代联和承运人联，将发货人、装箱人联退还给送交集装箱的发货人或集装箱货运站。发货人或集装箱货运站联除自留一份备查外，将另一份寄交给收货人或卸箱港的集装箱货运站，供拆箱时使用。

对于集装箱堆场留下的三联装箱单，除集装箱堆场自留码头联，据此编制装船计划外，还须将船代联及承运人联分送船舶代理人和船公司，据此缮制积载计划和处理货运事故。

3. 电子装箱单系统

电子装箱单是出口集装箱进港前，由货运代理、仓库、运输公司将装箱数据先行预录并送给码头的电子单证，该电子单证便于码头及时了解进港集装箱的装箱信息，提高码头进箱效率。同时，在集装箱进港后，码头根据用户提供的电子装箱单数据生成运抵报告发送给海关，作为用户报关的依据之一。电子装箱单系统满足了码头、海关、用户的需求，并备有手机客户端应用，解决了集装箱深夜进港无人预录的业务难题。

（三）设备交接单

集装箱进出口时都要使用设备交接单。

1. 设备交接单的内容与作用

集装箱设备交接单（equipment interchange receipt，EIR）是集装箱所有人或其代理人签发的用以进行集装箱及其他设备的发放、收受等移交手续并证明移交时箱体状况的书面凭据。该单证兼有发放集装箱的凭证功能，所以它既是一种交接凭证，又是一种发放凭证。

集装箱设备交接单分进场设备交接单（IN）（见表4－9）和出场设备交接单（OUT），每种交接单一式三联，分别为管箱人（船公司、船代）联、码头或堆场联、用箱人或运箱人联。设备交接单的主要内容有：船名、航次、提箱地点、返回/收箱地点、订舱号、箱型、箱主或营运人、用箱人/运箱人、出厂目的/状态、进场目的/状态等。设备交接单中各栏目必须如实填写，正确无误。

集装箱设备交接单是证明双方交接时集装箱状态的凭证和划分双方责任的依据。设备交接单为一单一箱，即一份设备交接单只能用于一个自然箱。

IN 进场
No.

表 4－9 集装箱设备交接单

EQUIPMENT INTERCHANGE RECEIPT

用箱人/运箱人(CNTR. USER/HAULIER)	提箱地点(PLACE OF DELIVERY)
来自地点(WHERE FROM)	退回/收箱地点(PLACE OF RETURN)

船名/航次(VESSEL/VOYAGE No.)	集装箱号(CNTR. No.)	尺寸/类型(SIZE/TYPE)	营运人(CNTR. OPTR)

提单号(B/L. No.)	危品类型(IMCO CLASS)	铅封号(SEAL. No.)	免费期限(FREE TIME PERIOD)	运载工具牌号(TRUCK WAGON BARG No.)

货重(CARGO W.)	出场目的/状态(PPS OF GATE OUT/STATUS)	进场目的/状态(PPS OF GATE－IN/STATUS)	进场日期(TIME－IN)
			月 日 时

进场检查记录(INSPECTION AT THE TIME OF INTERCHANGE)

普通集装箱(GP. CNTR.)	冷藏集装箱(RF. CNTR.)		特种集装箱(SPL. CNTR.)	发电机(GEN. SET)
□正常(SOUND) □异常(DEFECTIVE)	□正常(SOUND) □异常(DEFECTIVE)	设定温度(SKT) 记录温度(RECORDED)	□正常(SOUND) □异常(DEFECTIVE)	□正常(SOUND) □异常(DEFECTIVE)

损坏记录及代号(DAMAGE & CODE)

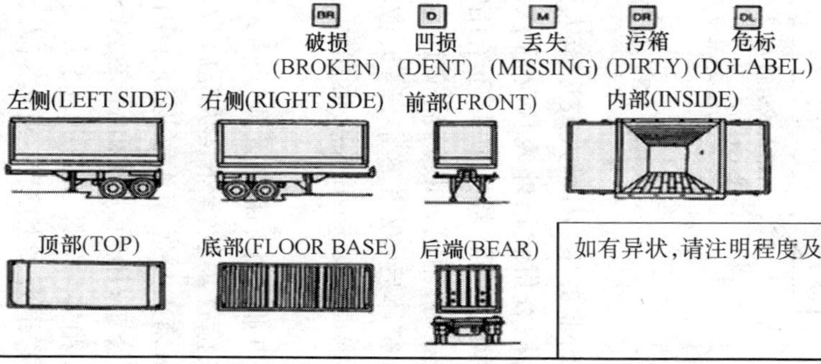

如有异状，请注明程度及尺寸(REMARK)

除列明者外，集装箱设备交接时完好无损，铅封完整无误。

CONTAINER EQUIPMENT INTERCHANGED IN SOUND CONDTTION AND SEAL INTACT UNLESS OTHERWISE STATED

用箱人/运箱人签署
(CONTAINER USER/HAULIER'S SIGNATURE)
______年____月____日

码头/堆场值班员签署
(TERMINAL/DEPOT CLERK'S SIGNATURE)
______年____月____日

GB/T 16561—1995 格式印制

2. 设备交接单的流转

在集装箱出口过程中，用箱人、运箱人先到集装箱所有人指示的堆场提取空箱，装箱后又将装有货物的重箱交到装货港码头堆场；在集装箱进口过程中，用箱人、运箱人先到卸货港码头堆场提取装有货物的重箱，卸箱、拆箱后又将空箱交还到指定的堆场。设备交接单的流转过程如图 4 - 8 所示。

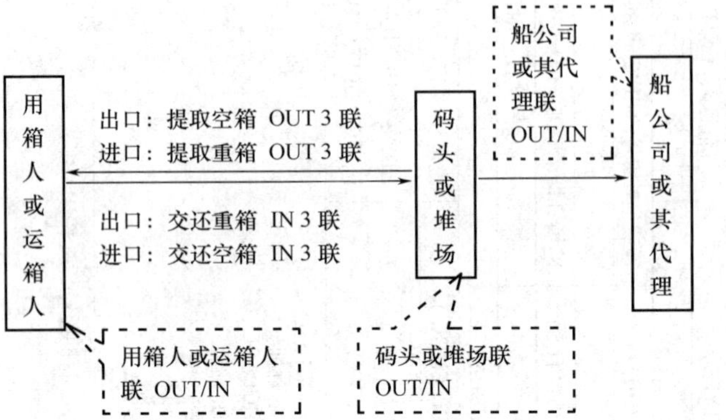

图 4 - 8　设备交接单的流转过程

在集装箱出口业务中，用箱人或运箱人到码头堆场提取空箱时出示 EIR(OUT 联)，由经办人员对照 EIR，检查集装箱外表状况后，双方签字，码头或堆场留下码头或堆场联、船公司或其代理联，将用箱人与运箱人联退还给用箱人或运箱人，码头或堆场将留下的船公司或其代理联交还给船公司；用箱人装箱后交还重箱给码头或堆场时出示 EIR(IN 联)，由经办人员对照 EIR、检查箱体后，双方签字，码头或堆场留下码头或堆场联、船公司或其代理联，将用箱人与运箱人联退还给用箱人或运箱人，码头或堆场将留下的船公司或其代理联交还给船公司。

在集装箱进口业务中，用箱人或运箱人到码头堆场提取重箱时出示 EIR(OUT 联)，由经办人员对照 EIR，检查集装箱外表状况后，双方签字，码头或堆场留下码头或堆场联、船公司或其代理联，将用箱人与运箱人联退还给用箱人或运箱人，码头或堆场将留下的船公司或其代理联交还给船公司；用箱人拆箱后交还空箱给码头或堆场时出示 EIR(IN 联)，由经办人员对照 EIR、检查箱体后，双方签字，码头或堆场留下码头或堆场联、船公司或其代理联，将用箱人与运箱人联退还给用箱人或运箱人，码头或堆场将留下的船公司或其代理联交还给船公司。

3. EIR 的电子化

集装箱设备交接单(EIR)在规范集装箱作业方面发挥了重要作用，但随着信息化程度的提高，纸质单证模式已成为提升港口物流效率和降低成本的阻碍。近年来，我国一些港口加快 EIR 电子化公共平台(eEIR 系统)建设，全面实行 EIR 电子化，使得集装箱信息得以高速流转，降低了大量人力和物流成本。下面以上海口岸 eEIR 平台为例阐述 EIR 的电子化。

上海口岸 eEIR 平台(http://eeir. sipg. com. cn)是上港集团在上海口岸服务办公室牵头组织下，设计开发的集装箱设备交接单(EIR)电子化公共平台。目前，该平台已完成业务标准化、标准接口开发和基础传输平台搭建，实现所有业务实体信息接入和共享的全流程操作。其业务功能如图 4 –9 所示。

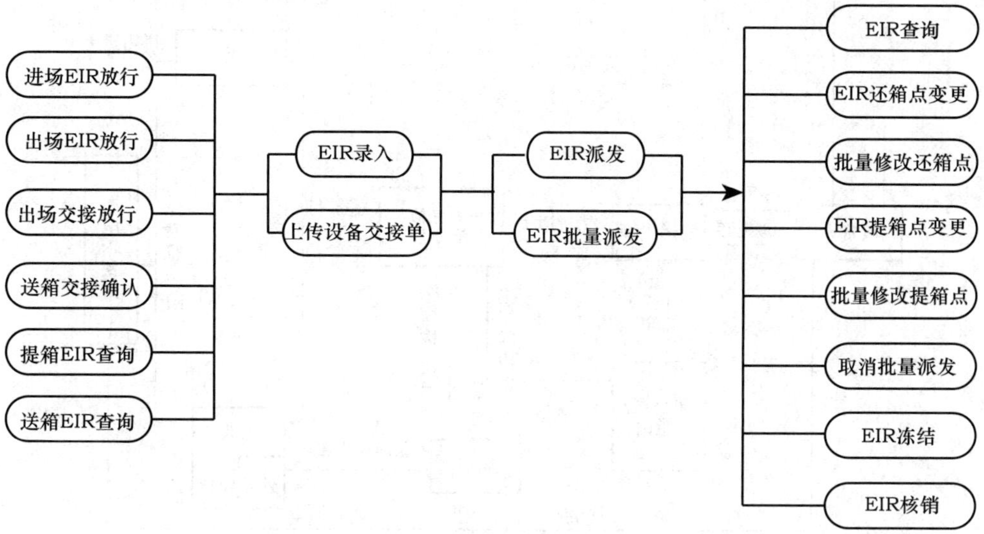

图 4 –9　上海口岸 eEIR 平台功能

单元四　进口货物集装箱运输

我们分进口货物集装箱运输业务和货运单证两部分来阐述进口货物集装箱运输。

一、进口货物集装箱运输业务

进口货物集装箱运输流程如图 4 – 10 所示。

从货运代理的角度，进口货物集装箱运输的流程可简化为如下步骤：办理订舱、洽船公司①、国外港口接货→收集整理进口单证②（包括商务单证和货运单证）→保险（接到装船信息后立刻投保）→换单（船到卸货后凭正本提单和到货通知书向船代换取提货单和交货记录）→报检报关③→凭海关放行的提货单提取整箱→拼箱拆箱（凡拼箱货物填写拆箱申请单，货箱运至货运站拆箱）→提取拼箱货物（凭正本提单和到货通知书换取交货记录和提货单办理海

---

① 如果货物以 FOB 等价格术语成交，货运代理接受收货人委托后就负有订舱或租船的责任，并有将船名、装船日期通知发货人的义务。

② 这一步骤具体为：第一，起运港的船公司或其代理寄送资料。起运港的船公司或其代理应在货轮抵港前（近洋 24 小时前，远洋 7 天前）采用传真、电传或邮寄的方式向卸货港的船公司或其代理提供提单副本、舱单、装箱单、积载图、危险货物集装箱清单、危险货物说明书、冷藏箱清单等有关的必要的卸船资料。第二，分发单证。卸货港的船公司或其代理应及时地将起运港寄来的有关货运单证分别送给有关的进口货代或收货人、堆场和货运站，以便各有关单位在货轮抵港前做好各项准备工作。第三，发到货通知。船公司或其代理应向进口货代或收货人预告货轮抵港日期，并应于船舶到港后发正式到货通知。

③ 进口货物入境后，一般在港口报关放行后再内运，但经收货人要求，经海关核准也可运往另一设关地点办理海关手续，称为转关运输货物，属于海关监管货物。

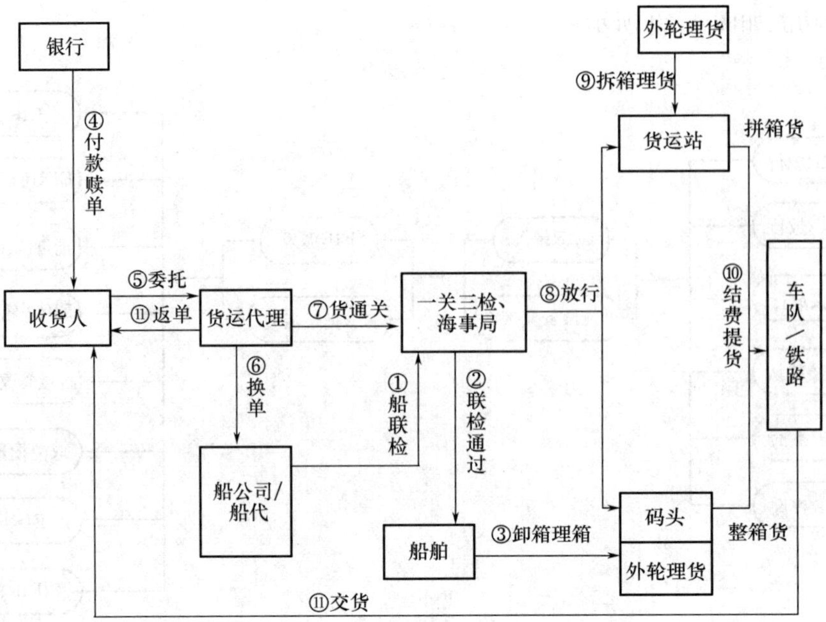

图 4－10　进口货物集装箱运输流程

关手续后在货运站提取货物①)→索赔(货物灭失或损坏属于船公司责任的,向船公司或保险公司提出索赔,属于发货人责任的,由收货人提赔)→单证整卷归档。

二、进口货物集装箱运输的主要运输单证

进口货物集装箱运输的单证流转流程如图 4－11 所示。

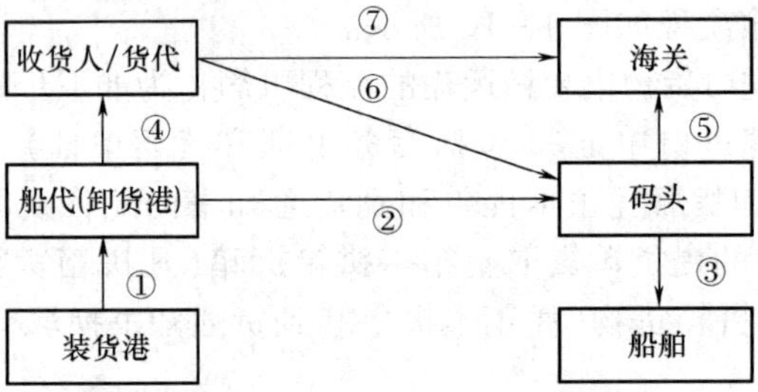

图 4－11　集装箱进口货运单证流转流程

图 4－11 中各流程涉及的具体单证如下:①实际配载图、舱单、特种箱清单等;②同上,船代同时提供海关舱单;③卸船顺序单、进口船图,卸船后,外轮理货提供理货计数单;④到货通知书(提单换提货单),收货人;⑤堆存信息,查验监管等;⑥设备交接单、提货单;⑦进口

① 货运代理向货主交货有两种情况:一是象征性交货,即以单证交接,货物到港经海关验收,并在提货单上加盖海关放行章,将该提货单交给货主,即为交货完毕;二是实际性交货,即除完成报关手续放行外,货运代理负责向港口装卸区办理提货,并负责将货物运到货主指定地点,交给货主。集装箱整箱货运输中通常货代还应负责空箱的还箱工作。以上两种交货,都应做好交货工作的记录。

货物海关申报单。

进口货物集装箱运输的主要运输单证是交货记录联单(cargo receipt)。

(一)交货记录联单

在集装箱运输中普遍采用交货记录联单代替杂货班轮运输中的提货单。交货记录联单的性质实际上与杂货班轮运输中的提货单一样,仅仅是在其组成和流转过程方面有所不同。

交货记录联单共五联:到货通知书一联、提货单一联、费用账单两联、交货记录一联。

1. 到货通知书

到货通知书(arrival notice)是在卸货港的船舶代理人在集装箱卸入集装箱堆场,或移至集装箱货运站,并办好交接准备后,向收货人发出的要求收货人及时提取货物的书面通知。

到货通知书是在集装箱卸船并做好准备后,将五联单中的第一联(到货通知联)寄交收货人或通知人。收货人持正本提单和到货通知书到船公司或船代处付清运费,换取其余四联。

2. 提货单

提货单(delivery order)是船公司或其代理人指示负责保管货物的集装箱货运站或集装箱堆场的经营人,向提单持有人交付货物的非流通性单据。

收货人或其货运代理凭到货通知书和正本提单换取费用账单两联、盖章后的提货单一联和交货记录一联,共四联,随同进口货物报关单到海关办理货物进口通关,海关核准放行后,在提货单上盖海关放行章,收货人或其货运代理再持单到集装箱堆场或货运站,场站留下提货单和两联费用账单,在交货记录上盖章,收货人凭交货记录提货。

3. 交货记录

交货记录(delivery record)是承运人将集装箱货物交给收货人或其代理时双方共同签署的,证明货物已经交付,以及该批货物交付时情况的单证。交货记录在签发提货单的当时交给收货人或其代理人,再出示给集装箱货运站或集装箱堆场经营人。

作为船公司代理人的集装箱货运站或集装箱堆场的经营人在向收货人或其代理人交货时,要检查货物的件数和外表状态,有损坏或灭失等情况时,应把损害的内容记载在摘要栏内,双方签字后完成交接手续。

在收货人提取集装箱货物时,堆场或货运站的发货人员凭交货记录发放集装箱货物,收货人在交货记录上签收,堆场或货运站留存。

在集装箱运输中,船公司的责任从接收货物开始到交付货物为止。因此,场站收据是证明船公司责任开始的单据,而交货记录是证明责任终了的单据。

4. 费用账单

费用账单是场站凭此向收货人结算费用的单据。其主要内容包括:收货人名称、地址、开户银行与账号、船名、航次、起运港、目的港、提单号、交付条款、到付海运费、卸货地点、到达日期、进库场日期、第一程运输、标记与集装箱号、货名、集装箱数、件数、重量、体积、费用名称、港务费、港建费、堆存费、装卸费、其他费用、费用合计等栏目;还有计费吨、单价、金额;另外有收货人章、收款单位财务章、港区场站受理章、核算章、复核章,开单日期等。收货人或其代理人结算港口费用后,提取货物。

(二)交货记录联单的流转及填制要求

1. 交货记录联单的流转

交货记录联单的流转过程如下:

(1)在船舶抵港前,由船舶代理根据装货港航寄或传真得到的舱单或提单副本后,制作一式五联交货记录。

(2)在集装箱卸船并做好交货准备后,由船舶代理向收货人或其代理人发出到货通知书。

(3)收货人凭正本提单和到货通知书向船舶代理换取提货单、费用账单、交货记录共四联,对运费到付的进口货物结清费用,船舶代理核对正本提单后,在提货单上盖专用章。

(4)收货人备齐提货单、费用账单、交货记录共四联随同进口货物报关单一起向海关报关,海关核准后,在提货单上盖放行章,收货人持上述四联送场站业务员。

(5)场站核单后,留下提货单联作为放货依据,由场站凭费用账单结算费用,交货记录由场站盖章后退收货人。

(6)收货人凭交货记录提货,提货完毕时,交货记录由收货人签收后交场站留存。

2. 交货记录联单的填制要求

交货记录在船舶抵港前由船舶代理依据舱单、提单副本等卸船资料预先制作。到货通知书除进库日期外,所有栏目由船舶代理填制,其余四联相对应的栏目同时填制完成。提货单盖章位置由责任单位负责盖章,费用账单剩余项目由场站、港区填制,交货记录出库情况由场站、港区的发货员填制,并由发货人、提货人签名。

单元五　集装箱运输的集拼业务

有条件①的国际货运代理或国际物流公司一般承办集拼业务。集拼(consolidation,简称"consol",承办者称为"consolidator")是指接受客户尺码或重量达不到整箱要求的小批量货物,把不同收货人、同一卸货港的货物集中起来,拼凑成一个20英尺或40英尺整箱的货运业务。

图4-12简单表示了集拼业务的一般流程。

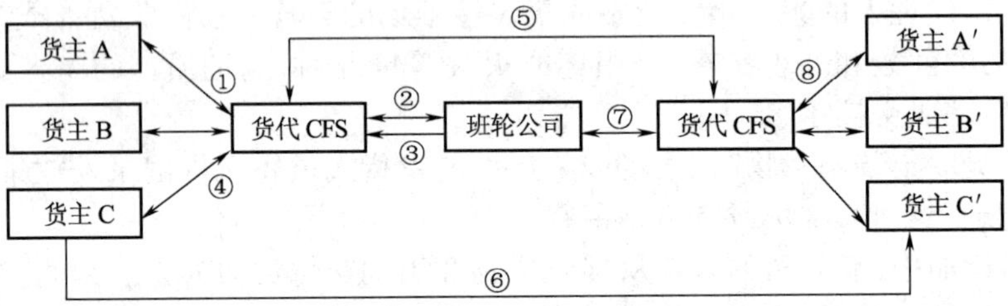

图4-12　集拼业务的一般流程

注:①A,B,C等不同货主(发货人)将不足一个集装箱的货物(LCL)交给货运代理(即集拼经营人);

②货运代理将拼箱货拼装成整箱后,向班轮公司办理整箱货物运输;

③整箱货装船后,班轮公司签发B/L或其他单据(如海运单)给货运代理;

④货运代理在货物装船后签发自己的提单(house B/L)给每一个货主;

⑤货运代理将货物装船及船舶预计抵达卸货港等信息告知其卸货港的机构或其代理人,同时还将班轮公司B/L及货运代理的house B/L的复印件等单据交卸货港代理人,以便向班轮公司提货和向收货人交付货物;

⑥货主之间办理包括house B/L在内的有关单据的交接;

⑦货运代理在卸货港的代理人凭班轮公司的提单提取整箱货;

⑧A′,B′,C′等不同货主(收货人)凭house B/L在CFS提取拼箱货。

① 这些条件一般包括具有集装箱货运站(CFS)装箱设施和装箱能力;与国外卸货港有拆箱分运能力的航运或货运代理企业建有代理关系;经政府部门批准有权从事集拼业务并有权签发自己的仓至仓提单。

从事集拼业务的国际货运代理具有双重身份，对货主而言，国际货运代理虽不是国际贸易合同的当事人，但由于其签发了自己的提单，要受该提单条款约束，因与货主订立运输合同而对货物运输负有责任，故通常被货主视为承运人。然而，对真正运输货物的集装箱班轮公司而言，国际货运代理又是货物托运人，国际货运代理本人不拥有海上运输工具。

集拼业务的操作比较复杂，先要区别货种，合理组合，待拼成一个20英尺或40英尺箱时，可以向船公司或其代理人订舱。

集拼的每票货物各缮制一套托运单（场站收据托运联），附于一套汇总的托运单（场站收据）上，例如有4票货物拼成一个整箱，这4票货物须分别按其货名、数量、包装、重量、尺码等各自缮制托运单（场站收据），另外缮制一套总的托运单（场站收据），货名可作成"集拼货物"（consolidated cargo），数量是总的件数（packages），重量、尺码是4票货的汇总数，目的港是统一的，关单（提单）号也是统一的编号，但4票分单的关单（提单）号则在这个统一编号之尾缀以A，B，C，D以区分，货物出运后船公司或其代理人按总单签一份海运提单（ocean B/L），托运人是货代公司，收货人是货代公司的卸货港代理人。然后，货代公司根据海运提单，按4票货的托运单（场站收据）内容签发4份海运代理人的仓至仓提单（house B/L），house B/L编号按海运提单号，尾部分别缀以A，B，C，D，其内容则与各该托运单（场站收据）相一致，分发给各托运单位供银行结汇之用。如图4－13所示。

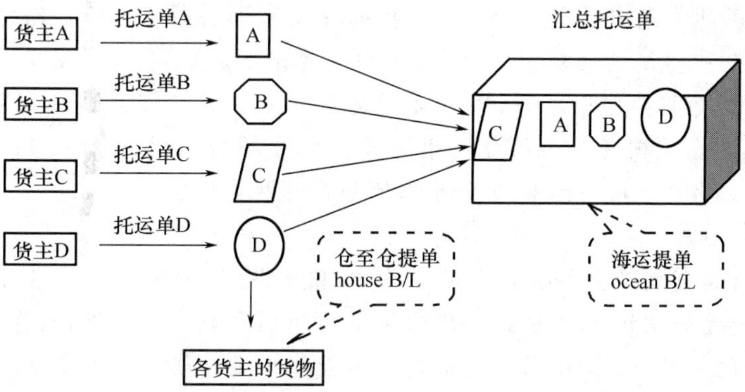

图4－13　货代公司集拼业务的操作

另一方面，货代公司须将船公司或其代理人签发的海运提单正本连同自签的各house B/L副本快递给其卸货港代理人，卸货港代理人在船到时向船方提供海运提单正本，提取该集装箱到自己的货运站（CFS）拆箱，通知house B/L中各个收货人持正本house B/L前来提货。

海运提单（ocean B/L）与仓至仓提单（house B/L）的区别见表4－10。

表4－10　海运提单与仓至仓提单的区别

项目	海运提单	仓至仓提单
发货人	出口地的无船承运人（货代）	真正的发货人
收货人	无船承运人（货代）进口地的代理人	真正的收货人

续表

项目	海运提单	仓至仓提单
承运人	班轮公司	无船承运人(货代)
流转方式	通过快递邮寄	通过银行
运输条款	CY—CY	CFS—CFS
可否用来银行结汇	不可以	可以
可否用来向船公司提货	可以	不可以

案例

某年8月15日,B国际货运代理企业在KOBE港自己的货运站(CFS)将分别属于5个不同发货人的拼箱货装入一个20英尺的集装箱,然后向某班轮公司托运。该集装箱于8月18日装船,班轮公司签发给B国际货运代理企业CY—CY交接的FCL条款下的master B/L一套;B国际货运代理企业然后向不同的发货人分别签发了CFS—CFS交接的LCL条款下的house B/L共5套,所有的提单都是清洁提单。8月23日载货船舶抵达提单上记载的卸货港。第二天,B国际货运代理企业从班轮公司的CY提取了外表状况良好和铅封完整的集装箱(货物),并在卸货港自己的CFS拆箱,拆箱时发现两件货物损坏。8月25日收货人凭B国际货运代理企业签发的提单前来提货,发现货物损坏。请问:①收货人向B国际货运代理企业提出货物损坏赔偿的请求时,B国际货运代理企业是否要承担责任?为什么?②如果B国际货运代理企业向班轮公司提出集装箱货物损坏的赔偿请求时,班轮公司是否要承担责任?为什么?③B国际货运代理企业如何防范这种风险?

【案例分析】

(1)B国际货运代理企业经营国际集装箱拼箱业务,此时其是集拼经营人,其签发自己的提单,所以它是无船承运人。本案中B国际货运代理企业应承担责任,因为货物肯定是在拼箱过程中造成的损坏,除非B国际货运代理企业能举证不属于他的责任。

(2)班轮公司可不负责,因集装箱外表状况良好,铅封完整,而且货物是由B国际货运代理企业装箱。

(3)B国际货运代理企业在接货后签发场站收据(D/R)之前,对货物要仔细检查,装箱时应特别慎重,以防积载不当造成货损。

单元六　集装箱海运的运费

这里主要阐述集装箱运输的海运运费,不涉及堆场服务费、拼箱服务费、集散运费、内陆运费等。

一、集装箱的运费构成

集装箱货物在进行门到门运输时,一般通过多种运输方式完成整个运输过程,该过程可分出口国内陆运输、装船港运输、海上运输、卸船港运输、进口国内陆运输五个组成部分。集装箱运费构成可参见图 4－14。

内陆运输	港区运输	海上运输	港区运输	内陆运输
(1)	(2)	(3)	(4)	(5)

注：(1)发货地国家内陆运输费和有关费用；
(2)发货地国家港区(码头堆场)费用；
(3)海上运费；
(4)收货地国家港区(码头堆场)费用；
(5)收货地国家内陆运输费和有关费用。

图 4－14　集装箱的运费构成

总体来说，集装箱的运费主要包括海运运费、港区服务费、集散运费。

集装箱海运运费是指海上运输区段的费用，包括基本海运运费及各类海运附加费，是集装箱运费收入的最主要部分。一般由集装箱运输承运人根据班轮公会或班轮公司运价本的规定，向托运人或收货人计收。

港区服务费包括集装箱码头堆场服务费和货运站服务费。堆场服务费或称码头服务费，包括图 4－14 中的(2)及(4)两部分即装船港堆场接收出口的整箱货，以及堆存和搬运至港口码头装卸桥下的费用；同样在卸船港包括在装卸桥下接收进口箱，以及将箱子搬运至堆场和堆存的费用，并包括在装卸港的单证等费用。货运站服务费指拼箱货物经由货运站作业时的各种操作费用，包括提还空箱、装箱、拆箱、封箱、做标记，在货运站内货物的正常搬运与堆存，签发场站收据、装箱单，必要的分票、理货与积载等费用。

集散运费分为经由水路和陆路集散的运费。水路支线运费是指将集装箱货物由收货地经水路（内河、沿海）集散港运往集装箱堆场的集装箱运费，或由集装箱堆场经水路（内河、沿海）集散港运往交货的集装箱运费。内陆运输费指经陆路（公路或铁路）将集装箱货物运往装船港口的运输费用或将集装箱货物经陆路（公路或铁路）运往交货地的运输费用。

集装箱不同交接方式下的运费构成见表 4－11。

表 4－11　不同交接方式下的运费构成

交接方式	交接形态	费用结构						
		发货地集散运费	装港码头货运站服务费	装港码头堆场服务费	海运运费	卸港码头堆场服务费	卸港码头货运站服务费	收货地集散运费
门到门（door/door）	FCL/FCL	√		√	√	√		√
门到场（door/CY）	FCL/FCL	√		√	√	√		
门到站（door/CFS）	FCL/LCL	√		√	√	√	√	
场到门（CY/door）	FCL/FCL			√	√	√		√
场到场（CY/CY）	FCL/FCL			√	√	√		
场到站（CY/CFS）	FCL/LCL			√	√	√	√	
站到门（CFS/door）	LCL/FCL		√	√	√	√		√
站到场（CFS/CY）	LCL/FCL		√	√	√	√		
站到站（CFS/CFS）	LCL/LCL		√	√	√	√	√	

船公司通常负责出口国集装箱货运站或码头堆场至进口国码头堆场或集装箱货运站的运输,这一范围通常是集装箱运输下所包括的范围。这一点与普通船仅从事海上运输的部分,并按海运运费计收有较大区别。因为船公司支付了集装箱货物在运输过程中的全部费用,所以,集装箱货物的运费构成包括海上运输费用、内陆运输费用及各种装卸费用、搬运费、手续费、服务费等。上述费用一般被定为一个计收标准,以确保船公司在整个运输过程中全部支出后均能得到相应的补偿。

二、集装箱海运运费的计收

从总的方面来说,集装箱海运的运费仍由海运运费加上各种与集装箱运输有关的费用组成。集装箱海运运价实质上也属于班轮运价的范畴。我国现行集装箱海运运输下的拼箱货运费与普通杂货班轮运输下的件杂货运费计收方法基本相同。整箱货有最高运费和最低运费的计收规定,而且,集装箱货物最低运费的计收不是规定某一金额,而是规定了一个最低运费吨,又称计费吨。这一概念与杂货班轮运输下最低运费的规定是不同的。

(一)整箱货运费的计收

大多数国家对整箱货运输都采用按箱计费①方式。

世界上大多数班轮公司集装箱,其整箱货的海运运价一般都采用包箱运价。包箱运价(freight for all kinds,FAK),是指集装箱运输的基本费率,它不分货类、不计货量,统一按集装箱的大小,每一个集装箱收若干运费。

按箱计收运费的费率即包箱费率(box rates),包箱费率一般包括集装箱海上运输费与在装、卸船港的码头装卸的费用。它又分为商品包箱费率和均一包箱费率两种。

商品包箱费率,是按不同商品和不同类型、尺寸的集装箱规定不同的包箱费率。按不同货物等级制定的包箱费率,其等级的划分与杂货班轮运输的货物等级分类基本相同,但是集装箱货物大多数分为4个级别费率,如1~7级,8~10级,11~15级,16~20级或1~8级,9级,10~11级,12~20级等,还有的分为3个级别费率。

均一包箱费率,是每个集装箱不细分箱内所装货物种类,不计货物重量或尺码(重量在限额之内),统一收取的运费。

【例】A托运人通过B集装箱公司承运一票货物(3×20′FCL),采用包箱费率,从福州港出口到汉堡港经厦门港转船。另有货币贬值附加费10%,燃油附加费5%。问:托运人应支付多少海运运费?

解析:该票货物从福州港出口到汉堡港经厦门港转船,运输航线属于中国/欧洲航线,汉堡港是航线上的基本港。查中国/欧洲集装箱费率表得知:从福州港出口到汉堡港经厦门港转船,福州经香港转船出口欧洲其费率在厦门、湛江费率基础上加USD50/20′。查中国/欧洲集装箱费率表得知:厦门、湛江经香港转船费率为USD 1 950/20′。

海运运费=基本运费+货币贬值附加费+燃油附加费

基本运费=(1 950+50)×3=USD 6 000

① 集装箱运输中以箱计费的特点,使集装箱运输的计费方式实现了统一化和简单化,大大方便了运输经营人和货主。集装箱港口装卸费一般也是以箱为单位计收的,大多采用包干费形式(装卸包干费与中转包干费)。另外集装箱在运输全程中,在起运地、中转地、目的地堆场存放超过规定的免费堆存期时收取的滞期费一般也都是按箱天数计收的。

货币贬值附加费 $=6\ 000\times10\%=$ USD 600

燃油附加费 $=6\ 000\times5\%=$ USD 300

海运运费 $=6\ 000+600+300=$ USD 6 900

整箱货物采用包箱费率估算集装箱海运基本费,需要估算货物能装多少集装箱,然后将根据航线、货物等级及箱型确定的费率乘以箱数就可得出基本运费。

货物能装多少集装箱一般根据集装箱的箱型最大毛重或容积进行估算。

【例】某种设备装箱方式是每8台装一纸箱,纸箱尺码是 54cm×44cm×40cm,毛重为每箱53kg,试计算该设备集装箱运输出口时的装箱数量。

解析:

(1)如果按重量计算:

每个20英尺集装箱可装数量为:17 500/53 = 330.189(箱),取整为330(箱),计2 640(台)(330×8)。

每个40英尺集装箱可装数量为:22 000/53 = 415.094(箱),取整为415(箱),计3 320(台)(415×8)。

(2)如果按尺码计算:

每个20英尺集装箱可装数量为:25/(0.54×0.44×0.40) = 263.047(箱),取整为263箱,计2 104台(263×8)。

每个40英尺集装箱可装数量为:55/(0.54×0.44×0.40) = 578.704(箱),取整为578箱,计4 624台(578×8)。

(3)注意事项:

第一,计算分摊到每一单位商品上的集装箱运费最好按经验值而不是精确值计算,适当留有余地,即考虑集装箱的有效容积而非实际容积。

第二,以重量法计费的货物通常用20英尺集装箱,以体积法计费的货物则用40英尺集装箱更能节省运费。

在普通杂货班轮运输中没有最高运费的概念,承运人按托运人托运货物的数量及规定的费率计收运费。但在集装箱整箱货运输的情况下,如果采用按普通杂货班轮运输海运运费的计算方法计收运费,当托运人使用承运人的集装箱装货时,承运人计收的整箱货运费则有最低运费和最高运费的计算方法。

最高运费是指即使托运人实际装箱的货物尺码超出对集装箱规定的计费吨,承运人仍按对集装箱规定的计费吨收取运费,超出部分免收运费。

例如,某20FT干货集装箱最高计费吨为21.5立方米,而箱内实载10级货物28立方米,超出6.5立方米,则其最高运费 = 21.5×10级货物运费率。

使用最高运费作为集装箱运费计算的一种方法,其目的在于鼓励托运人采用集装箱装运货物,并能最大限度地利用集装箱的内容积。为此,在海上集装箱运输的运费计算中,航运公会或班轮公司多为各种类型和规格的集装箱制定一个按集装箱内容积折算的最高运费吨。最高运费吨通常是按集装箱内容积的85%计算。最高运费的计算仅适用于按尺码吨计算运费的体积货物,而不适用于按重量计算运费的重量货物。

集装箱运输下整箱货的最低运费规定,不是普通船运输下所规定的最低运费金额,而是规定一个最低运费吨,也叫计费吨,它是计收每一种货物运费时所使用的计算单位。不同的船公司对不同类型、不同用途的集装箱分别确定了各自的最低运费吨。规定最低运费吨的目的在于，如货物是由货主自己装载，箱内所装货物又没有达到所规定的最低运费吨，则货主需支付亏箱运费，以确保承运人的利益。显然，最低运费吨乘上费率得出的全部运费中已包括了亏箱运费。

例如，某箱最低运费吨规定为 21.5 立方米，由货主装箱，实际装箱尺码吨为 18 立方米，运费计算则仍按 21.5 立方米计收，其得出的全部运费中已包括 3.5 立方米的亏箱运费。

（二）拼箱货运费的计收

在拼箱运输中，各国和地区采用的运价有区别，有的采用传统件杂货运价加上附加费形式；有的采用以货物重量或体积为计费标准（即 W/M 费率）的运价。拼箱货运价一般都包含货物的装、拆箱及集装箱货运站费用。

一般来说，拼箱货按所运货物的计费吨计收运费，这与传统件杂货班轮运费计收方式颇为类似，只是费率水平不同。其计算公式为：

拼箱货海运运费 = 基本运费 + 各项附加费 = 基本运价 × 计费吨 + 各项附加费

式中：基本运价参照各航线不同结构（等级）的运价率；计费吨按运价表规定的计费标准确定；附加费以运价表的规定为标准计收。

拼箱货附加费有超重附加费、超长附加费等，但不存在拼箱货的选港附加费与变更卸货港附加费。

此外，拼箱货也规定起码运费，如运价表规定，每一提单不足 1 运费吨时，则按 1 运费吨计收运费。

任务解析

下面根据上面所学知识对项目情景的任务进行简要解析。

任务 1：集装箱运输的特点主要是将件杂货集中成组装入箱内，采用大型装卸机械，发挥多式联运系统化的优点，实现门到门的运输，使船主与货主两方受益。在第①项业务中如果该批货物采用普通杂货运输，其运费计算为：人造纤维为轻泡货，应选运费吨为 20，运费 = (80 + 3.0) × 20 = USD 1 660.0。

如果该批货物采用集装箱运输，其运费计算为：

运费 = (1 + 10% + 10%) × 1 100 = USD 1 320.0

从两项运费比较来看，A 国际货运代理公司应选用集装箱运输。

任务 2：在第①项业务中，A 国际货运代理公司采用的集装箱出口运输，需要做好签订代理协议→接受委托、索取出口单证→订舱配载→提取空箱→货物报检、报关、保险→拼箱操作→制作提单→集港交货→港口装船→换取提单→装船通知→费用结算→单证整卷归档等业务工作，会涉及商务单证以及集装箱运输单证。

任务 3：除情景中提及的 CY—CY 交接、CFS—CFS 交接外，集装箱交接方式还有门到门、门到场、门到站、场到门、站到门、站到场、站到站。

任务 4：国际集装箱拼箱业务是指接受客户尺码或重量达不到整箱要求的小批量货物，把不同收货人、同一卸货港的货物集中起来，拼凑成一个 20 英尺或 40 英尺整箱的货运的业务。A 国际货运代理企业经营国际集装箱拼箱业务，此时其是集拼经营人，由于其签发自己的提单，所以它是无船承运人。

个案分析

1. 广西某进口公司与香港一家公司达成交易，购买镀锌铁皮150吨，由香港装船，条件为CIF黄埔。该150吨铁皮装在9个20尺集装箱内，装船以后，卖方取得清洁提单向在香港的中国银行结汇，银行核对单证与信用证相符，给予结汇。该船到黄埔卸货，进口公司提货时，集装箱铅封完整，但拆箱后发现装的是旧铁桶，铁桶内装的不是镀锌铁皮而是污水，当即经商品检验局检验，并做出检验报告，一方面立即电话香港中国银行要求停付，但该批货款早已提走；另一方面派人去香港找卖方公司索赔，也早已人去楼空。该进口公司又向船公司提出索赔。问题：船公司有无责任？

2. 某年2月，A服装进出口公司委托B贸易运输公司办理600只纸箱的男士服装出口手续。B贸易运输公司将货装上MSC（地中海航运有限公司）所属的"红海"轮，并签发了B贸易运输公司的联运提单，提单上标明货物数量600只纸箱，分装6只40ft集装箱。2月27日，该轮抵达目的港日本神户，同日，集装箱驳卸到岸。3月4日，日方收货人Fast Co.,Ltd. 在港口开箱，由日本诚信公司出具的"拆箱报告"称，箱号为MSCU3784217的集装箱中，有15只纸箱严重湿损，30只纸箱轻微湿损。3月6日，6只集装箱由卡车运至东京某仓库，同日由新日本商检协会检验。该协会于同月11日出具商检报告称：51只纸箱有不同程度的湿损，将湿损衣物的残值冲抵后，实际货损约为32 000美元，湿损系集装箱里档左侧顶部有裂痕所致。问题：(1)你认为本案例中集装箱出现裂缝的主要原因是什么？(2)承运人是否应对收货人进行赔偿？(3)在集装箱整箱货交接的整个过程中，所涉及的有关关系方主要有哪些？这些关系方使用什么单证办理集装箱及其集装箱货物的交接，以明确各方的责任？

3. 商品A从加拿大进口，卸货港是大连新港。商品A的体积是每纸箱0.164m^3，每箱装60只。问题：分别计算进口数量为5 000只和9 120只的海运费。

参考答案

复习与思考

一、名词解释

集装箱　集装箱运输　FCL　LCL　场站收据联单　集装箱装箱单　集装箱设备交接单　到货通知书　交货记录　包箱运价

二、简答题

1. 简述集装箱运输的特点。
2. 除货主及其代理人外，集装箱运输的关系人还主要包括哪些？
3. 列举集装箱货物的交接方式（5种以上）。
4. 从货运代理的角度，简述进出口货物集装箱运输的流程。
5. 简述场站收据十联单的流转程序。
6. 简述集装箱装箱单的作用。
7. 简述集装箱设备交接单的流转。
8. 简述集装箱的集拼业务的基本做法。
9. 简述集装箱海运运费的构成。

项目五　港口集装箱码头业务

项目要求

1. 认知集装箱码头和货运站。
2. 理解集装箱装卸工艺。
3. 掌握集装箱码头的进出口业务。
4. 熟悉集装箱货运站业务。
5. 了解集装箱码头检查桥并掌握集装箱码头检查桥业务。

项目情景

上海A集装箱码头有限公司，是由上海国际港务(集团)股份有限公司投资经营的专业化国际集装箱码头公司，具备完善的集装箱疏运网络和丰富的集装箱码头运营经验，可提供全面的物流仓储、装卸、物流配送服务。

上海A集装箱码头有限公司经营的集装箱码头拥有深水泊位，码头前沿宽度65m，5个集装箱堆场，4个集装箱货运站，1个集装箱检查桥和集装箱控制室，并实现了码头作业的机械化，码头生产管理的信息化。上海A集装箱码头有限公司制定了各作业流程，例如其装船流程如图5-1所示。

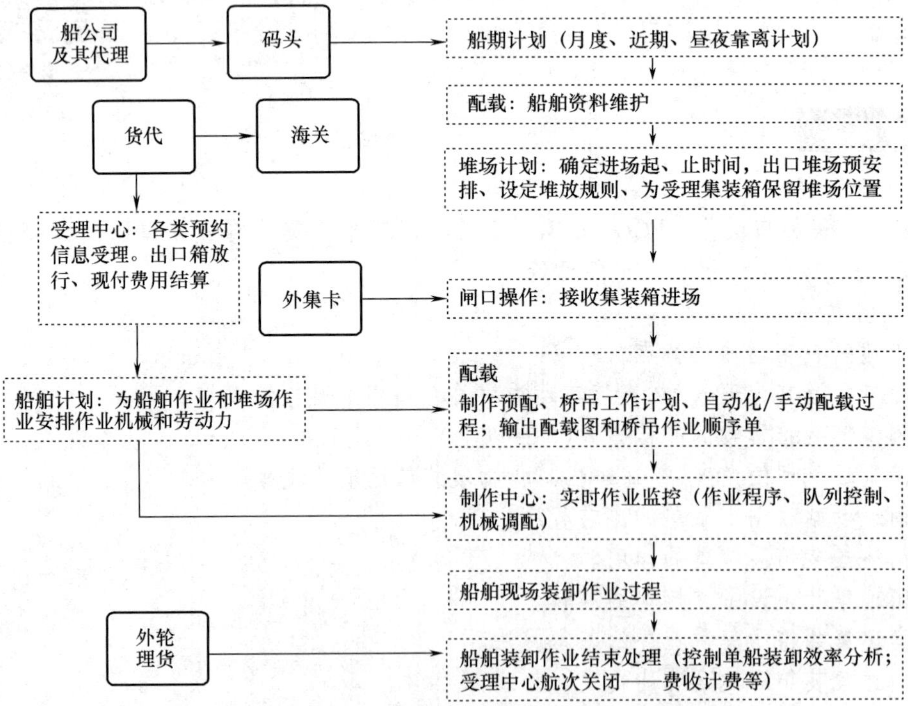

图5-1　上海A集装箱码头有限公司装船流程

任务1:简述集装箱码头的构成及特点,其在航运物流中发挥什么作用?
任务2:除装船外,集装箱码头在出口货运中还有哪些业务?
任务3:集装箱码头的进口业务有哪些?
任务4:集装箱货运站的进出口货运流程是怎样的?
任务5:何谓情景中提到的集装箱检查桥?其基本职责是什么?

知识模块

单元一 认知集装箱码头

集装箱码头是指包括港池、锚地、进港航道、泊位等水域以及货运站、堆场、码头前沿、办公生活区域等陆域范围的能够容纳完整的集装箱装卸操作过程的具有明确界限的场所。在国际航运物流链中,集装箱码头具有装卸、存储、集疏运和通关、检验功能,是集装箱货物海运与陆运的连接点,是海陆多式联运的枢纽,是集装箱货物换装转运的中心。因此,集装箱码头在整个集装箱运输过程中占有重要地位。

一、集装箱码头的构成与特点

集装箱码头是以高度机械化和大规模生产方式作业的,要求码头与船舶连接成一个有机整体,从而实现高效、有条不紊地连续作业。

(一)集装箱码头的构成

集装箱码头的布局与传统的件杂货码头有着根本的不同。集装箱码头通常由泊位、码头前沿、堆场、控制室、检查桥、集装箱货运站和维修车间等设施构成。

1. 集装箱泊位

集装箱泊位(birth)是供集装箱船舶停靠和作业的场所。泊位除足够的水深和岸线长度外,还设系缆桩和碰垫,由于集装箱船型较大、甲板箱较多、横向受风面积大,因此系缆桩要求有更高的强度,碰垫也多采用性能良好的橡胶制成。

集装箱泊位的建造因地质和水深的不同,通常有三种形式:顺岸式、突堤式和栈桥式。集装箱码头通常采用顺岸式,其优点是建造成本相对较低,从岸线到堆场距离较近,装卸船作业也较方便,同时对多个泊位的码头来说,还可以因装卸量的不同便于装卸桥在泊位间移动。

2. 集装箱码头前沿

集装箱码头前沿(frontier)是指泊位岸线至堆场的这部分区域,集装箱码头前沿宽度一般为30m~60m。主要用于布置集装箱装卸桥和集装箱牵引车通道,码头前沿的宽度通常由三个部分组成。

从岸线至第一条轨道,这部分的面积主要供船舶系解缆作业、放置舷梯以及设置装卸桥供电系统、船舶供水系统以及照明系统之用,其宽度一般为2m~3m。

装卸桥轨距,这部分面积主要用于安装集装箱装卸桥和布置集装箱牵引车的车道。轨距视装卸桥的大小而定,一般为15m~30m。轨距内的车道宽度视装卸工艺而定,底盘车工艺和龙门吊工艺每车道宽3.5m(2.5m车宽+1m余量),由于装卸桥在结构上有一部分高出距离在轨距之间,故16m轨距可布置3条车道,30m轨距可布置7条车道。

第二根轨道至堆场的距离,这部分面积是供装卸时辅助作业和车辆进入堆场转90°弯时用,其宽度一般为10m～25m。

3. 集装箱堆场

集装箱堆场(container yard,CY)是集装箱码头堆放集装箱的场地,分为前方堆场和后方堆场两个部分。

前方堆场位于码头前沿与后方堆场之间,主要用于出口集装箱或进口集装箱的临时堆放,以加快船舶装卸的作业效率。从一个泊位看,其面积应能堆放该泊位停靠最大船舶载箱量的两倍。

后方堆场紧靠前方堆场,是码头堆放集装箱的主要部分,用于堆放和保管各种重箱①和空箱。按箱务管理和堆场作业要求,后方堆场通常还进一步分为重箱箱区、空箱箱区、冷藏箱箱区、特种箱箱区以及危险品箱箱区等。集装箱码头因陆域面积的大小不同,有的把堆场明确地划分为前方和后方,有的只对前后作大致划分,并无明确的分界线。

4. 集装箱控制室

集装箱控制室(control tower),又称控制中心、中心控制室、控制塔、指挥(塔)室,是集装箱码头各项生产作业的中枢机构,是集装箱码头集组织指挥、监督、协调、控制于一体的重要业务部门。

现代集装箱码头多用计算机生产作业系统进行管理,控制室计算机与各部门、各作业现场以及各装卸搬运机械的计算机终端通过有线或无线连接,成为码头各项作业信息的汇集和处理中心。对于尚未实现计算机实时控制的集装箱码头,控制室可设在码头建筑的最高层,以便控制室工作人员环视和监控整个码头的作业状况。

5. 集装箱检查桥

集装箱检查桥(gate house)又叫集装箱检查口,俗称大门口或闸口,是公路集装箱进出码头的必经之处,也是划分交接双方集装箱责任的分界点,同时检查口还是处理集装箱进出口有关业务的重要部门,如箱体检验与交接、单证的审核与签发签收、进箱和提箱的堆场位置确定、进出码头集装箱的信息记录等。检查口设在码头的后方靠大门处,按业务需要可分为进场检查口和出场检查口,其集装箱牵引车车道数视集装箱码头的规模而定。

6. 集装箱货运站

集装箱货运站(container freight station,CFS)主要工作是装箱和拆箱,作为集装箱码头的辅助功能,集装箱货运站通常设于码头的后方,其侧面靠近码头外接公路或铁路的区域,以方便货主的散件接运,同时又不对整个码头的主要作业造成影响。

7. 维修车间

维修车间(maintenance shop)是集装箱码头对集装箱专用机械设备以及集装箱进行检修和保养的部门。由于集装箱码头的特点,需要使集装箱专用机械设备经常保持良好的状态,以保证集装箱码头作业效率的充分发挥。

图5-2为某港口集装箱码头布局示意图。

(二)集装箱码头的特点

具有供集装箱船舶安全进出港的水域和方便装卸的泊位;具有一定数量技术性能良好的集装箱专用机械设备;具有宽敞的堆场和必要堆场设施;具有必要的装拆箱设备和能力;具有完善的计算机生产管理系统;具有通畅的集疏运条件;具有现代化集装箱运输专业人

---

① 重箱是集装箱进出口业务的一种专业术语,意思是说已装货物的集装箱,与空箱的意思相对。

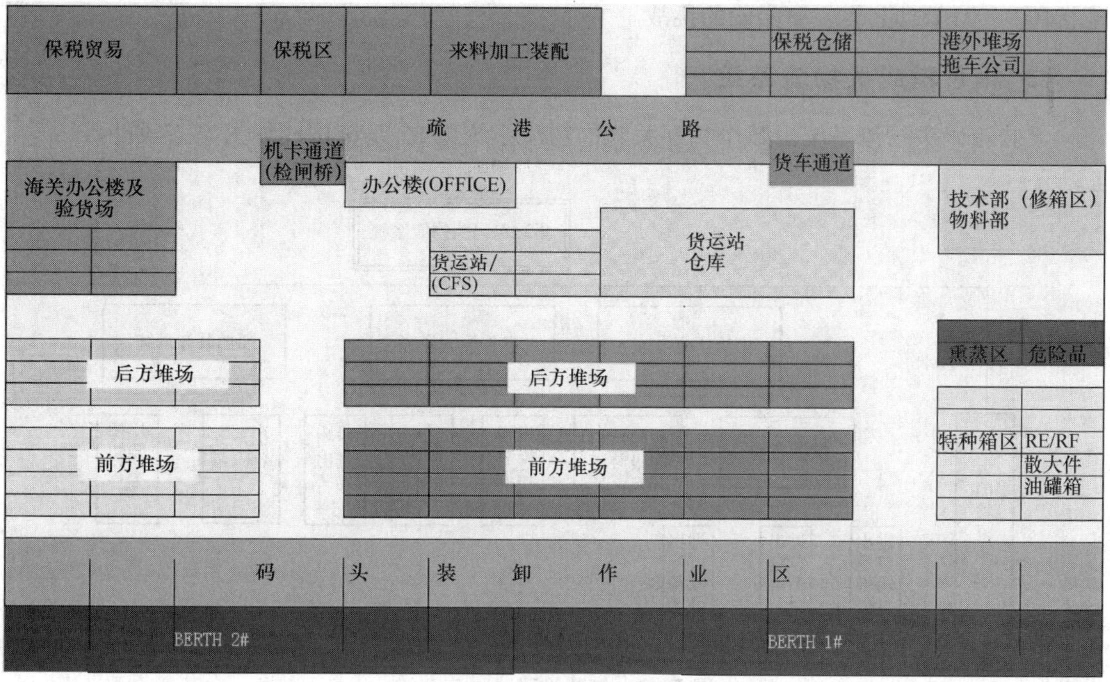

图 5－2 某港集装箱码头布局示意图

才。以上是集装箱码头的基本要求。当前,集装箱码头表现出以下特点:

1. 码头作业的机械化、高效化

现代集装箱码头无论是岸边装卸,还是水平搬运和堆场堆垛等作业均已全部实现机械化,采用大型先进的集装箱专用机械设备,进行快速、高效、连续地作业。一艘 3 000～4 000 TEU 的集装箱船,可以当天到港、当天离港。目前,国际先进的集装箱码头装卸桥的作业效率已达 60TEU/h 左右,随着装卸机械和装卸工艺的不断改进,集装箱码头的装卸效率仍可进一步提高。

2. 码头生产管理的计算机化、信息化

随着计算机技术和通信技术的快速发展,集装箱码头在生产作业管理中,大多已实现计算机管理。采用先进的计算机生产管理系统,对集装箱码头各项生产作业进行有效的组织、计划、指挥、控制,大大提高了作业效率,避免了复杂和重复的人工作业。与此同时,借助互联网络,电子数据交换(EDI)技术也被广泛应用于集装箱码头,即在集装箱码头的计算机生产管理系统中,通过 EDI 与货主、货代、船公司、船代、外轮理货以及一关三检等口岸管理机构实现快速而高效的信息沟通和信息交换,一些重要的运输单证,如舱单、船图、装箱单等已实现无纸化。码头生产管理的另一个趋势是智能化和自动化,国外一些先进的集装箱码头已实现了堆场作业和检查口作业的自动化。

3. 码头设施的大型化、深水化

随着集装箱船舶的大型化,集装箱码头尤其是大型集装箱码头纷纷改建、扩建和新建泊位,以接纳更大的集装箱船舶靠泊和装卸。目前,世界各集装箱大港均拥有或在建水深 14m 以上的深水泊位,例如,香港港、新加坡港、高雄港、釜山港、鹿特丹港、洛杉矶港、长滩港等,均能接纳 5 000TEU 以上的集装箱船舶,有的还计划建造水深 20m 以上的超级深水码头,以迎接10 000TEU以上集装箱船舶的挑战。

二、集装箱码头物流系统

集装箱码头物流系统由数个相互关联的物流系统组成，系统构成如图 5－3 所示。

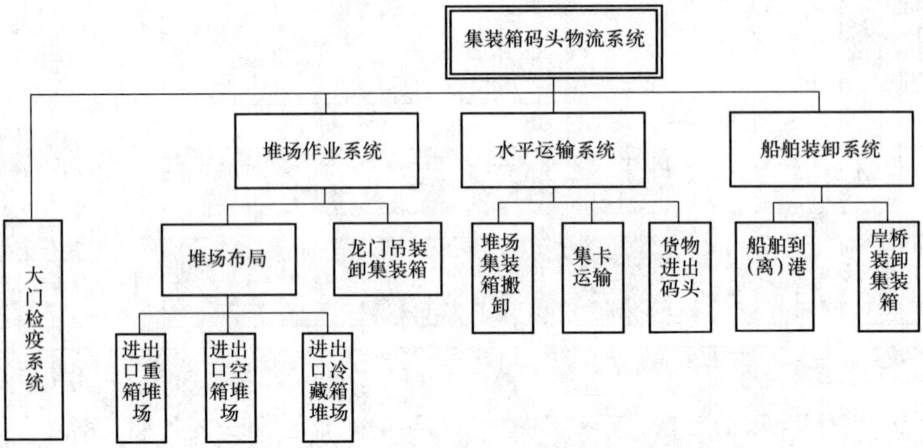

图 5－3　集装箱码头物流系统

集装箱码头物流系统总体上来看可分为大门检疫系统、堆场作业系统、水平运输系统和船舶装卸系统。这四个子系统之间相互关联，构成了集装箱港口码头物流系统，共同为完成检疫、货物进港、集装箱分类、堆场作业运作、集装箱集卡外运、装船离港或进港卸货等功能服务。

集装箱码头物流系统涉及的作业流程主要有：大门检疫至堆场作业流程、堆场作业流程、堆场至前沿码头作业流程、码头装卸船作业流程。

单元二　集装箱码头的装卸作业及货运业务

航运货物包括集装箱货物在港口要进行装卸与换装作业（见图 5－4）。

一、集装箱码头的装卸作业

集装箱运输的高效率是以集装箱码头生产作业的高效率为基础的，因而码头作业必须使用现代化的先进装卸设备，以缩短码头装卸作业时间、加快作业进度，达到船舶停港时间短、周转速度快的效果。

港口集装箱码头的装卸系统是在港口使用装卸搬运机械系统，遵循一定的操作工艺，以货物装卸、搬运、储存为主要内容的生产系统。

集装箱码头的集装箱装卸工艺是指集装箱从船上卸到码头上，再水平搬运到堆场，在堆场进行正确堆放后，再疏运出去，或将集装箱从内陆集运至码头堆场正确堆放，然后水平搬运至码头前沿再装到船上的全部过程中的机械组合和流程。

（一）集装箱装卸设备

为满足集装箱装卸的要求，提高集装箱的装卸效率，集装箱装卸均采用集装箱专用装卸

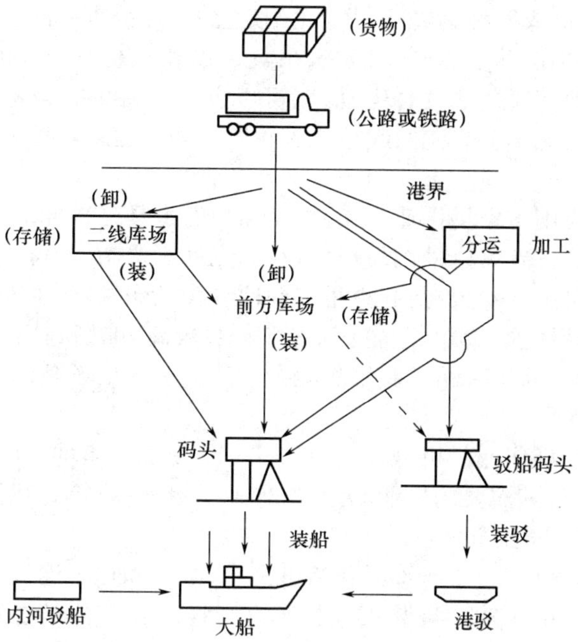

图5－4　货物在港内作业方式示意图

机械进行集装箱的装卸作业。

1. 集装箱吊具

集装箱吊具是装卸集装箱的专用工具，通常与岸边集装箱起重机、轮胎式集装箱门式起重机、轨道式集装箱门式起重机、集装箱跨式运输车和门座起重机等装卸设备配合使用。它具有与集装箱箱体相适应的结构，通过旋锁与箱体的箱角件连接进行起吊作业。

在专业作业场所用于集装箱吊运的专用属具称为集装箱专用吊具。用卸扣、钢丝绳和吊钩等吊运集装箱的吊具称为索具。常用的集装箱专用吊具不论其吊具结构，它的基本工作原理是一样的，即在吊具的四角设有旋锁装置和导向装置，通过液压系统驱动旋锁与集装箱角件结合，当旋锁进入集装箱的角件孔内后，在液压系统的作用下使旋锁处于闭合状态时，就可起吊集装箱；当旋锁处于开锁状态时，旋锁可自由进出集装箱的顶角件孔，吊具可与集装箱脱离。

集装箱吊具按其操作方式可分为简易吊具和自动吊具；按其结构形式可分为固定式、自动式和组合式三种。

2. 集装箱装卸桥

岸边集装箱起重机是现代港口集装箱码头普遍采用的装卸机械，也是集装箱码头前沿装卸作业的基本机型。岸边集装箱起重机又简称为集装箱装卸桥或集装箱桥吊，它是港口集装箱码头装卸集装箱专用船舶的专用机械，一般常用的是岸壁式集装箱装卸桥（quayside container cranes）。

集装箱装卸桥主要性能参数有起重量、起升高度、外伸距、内伸距、轨距（跨距）、横梁下净空高度、基距、工作速度等。

3. 龙门起重机

龙门起重机是一种用于集装箱码头堆场内进行集装箱堆垛和车辆装卸的机械，其形状像门，故俗称龙门起重机或简称为龙门吊。龙门起重机整体是一种“门”式结构，在“门梁”上装有操作控制室，控制室前下方悬有吊具，吊具可以和控制室一起沿门梁水平移动，也可以单独做上下垂直运动。通过这两种运动，就可以方便地将集装箱从拖车上吊到堆场箱区位置或从堆场箱位吊到拖车上。龙门起重机有轮胎式和轨道式两种。

4. 集装箱正面吊

集装箱正面吊主要用于堆场作业，集装箱正面吊的吊具可以伸缩以及旋转，能带载变幅和行走，能堆码多层集装箱，可以采用吊爪作业，有点动对位功能，可以进行其他货种的装卸作业等。集装箱正面吊主要参数有：起重量、起升高度、工作幅度、工作速度等。

集装箱正面吊机动性强、稳性好、轮压低、堆码层数高，堆场利用率高，一般用于吞吐量不大的综合性码头，是目前集装箱码头堆场较为理想的一种堆场搬运机械。

5. 空箱堆垛机

堆垛机是适用于堆场作业的机械，起重量小，一般用于空箱堆场的作业。堆垛机的集装箱堆码最高能达到8层，其需要的作业场地大，作业不灵活，取箱时间长，装卸效率低。

6. 集装箱牵引车与底盘车

集装箱牵引车，俗称拖车，本身不具备装货平台，必须和挂车连接在一起，才能载运集装箱进行码头内或公路上的运输。集装箱拖挂车有半挂车和全挂车之分，目前应用最为广泛的是半挂车。港口集装箱堆场的牵引车，作短距离的搬运，行驶速度低，牵引力大，主要有既能装载集装箱又能装载普通货物的平板式半挂车和专用于装载集装箱的骨架式半挂车（又称底盘车）两种。

7. 集装箱跨运车

集装箱跨运车是集装箱码头前沿和堆场水平搬运、堆码集装箱的专用机械，它以门型车架跨在集装箱上，由装有集装箱吊具的液压升降系统吊起集装箱，进行搬运，并可堆码2～3层高。

（二）集装箱码头常见的装卸工艺方案

集装箱码头装卸工艺决定码头装卸机械设备的配备、码头装卸作业组织和劳动生产率的提高。根据集装箱装卸作业的标准与集装箱装卸机械设备的组合形式，可产生不同的作业方式，这些方式即为集装箱装卸工艺方案。

1. 轮胎式龙门起重机装卸工艺方案

卸船时，集装箱装卸桥将船上卸下的集装箱装在拖挂车上，运至堆场，再用轮胎式龙门起重机进行卸车和码垛作业；装船时，在堆场由轮胎式龙门起重机将集装箱装上拖挂车，运往码头前沿，等待装卸桥装船。轮胎式龙门起重机装卸工艺流程见图5－5。

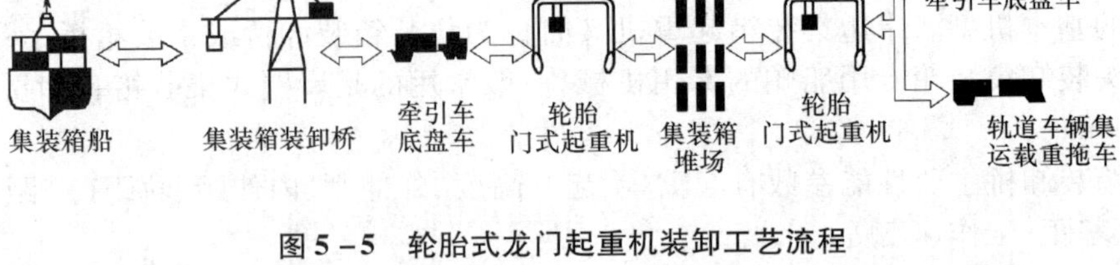

图5－5　轮胎式龙门起重机装卸工艺流程

该方案中集装箱拖挂车只作水平运输，轮胎式集装箱龙门起重机担任堆拆垛作业，从而将集装箱拖挂车快速疏运和轮胎式集装箱龙门起重机堆码层数较多的特点结合起来，达到提高集装箱码头装卸效率的目的。

2. 轨道式龙门起重机装卸工艺方案

卸船时用集装箱装卸桥将集装箱从船上卸到码头前沿的集装箱拖挂车上，然后拖到堆场，采用轨道式集装箱龙门起重机进行堆码；装船时相反，在堆场上用轨道式集装箱龙门起重机将集装箱装到集装箱拖挂车上，然后拖到码头前沿，用装卸桥把集装箱装船。轨道式龙门起重机装卸工艺流程见图5－6。

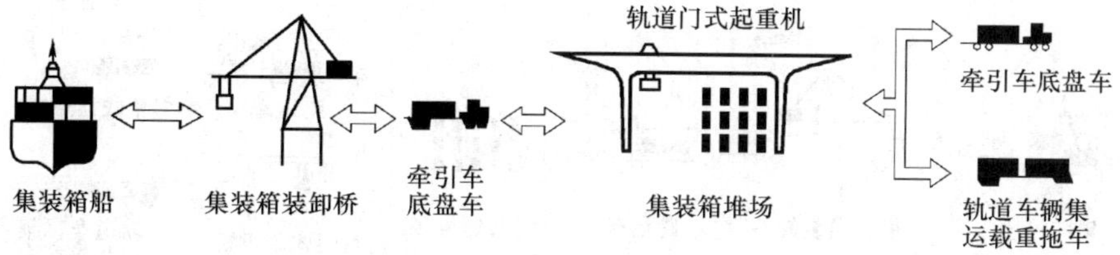

图5－6 轨道式龙门起重机装卸工艺流程

3. 底盘车装卸工艺方案

底盘车装卸工艺方案是一种集装箱不落地的作业方式，卸船时，集装箱装卸桥将船上卸下的集装箱直接装在底盘车上，然后由牵引车拉至堆场按顺序存放，存放期间，集装箱与底盘车不脱离；装船的过程相反，用牵引车将堆场上装有集装箱的底盘车拖至码头前沿，再由集装箱装卸桥将集装箱装到集装箱船上。底盘车装卸工艺流程见图5－7。

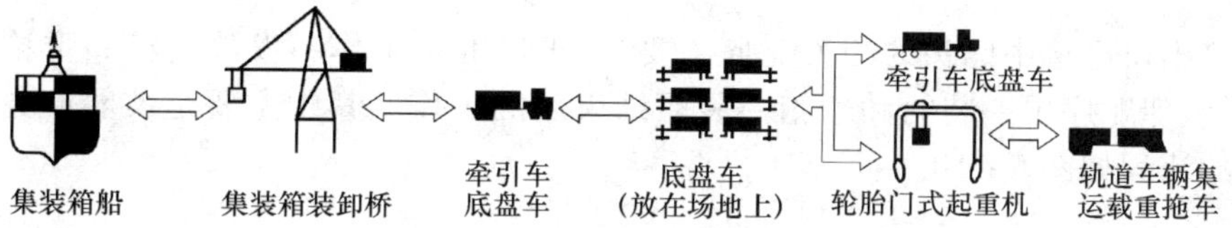

图5－7 底盘车装卸工艺流程

4. 集装箱正面吊装卸工艺方案

利用集装箱正面吊和码头前沿装卸桥相配合，完成集装箱装卸搬运工作，并可在堆场完成集装箱堆码工作。

5. 集装箱叉车装卸工艺方案

装卸桥将集装箱从船上放到码头前沿，然后由集装箱叉车将其运输到堆场堆码或装车，等待疏运。装船过程则与此相反。集装箱叉车装卸工艺流程见图5－8。

6. 集装箱跨运车装卸工艺方案

卸船时，用码头上集装箱装卸桥将船上集装箱卸至码头前沿的场地上，然后由跨运车运至堆场进行堆垛或给拖挂车装车；装船时，用跨运车拆垛并将集装箱运至码头前沿，再由码头前沿的集装箱装卸桥装船。集装箱跨运车装卸工艺流程见图5－9。

7. 跨运车—龙门吊混合装卸工艺方案

从经济性和装卸性能的观点来看，前六种工艺方案各有利弊，对上述方案进行混合使用

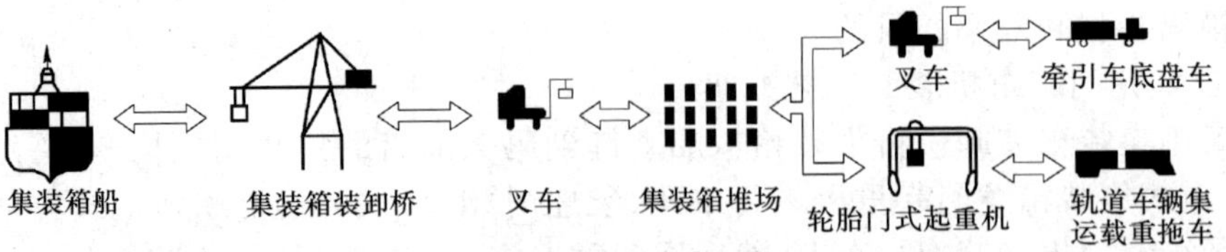

图 5－8　集装箱叉车装卸工艺流程

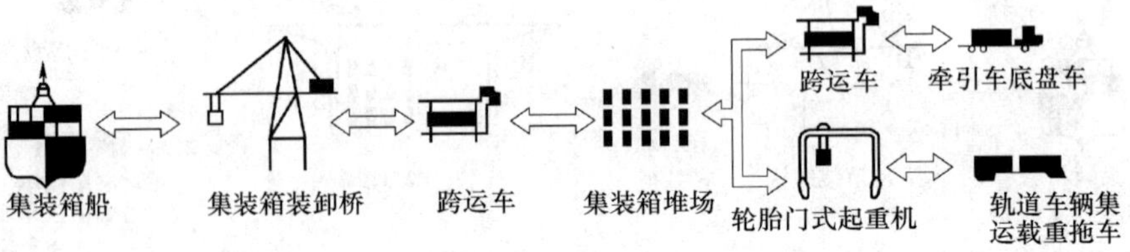

图 5－9　集装箱跨运车装卸工艺流程

的跨运车—龙门吊混合装卸工艺是目前世界上一些港口采用的方案，其装卸工艺方案特点为：船边装卸由岸边集装箱装卸桥承担；进口集装箱的水平运输、堆码和交货装车由跨运车完成；出口箱的货场与码头前沿之间的水平运输由集装箱半挂车完成，货场的装卸和堆码由轨道式龙门起重机完成。

二、集装箱出口运输中的码头业务

集装箱出口运输中码头的相关业务主要为：出口准备工作→发放空箱→重箱进场→编制配载图、装船顺序单→装船和理箱→装船结束后的工作。其中主要是装船业务。集装箱出口装船的流程如图 5－10。

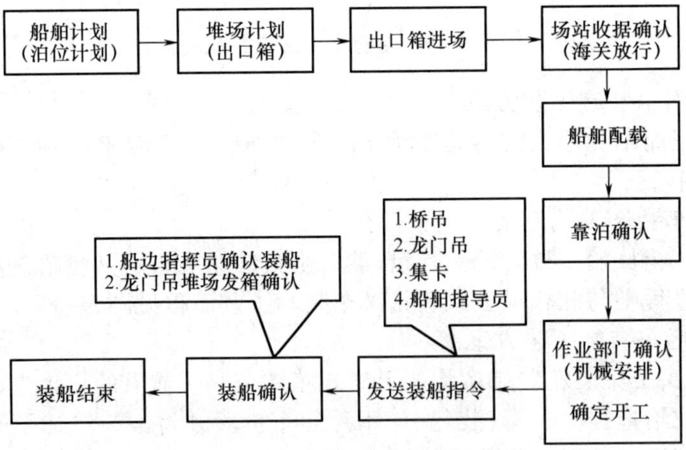

图 5－10　集装箱出口装船的流程

（一）出口准备工作

为使集装箱码头出口业务有条不紊地进行，集装箱码头在货物出口前要做大量细致的准备工作，主要有出口货运资料预到和编制出口作业计划两大部分。

1. 出口货运资料预到

通常集装箱码头在实施装船作业以前，要求船公司或船代提供以下集装箱出口资料：

（1）编制出口用箱计划。出口用箱计划是船公司或船代根据订舱资料和集装箱空箱用箱申请制作的一份空箱发放计划，主要供集装箱码头或港外集装箱堆场编制空箱发放清单，合理调整空箱的堆场位置，以做好备箱和发放工作。

（2）船期预报和确报。在远洋运输中，船期预报通常为船舶到港前 96 小时，由于海运的一些不可预见因素，在船舶到港前 24 小时还应有船期确报，以便集装箱码头根据船期预先做好各项准备工作。

（3）预配清单。预配清单也称订舱清单，是船公司或船代根据订舱资料按船名航次汇总编制的一份集装箱出口货运清单，主要供集装箱码头掌握该船名航次出口箱的总体情况。

（4）预配船图。预配船图是船公司或船代根据订舱资料、船舶规范以及沿航线挂靠港的装卸箱计划而编制的船图，它是集装箱码头编制配载图的重要依据之一。

2. 编制出口作业计划

按作业类型分，出口作业计划有船舶计划、堆场计划、配载计划、装拆箱计划、进出场计划、疏港计划等。这里只介绍两个重要的作业计划。

（1）船舶计划。由于集装箱码头是围绕船舶开展业务的，因此，船舶计划是集装箱码头作业计划中的核心计划。船舶计划通常为昼夜 24 小时计划，故也称船舶昼夜作业计划。它是根据船公司或船代提供的船期表，5 天船期预报和 24 小时船期确报并结合码头泊位营运的具体情况而编制的，它规定了每一艘船舶停泊的泊位、靠泊时间和作业任务以及开工时间、作业要求、完工时间和离泊时间等内容，并将作业任务分解到昼夜三个工班。船舶计划的编制应充分发挥码头泊位及其装卸桥的作用，保证各艘船舶有序地靠泊、作业和离泊，同时还应结合堆场计划合理调整后确定。

（2）堆场计划。出口堆场计划是根据船名航次出口箱预到资料并结合堆场使用状况而编制的出口箱在堆场的堆存计划。堆存计划要根据出口箱及其船舶等情况，制定按位、按列或箱区的堆放方法。同时，堆场计划的编制还要综合考虑堆场的使用情况，如其他船舶的集装箱进场作业，已卸船进口箱的提运作业和归并转作业，力求减少各种堆场作业的相互影响。

（二）发放空箱

根据船公司或船代提供的集装箱空箱放箱通知，集装箱码头编制空箱发放清单后，一般在装船前 6 天可接受发货人的提空箱申请。码头进出口受理台接收集装箱卡车司机（发货人通常委托集装箱卡车司机办理拖箱业务）提运空箱凭证并核对无误后，开具发箱凭证，在计算机中做出放箱计划。集装箱卡车司机凭发箱凭证、集装箱设备交接单到码头堆场提运空箱。

（三）重箱进场

发货人装箱、计数、施封后，在装船前 3 天可拖重箱进入集装箱码头。集装箱卡车司机向码头检查口提交装箱单、设备交接单，办理重箱进场手续后，将重箱送入码头堆场指定的箱区。

（四）编制配载图、装船顺序单

1. 配载图

配载图是集装箱码头根据船公司或船代的预配图，并按照船舶既定的技术规范和码头作业特点而编制的航次出口箱在船舶上的具体船箱位的计划。配载图应满足船舶安全和货物安全要求，同时也要兼顾码头作业要求，从而更好地保证船期，充分提高码头的作业效率。

2. 装船顺序单

装船顺序单是已进场并通过报关的航次出口箱的汇总表，包括箱号、尺寸、箱型、状态、箱重、卸货港以及堆场箱位等内容，并列明本船名航次所有准备装船出口集装箱的情况，主要用于堆场发箱和岸边装船。

（五）装船和理箱

在制订好各项作业计划、配备好机械和人员后，码头按船舶计划装船。装船作业由控制室依据船舶计划、配载图、装船顺序单等作业计划，有序地指令堆场发箱、集装箱卡车运输、岸边装船，并对整个装船作业进行监控和协调。在装船作业过程中，由外理代表船方理箱，并与港方进行集装箱的交接，如有异常，则如实填制残损记录，双方共同签字，以明确责任。

（六）装船结束后的工作

装船结束后，集装箱码头还要按装船作业的实际情况，编制一系列单证，主要有：装船作业签证、出口单船小结、船舶离港报告。

装船作业签证是集装箱码头完成装船作业后签发的一份向船方收取费用的凭证，包括船名、航次、靠泊时间、离泊时间、开工时间、完工时间等内容，并详细列明该航次装船集装箱的数量、尺寸、箱型、危险品箱、特种箱以及开关舱盖板的块数。

出口单船小结是装船结束后根据该船名、航次、实际装船集装箱而编制的汇总表，主要内容有船名、航次、靠泊时间、离泊时间等，并详细列明装船集装箱总数及其分类箱数。出口单船小结是集装箱码头统计装卸业务量的凭证，也是重要的备查资料。

船舶离港报告是装船工作结束后有关该船名、航次作业情况的报告，包括船名、航次、靠泊时间、离泊时间、装卸时间、装卸箱量、作业时间等内容，它是提供给船代以掌握船舶动态情况的单证。

三、集装箱进口运输中的码头业务

在集装箱进口运输中，码头主要负责卸船、箱货的暂时堆存以及箱货的交付等，另外根据需要配合海关的查验等业务。其相关业务主要有：进口准备工作→卸船和理箱→卸船结束工作→提运重箱→归还空箱。

（一）进口准备工作

与出口业务一样，集装箱码头在实施进口作业前，也要完成一系列的准备工作。

1. 进口货运资料预到

为确保集装箱船舶能及时靠泊和顺利卸货，船公司或船代在规定的时间内以书面或者EDI形式向码头提供船舶动态和相关的进口集装箱单证资料，以便为卸船工作做好充分的准备。

在船舶到港前，集装箱码头通常要求船公司或船代提供以下单证：

（1）船期预报和确报。包括5天预报和24小时确报，这是集装箱码头安排泊位以及卸船作业的重要依据。

（2）进口舱单。进口舱单（import cargo manifest）是按照提单号序列编制的船舶所载进口集装箱详细内容的汇总资料，它是集装箱码头安排卸船作业的重要单证，也是安排收货人提运作业的原始依据。

（3）进口船图。进口船图列明每一只进口集装箱在船舶上的具体船箱位，它也是集装箱码头安排卸船作业的重要单证。

（4）装运港理货报告。装运港理货报告是装运港外轮理货人根据装船实际情况编制的一份单证，主要作为港船双方划分原残和工残的原始凭证。

2. 编制进口作业计划

包括编制船舶计划、堆场计划、卸船顺序单。其中，卸船顺序单是依据进口船图和进口舱单编制的，它是列明该船所有进口集装箱情况的一栏表，也是卸船作业的依据之一。

（二）卸船和理箱

按照各项卸船作业计划，由控制室指挥岸边卸船、水平搬运和堆场堆箱，并对整个作业过程实施实时监控和协调。同时，由外轮理货公司代表船方理箱，并与港方进行集装箱交接。

（三）卸船结束工作

卸船结束后，集装箱码头按卸船作业的实际情况编制相关单证。如卸船作业签证、进口单船小结等。

卸船作业签证是集装箱码头完成卸船作业后签发的一份向船方收取费用的凭证，其内容与装箱作业签证相似。卸船作业签证必须仔细核对，如实填写并与大副共同审核无误后双方签字确认，作为向船方结算卸船费用的原始凭证。

进口单船小结是卸船结束后根据该船实际卸箱情况编制的汇总表，其内容与出口单船小结相似，它是集装箱码头统计业务量的凭证，同时也是与船代核对并更改进口舱单的资料。

（四）提运重箱

根据实际卸船进口集装箱的资料，集装箱码头编制进口集装箱动态表后，便可着手进行收货人进口重箱的提运作业。收货人凭办妥清关手续的提货单，委托集装箱卡车司机到码头进出口受理台申请提运进口重箱手续。集装箱码头受理台业务人员应验明提货单是否办妥所有进口手续，并按提单号核对进口集装箱动态表，在收货人付清有关码头费用后，收下提货单，签发提箱凭证交集装箱卡车司机，并在电脑中做出相应重箱提运计划。集装箱卡车司机凭提箱凭证、设备交接单在检查口办妥提箱手续后，到指定的堆场箱区提运重箱。

我国有的集装箱码头，如上海港，为保证码头堆场作业的有效进行和保证船舶的船期，按有关规定，对到港后7天仍未提运的进口箱，有权疏运到港外集装箱堆场，对已疏运到港外堆场的进口重箱，收货人凭办妥清关手续的提货单在集装箱码头受理台结清费用、办妥手续后，凭码头签发的疏港凭证到港外堆场提运重箱。

（五）归还空箱

收货人拖重箱至拆箱点完成拆箱、清扫集装箱后，按规定的还箱期拖运空箱至指定的还箱点,还箱点通常为港外集装箱堆场或集装箱码头。

案例

某码头公司制定了集装箱进口业务专业流程,如图 5－11 所示。

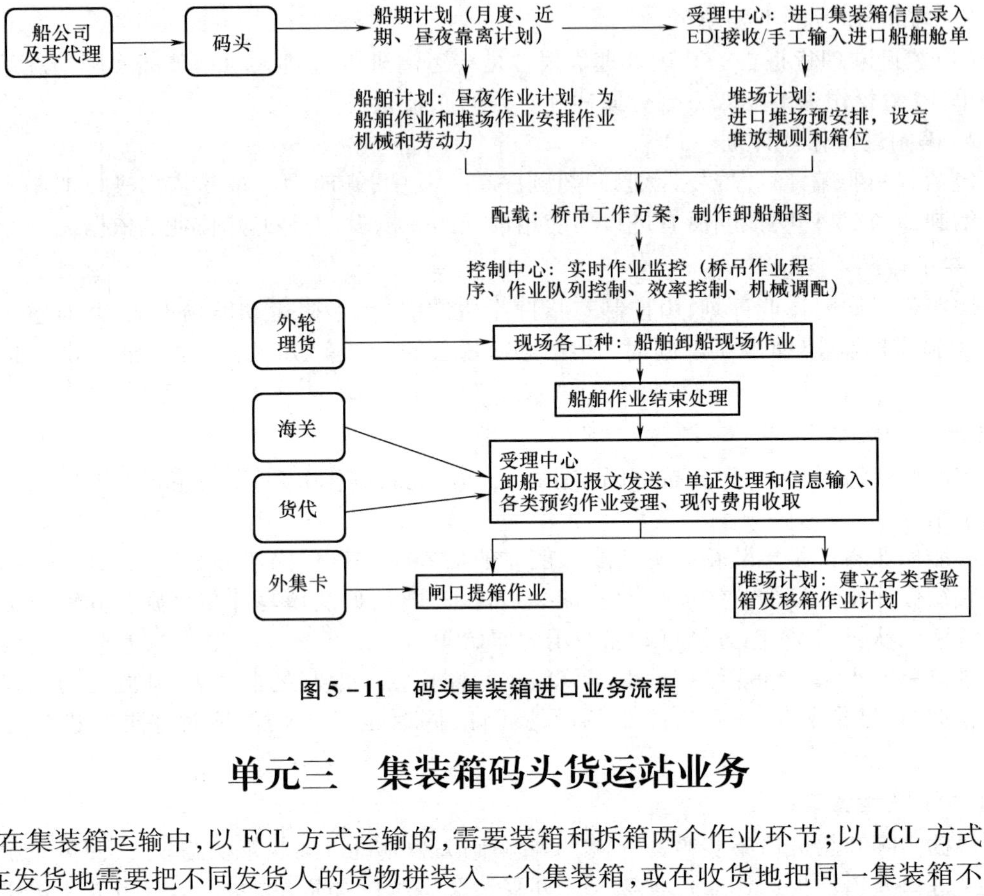

图 5－11　码头集装箱进口业务流程

单元三　集装箱码头货运站业务

在集装箱运输中,以 FCL 方式运输的,需要装箱和拆箱两个作业环节;以 LCL 方式运输的,在发货地需要把不同发货人的货物拼装入一个集装箱,或在收货地把同一集装箱不同收货人的货物拆箱分拨。集装箱货运站就是以装箱、拆箱和集拼、分拨为主要业务的运输服务机构,同时提供集装箱公路运输、箱务管理、报关报验、洗箱修箱等其他集装箱运输的相关服务。

一、集装箱货运站的类型与作用

集装箱货运站①一般都设有仓棚、仓库、堆场,便于车辆出入、疏运和操作,还应有海关和检验机构等办公地点以及必要的装卸设备,如叉车、龙门吊、装卸平台、集装箱牵引车等。集

① 集装箱货运站和传统的件杂货码头的库场有很大的区别。件杂货码头的库场与码头装卸有直接的联系,相当于集装箱码头的箱区堆场;而集装箱货运站主要负责集装箱拼箱货的相关装箱、拆箱、保管、收发等业务,规模比件杂货码头的库场要小。

装箱货运站在整个集装箱运输和集装箱多式联运中发挥了纽带的作用。

（一）集装箱货运站的类型

集装箱货运站主要可分成三类：

1. 设置于集装箱码头内的集装箱货运站

它主要处理各类拼箱货，进行出口货的拼箱作业和进口货的拆箱作业。货主托运的拼箱货，凡是出口的，均先在码头集装箱货运站集货，在货运站拼箱后，转往出口堆箱场，准备装船；凡是进口的，均于卸船后，运至码头集装箱货运站拆箱，然后向收货人送货，或由收货人提货。一般的集装箱码头，均设有集装箱货运站。

2. 设置于集装箱码头附近的集装箱货运站

这类集装箱货运站设在码头附近，独立设置，不隶属于集装箱码头，之所以这样设置，一般有两种原因：

（1）缓解码头的场地紧张，作为集装箱码头的一个缓冲地带。有的集装箱码头业务繁忙，自身集装箱货运站规模有限，或堆场紧张。有些拼、拆箱作业就拉到码头外集装箱货运站进行。有些拼箱货卸船后，直接拉到码头外集装箱货运站，可提高码头堆场的利用率。上海港与香港港由于码头狭小，经常有这类集装箱货运站。

（2）集装箱码头内不设集装箱货运站，在集装箱码头外设独立的货运站。我国台湾地区的一些集装箱码头，设有这样的集装箱货运站。

3. 内陆集装箱货运站

这类集装箱货运站设于内陆，既从事拼箱货的拆箱、装箱作业，也从事整箱货的拆箱、装箱作业。有的还办理空箱的发放和回收工作，代理船公司和租箱公司，作为空箱的固定回收点。内陆的拼箱货或整箱货，可先在这类集装箱货运站集货、装货，然后通过铁路和公路运输，送往集装箱码头的堆场，准备装船。从口岸卸下的进口箱，经铁路和公路运输，到内陆集装箱货运站拆箱，然后送到收货人处。

（二）集装箱货运站的主要作用

设置于集装箱码头内的集装箱货运站，它的作用主要是拼箱货的拆箱和装箱，同时要负责出口拼箱货的集货和进口拼箱货拆箱后的暂时储存工作。

设置于集装箱码头附近的集装箱货运站，它的作用除与设在码头内的集装箱货运站相同外，通常还可能有以下作用：①作为集装箱码头的缓冲堆箱场，在出口箱大量到达与进口箱集中卸船、码头堆场难以应付的时候，作为码头的第二堆场。②代理船公司与租箱公司，作为空箱提箱与交箱的场所。

内陆集装箱货运站除进行集装箱拼箱货的装箱与拆箱外，还充当联系经济腹地的纽带和桥梁，作为某一地区的集装箱集散点，进行一些箱务管理业务和空箱调度业务，加速箱子周转，提高整个地区集装箱多式联运的效率。

（三）集装箱货运站的功能

集装箱货运站的功能主要有：①拼箱货的理货和交接；②拼箱货的配箱积载和装箱；③进口拆箱货的拆箱和保管；④对库存货物的统计和保管；⑤对口岸单位提出要查验的集装箱进行移箱、查箱、捣箱及归位作业；⑥代承运人加铅封并签发场站收据等各项单证。

二、集装箱货运站的货运业务

集装箱货运站是集装箱运输的产物，集装箱运输的主要特点之一就是船舶在港时间短，这就要求有足够的货源，一旦在卸船完毕后，即可装满船开航。集装箱货运站的主要业务就是集、散货物。

(一)集装箱货运站出口货运业务

集装箱货运站出口货运业务流程如图5－12所示。

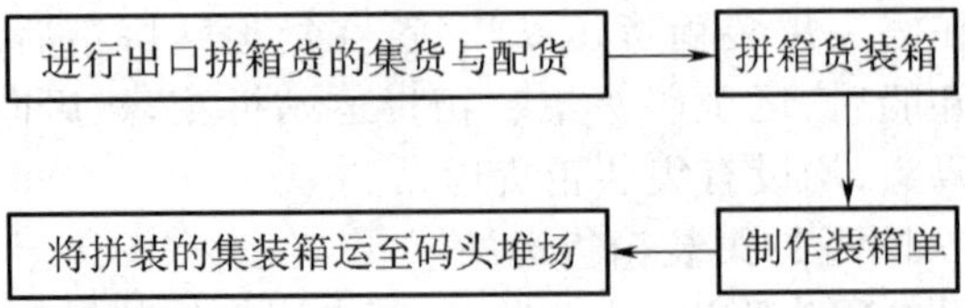

图5－12 集装箱货运站出口货运业务流程

1. 出口拼箱货的集货与配货

出口拼箱货的集货与配货为拼箱做好各种前期准备工作，主要是要做好货物交接。办理货物交接的步骤如下：

(1)送货人将货物送至集装箱货运站，货运站工作人员根据送货单所提供的委托代理、进仓编号、进仓件数、进仓货名、包装类型、送货单位及送货车号等信息受理，根据进仓货物情况及库内货位情况，合理安排进仓预订货位。

(2)理货员根据收货记录要求及货物具体特性督促装卸工及铲车司机按有关货运质量标准进行卸货作业，并填写收货记录。卸货结束后，理货员在收货记录上签字并与送货人办理货物交接手续。

(3)货运站工作人员一一核查收货记录上的进仓件数及货物唛头和有关残损记录等单证，确认无误后，将收货记录的回执联盖章或签字交送货人。

(4)仓库管理员根据桩脚牌显示的进仓编号、总件数及对应货位等进行核查校对。

2. 拼箱货装箱

应根据货物的积载因数和集装箱的箱容系数，尽可能充分利用集装箱的容积，并确保箱内货物安全无损。具体步骤如下：

(1)业务员根据货代提供的预配清单、设备交接单等单证信息安排出口装箱。

(2)业务员及时安排空箱到位，仔细核查装箱单对应进仓编号货物的进仓件数、货号、唛头等与装箱单数据的一致性。按照清单要求进行出口货物配箱，并打印预配装箱单，将预配装箱单、对应的收货记录及对应的铅封一一装订好，交调度员。

(3)调度员根据装箱单证要求详细了解装箱货物的特性、货物的积载因素等，及时安排装箱理货员及相关作业人员合理地进行装箱作业。

3. 制作装箱单

货运站在进行货物装箱时，应制作集装箱装箱单。制单应准确无误。

4. 将拼装的集装箱运至码头堆场

货运站在装箱完毕后，在海关监管下，对集装箱加海关封志，并签发场站收据。同时，应尽快联系码头堆场，将拼装的集装箱运至码头堆场，以便装船。

(二)集装箱货运站进口货运业务

集装箱货运站进口货运业务流程如图5－13所示。

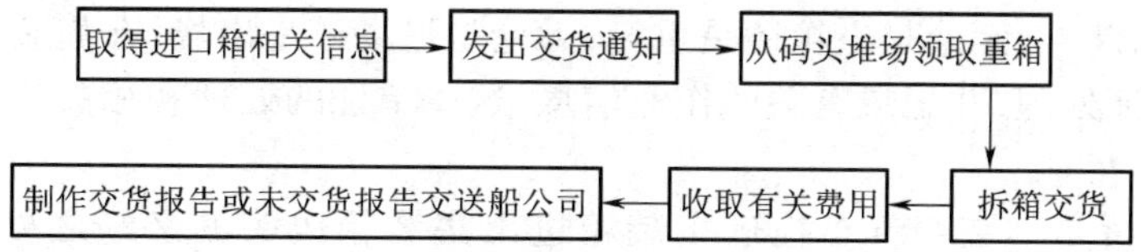

图 5－13　集装箱货运站进口货运业务流程

1. 取得进口箱相关信息

集装箱货运站在船舶到港前几天，从船公司或其代理人处取得相关单证，包括提单副本或场站收据副本、货物舱单、集装箱装箱单、货物残损报告和特殊货物表等。在船舶进港时间、卸船和堆场计划确定后，货运站应与码头堆场联系，确定提取拼箱集装箱的时间，并制订拆箱交货计划，做好拆箱交货的准备工作。

2. 发出交货通知

货运站根据船舶进港时间及卸船计划等情况，联系码头堆场，决定提取拼箱集装箱的时间，制订拆箱交货计划，并对收货人发出交货日期的通知。

3. 从码头堆场领取重箱

货运站经与码头堆场联系后，即可以从码头堆场领取重箱，双方应在集装箱单上签字，对出堆场的集装箱应办理设备交接手续。

4. 拆箱交货

货运站从堆场取回重箱后，即开拆箱作业。具体步骤如下：

（1）业务员根据委托拆箱申请，落实收取相关费用，按照客户作业要求和货物特性，开具开箱作业单并通知调度安排相应作业计划。

（2）装卸人员及理货人员配合进行拆箱作业，从箱内取出货物，一般按装箱单记载顺序进行，取出的货物应按票堆存。

（3）拆箱完毕，业务员根据拆箱计数单、拆箱作业单、收货记录、交货记录等进行计算机拆箱及进库确认，并将单证整理归档。

（4）拆箱后应将空箱尽快还给堆场，并办理设备交接单或内部交接手续。

收货人前来提货时，货运站应要求收货人出具船公司签发的提货单，经单货核对无误后，即可交货，双方应在交货记录上签字。如发现货物有异常，则应将这种情况记入交货记录的备注栏内。

5. 收取有关费用

集装箱货运站在交付货物时，应检查保管费及有无再次搬运费，如已发生有关费用，则应收取费用后再交付货物。

6. 制作报告

集装箱货运站在交货工作结束后，应根据货物交付情况制作交货报告和未交货报告，并寄送给船公司或其他运输经营人，作为他们处理损害赔偿、催提等的依据。

单元四　集装箱码头检查桥业务

进出集装箱码头的集装箱一般只有两条途径：一是在岸边通过船舶装卸进出，二是在检查口通过集装箱公路运输进出。进出集装箱码头的集装箱必须进行交接，以划分和明确双方的交接责任。对集装箱卡车进出集装箱码头而言，检查桥就是码头与集装箱卡车进行集装箱交接的场所，此外，无论是空箱还是重箱，无论是进场还是出场，在集装箱交接过程中还须进行必要的单证处理，并记录有关的作业信息，这些单证的处理和相关作业信息的记录也由检查桥承担。

集装箱检查桥是集装箱卡车拖运集装箱进出集装箱码头的必经之处，是集装箱码头与拖箱人进行箱体交接、单证处理和信息记录的一个重要业务部门。集装箱检查桥一般布置有集装箱卡车通道、地磅和闸口业务人员的工作室，并配置计算机、视频探头、电话等设备。

集装箱检查桥一般设在码头后方靠近大门处，为方便管理，还可分为进场检查口和出场检查口，每个检查口的集装箱卡车通道视码头规模而定，码头规模小的可设 4 ~ 5 条通道，规模大的有几十条通道。随着计算机信息技术和集装箱运输技术的发展，一些先进港口的检查口已实行无人化自动操作。

一、集装箱检查桥的基本职责

集装箱检查桥的基本职责是：

第一，检验集装箱箱体，进行集装箱交接。集装箱卡车司机拖箱进入或驶出集装箱码头，必须在检查口与业务人员共同检验集装箱箱体，并通过集装箱设备交接单来完成集装箱交接手续。码头工作人员审核设备交接单的内容有：船名（vessel）、航次（voyage no.）、箱号（container no.）、箱型（size/type）、提箱及收箱地点、箱的外表状况、运输集装箱卡车牌号等。

第二，审核有关集装箱单证，磅秤进出口箱实际重量。无论是提箱还是进箱，都由检查口负责装箱单、危险品货物准运单、提箱凭证、进箱凭证等集装箱单证的审核处理。对于出口重箱还应在检查口过磅，确定出口箱的实际重量，以提供配载准确的数据，同时，集装箱卡车司机向检查口递交出口集装箱装箱单，业务人员审核后做出相应信息记录。

第三，配合堆场作业，指定收箱或提箱堆场箱位。在使用计算机管理的码头，收箱进场或发箱出场的堆场箱位均由计算机自动处理，未使用计算机管理的码头或尚未自动化处理的码头，应由检查口业务人员以手工操作指定堆场箱位。

第四，进场、出场集装箱的信息汇总处理。在使用计算机管理的码头，每一只进场或出场的集装箱均由检查口业务人员在计算机上做出相应的记录，以供各部门实时查询和按需要打印汇总表和分类报表，对尚未实行计算机化的码头，应由检查口人员手工完成记录工作。

二、集装箱检查桥的一般业务流程

检查桥的工作流程主要包括提箱和进箱的操作流程，集装箱卡车（以下简称“集卡”）办理设备交接手续，具体工作流程如图 5 - 14 所示。

检查桥业务主要包括：提取空箱、重箱进场、提运重箱、回空箱进场、单证审查和整理、箱体检查、场地核箱、特种箱操作等。下面择其主要业务予以阐述。

（一）提取空箱

发货人根据贸易合同及其装运期，在订舱托运和完成备货后，通常委托集装箱卡车司机凭船公司或船代签发的集装箱空箱放箱凭证到码头办理提空箱手续。集装箱卡车进入检查

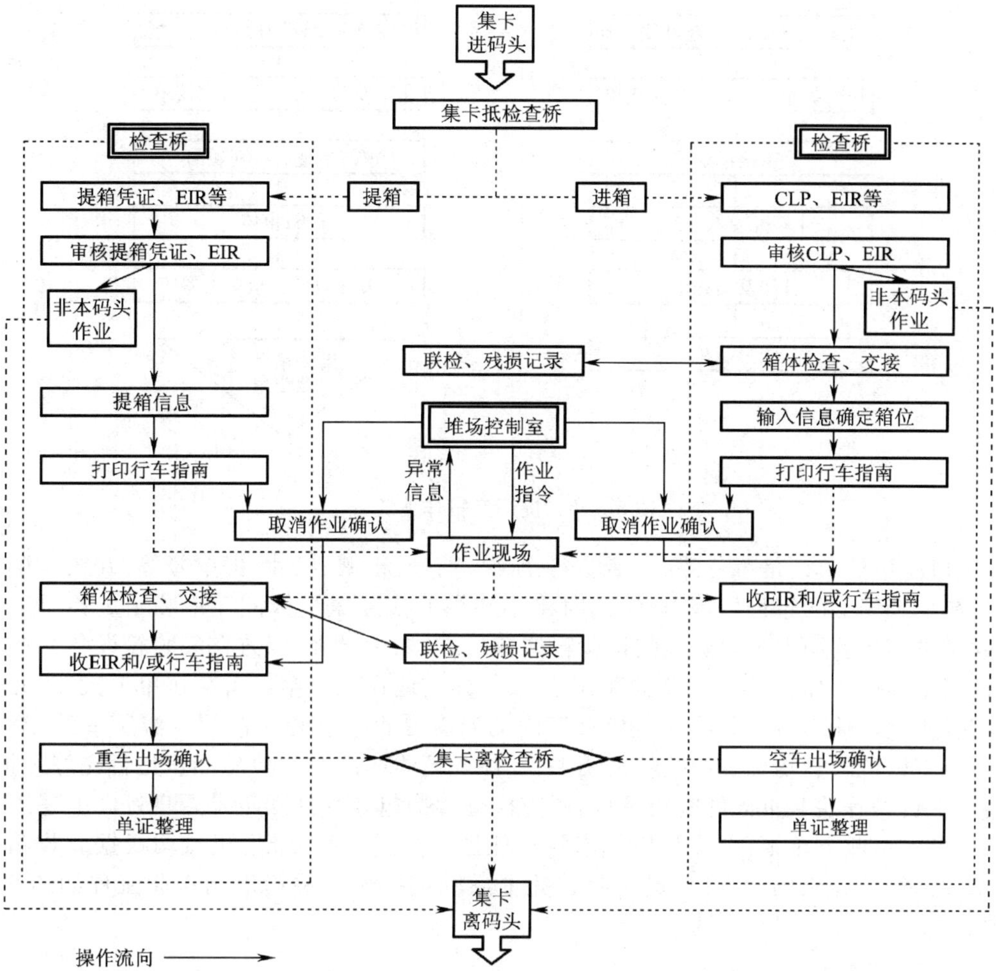

图 5－14　集装箱检查桥的工作流程

口时，司机向业务人员递交提空箱凭证和集装箱设备交接单，检查口业务人员审核单证后将提运集装箱的箱号、箱型、尺寸以及作业号、集装箱卡车车牌号等信息输入计算机，由计算机自动打印指定堆场箱位的发箱凭证交集装箱卡车司机，同时由计算机系统通知堆场机械司机所发空箱的箱号、堆场箱位和集装箱卡车车牌号。集装箱卡车司机根据发箱凭证指定的堆场位置进行装箱，集装箱卡车装载空箱后驶经出场检查口，司机递交发箱凭证并与业务人员共同检验箱体，如无异常则双方无批注在集装箱设备交接单上签字确认，集装箱卡车司机拖运空箱驶离码头。如空箱有残损、不适合装货，由检查口业务人员取消该次作业，重新办理提空箱手续。提运空箱作业流程如图 5－15 所示。

（二）重箱进场

发货人完成装箱、施封、填制集装箱装箱单后，在装船前三天可委托集装箱卡车司机拖运重箱进场。集装箱卡车司机在检查口向业务人员递交集装箱装箱单和集装箱设备交接

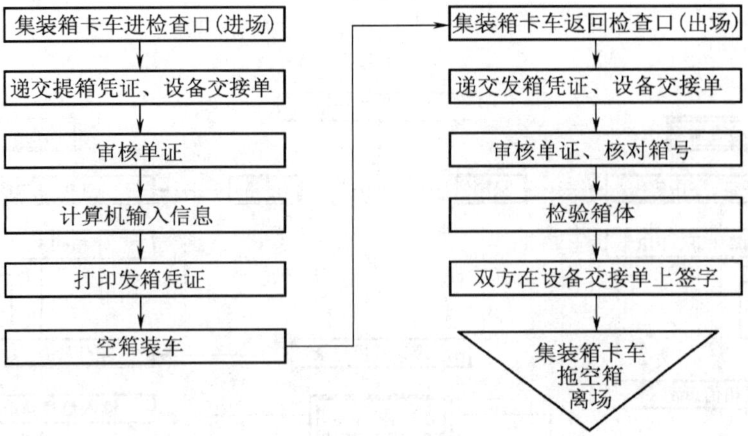

图 5－15　提运空箱作业流程

单,检查口应审核单证是否一致,包括船名、航次、箱号、箱型、尺寸、提单号等,并核对单证上的箱号与集装箱上的箱号是否一致,同时将集装箱的实际重量标注在集装箱装箱单上。检查口验箱员与集装箱卡车司机共同检验箱体和封志,如无异常,双方在集装箱设备交接单上无批注签字确认。如有异常,由检查口业务人员如实地在集装箱设备交接单上批注,并由双方签字以明确责任。对冷藏箱还应检查箱内的温度是否与装箱单注明的温度一致;对危险品箱还应审核危险货物集装箱装箱证明书,并检查箱体四面的危险品标识是否完好无损;对框架箱、平台箱等装载重大件的集装箱,还应检查货物包装及其固定是否良好。上述工作完成后,业务人员收下单证,由计算机打印收箱凭证,并自动通知堆场机械司机据以收箱。集装箱卡车卸箱后经出场检查口,递交收箱凭证后驶离码头。重箱进场作业流程如图 5－16 所示。

(三)提运重箱

收货人办妥报关报验等进口手续后,通常委托集装箱卡车司机凭提货单到码头办理提运进口重箱手续,集装箱卡车司机在检查口向业务人员递交提箱凭证和集装箱设备交接单。检查口审核单证后,将箱号、箱型、尺寸、提单号以及作业号、集装箱卡车车牌号等信息输入计算机,由计算机打印发箱凭证交集装箱卡车司机,集装箱卡车载箱后驶经出场检查口,司机递交发箱凭证,检查口业务人员核对所载运集装箱的箱号,并与司机检验箱体和封志,共同在集装箱设备交接单上签字确认后,集装箱卡车拖重箱驶离码头。提运重箱作业流程如图 5－17 所示。

(四)返回空箱进场

收货人完成拆箱后,还应负责将空箱按时返回指定的还箱点,如还箱点为码头,应由检查口办理返回空箱进场手续,集装箱卡车司机在检查口向业务人员递交集装箱设备交接单,检查口将箱号、箱型、尺寸、持箱人以及集装箱卡车车牌号等信息输入计算机,验箱员与集装箱卡车司机共同检验箱体,完成验箱及其单证手续后,由计算机打印收箱凭证交司机,集装箱卡车驶到指定的堆场箱区卸箱后,经出场检查口递交收箱凭证,再驶离码头。返回空箱进场作业流程如图 5－18 所示。

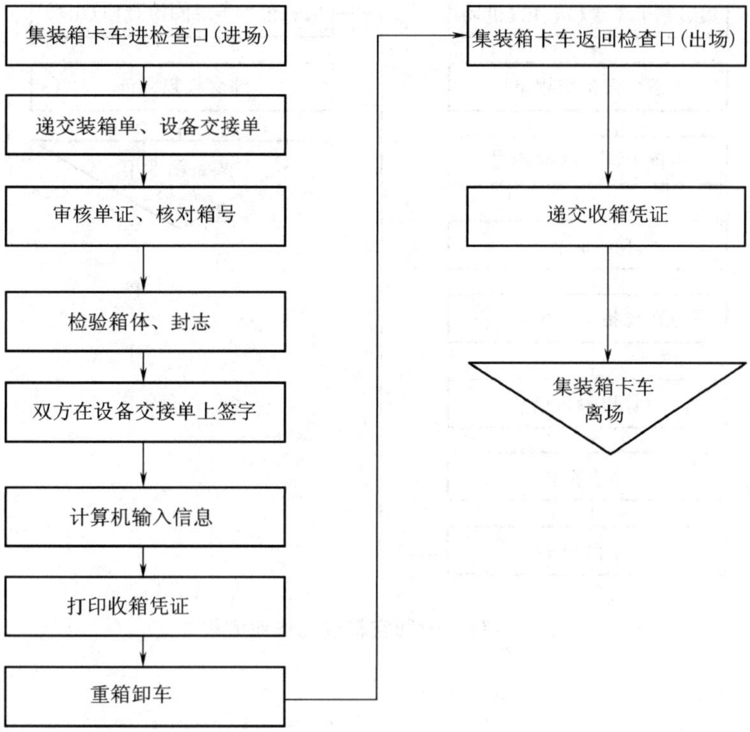

图 5－16　重箱进场作业流程

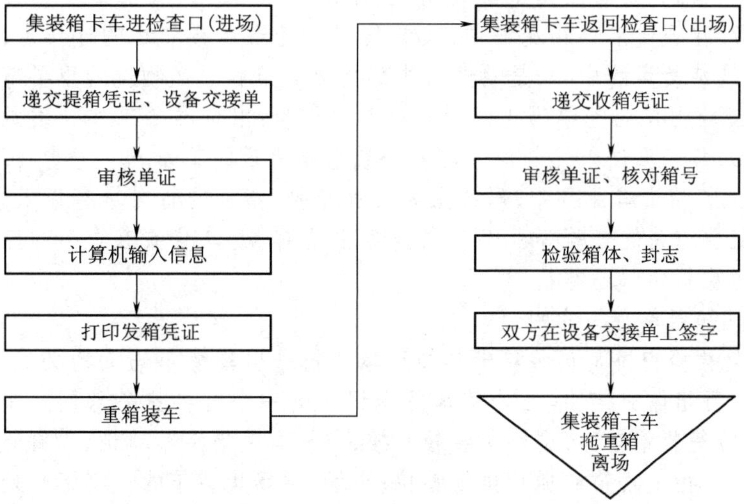

图 5－17　提运重箱作业流程

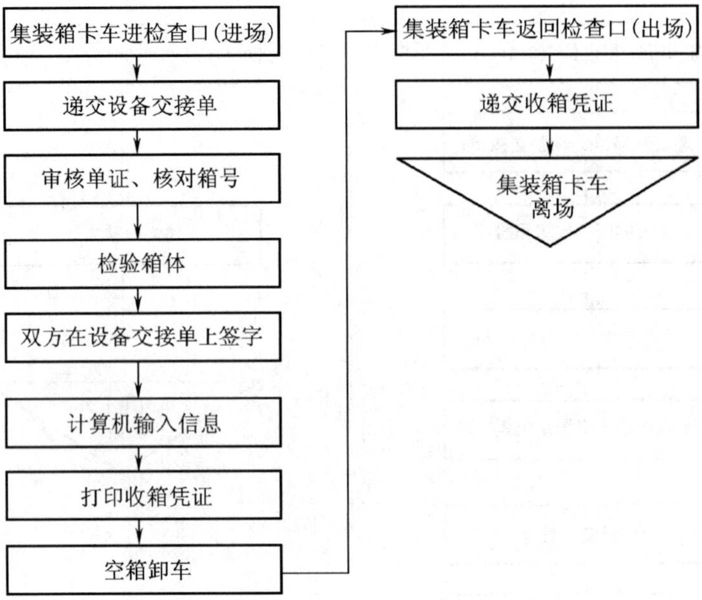

图5-18　返回空箱进场作业流程

任务解析

下面根据上面所学知识对项目情景的任务进行简要解析。

任务1:集装箱码头通常由泊位、码头前沿、堆场、控制室、检查桥、集装箱货运站和维修车间等设施构成。当前,集装箱码头表现出以下特点:码头作业的机械化、高效化;码头生产管理的计算机化、信息化;码头设施的大型化、深水化。集装箱码头是供集装箱船舶停靠和装卸作业的场所,在现代港口物流链中,集装箱码头是海运与陆运的连接点,是海陆多式联运的枢纽站,是换装转运的中心,是物流链中的重要环节和航运物流的重要节点。

任务2:集装箱出口业务中码头的相关业务主要为:出口准备工作→发放空箱→重箱进场→编制配载图、装船顺序单→装船和理箱→装船结束后的工作。

任务3:在集装箱进口业务中,码头主要负责卸船、箱货的暂时堆存以及箱货的交付等,另外根据需要配合海关的查验等业务。其业务主要有:进口准备工作→卸船和理箱→卸船结束工作→提运重箱→归还空箱。

任务4:详见知识单元二的阐述。

任务5:集装箱检查桥是集装箱卡车拖运集装箱进出集装箱码头的必经之处,是集装箱码头与拖箱人进行箱体交接、单证处理和信息记录的一个重要业务部门。集装箱检查桥的基本职责是:检验集装箱箱体,进行集装箱交接;审核有关集装箱单证,磅秤进出口箱实际重量;配合堆场作业,指定收箱或提箱堆场箱位;进场、出场集装箱的信息汇总处理。

个案分析

1. AD码头桥吊司机武某在卸箱过程中,作业到15-17BAY吊舱内的20′箱子时,询问控制员彭某是否可以两箱一吊，彭某回答，箱较重，暂时单箱吊。武某单箱吊了4箱后，彭某告诉武某，经问修理工，上一班已经解除限位，可能还没有复位，你吊吊看。武某即试着双箱吊，但吊不起。彭某决定仍旧先单箱吊，并由当班人员通知修理工上车检查。近一小时后武某对修理工讲述当时的情况，修理工一听说后面要进行双箱作业就解了限位。修理工走后，武某在16BAY双箱吊了6关，在12BAY第7关吊上码头等候集卡时，发现箱子有下移情况，即试图让箱子着地。但正在他刚把指令推到“下降1—2”档时，发生了失控，箱子快速下落到码头。事发后经秤重，箱重分别为31.7吨和28吨，并经码头技术部检查：桥吊起升钢丝绳的断丝数已超过标准范围，刹车片有冒烟现象。问题：(1)你认为AD码头事故的主要原因是什么？(2)请你提出整改措施。

2. 浙江A公司（以下称“发货人”）出口25万美元的高跟鞋，委托B集装箱货运站装箱出运，A公司在合同规定的装运期内将高跟鞋送B货运站，并由B货运站在卸车记录上签收后出具仓库收据。该批货出口提单记载CY－CY运输条款、SLAC（由货主装载并计数）、FOB价、由国外收货人买保险。国外收货人在提箱时箱子外表状况良好，关封完整，但次日打开箱门后发现一双高跟鞋也没有。收货人于是向发货人、承运人提出赔偿要求。问题：发货人、承运人是否应承担赔偿责任？应由谁赔偿？

参考答案

复习与思考

一、名词解释

集装箱码头　集装箱堆场　集装箱检查桥

二、简答题

1. 简述集装箱码头的特点、构成。
2. 简述集装箱码头的基本要求。
3. 集装箱装卸设备主要有哪些？
4. 简述集装箱装卸跨运车—龙门吊混合装卸工艺方案的特点。
5. 分别简述集装箱码头的进出口业务。
6. 简述集装箱货运站的货运业务。
7. 简述进口重箱提箱和出场交接操作。
8. 简述出口重箱交箱和进场交接操作。
9. 简述集装箱检查桥的基本职责。
10. 分别简述集装箱检查桥提取空箱、重箱进场、提运重箱、回空箱进场的操作。

项目六 国际货物多式联运业务

项目要求

1. 了解国际货物多式联运的优点及组织形式。
2. 理解国际多式联运一般业务流程。
3. 掌握国际多式联运单证的特点及流转。
4. 熟悉大陆桥运输的路线与业务运作要点。

项目情景

新疆A畜产品进出口公司有一批山羊绒出口到英国利物浦，价值199 463.30英镑。采用国际多式联运方式运输，自发货到收到提单用了17天，运费折合人民币10 794.73元。新疆B畜产品进出口公司同样将一批山羊绒出口到英国利物浦，价值199 463.30英镑。先采用铁路运输到上海再用海运方式运输，自发货到收到提单用了35天，运费折合人民币为15 818.72元。新疆A畜产品进出口公司由于比新疆B畜产品进出口公司提前议付结汇18天，还节省了货款利息人民币2 084.63元。

甘肃A公司出口英国B公司一批货物，并委托多式联运经营人C物流公司进行多式联运。物流的基本线路是：从天水车站通过铁路联运至俄罗斯的圣彼得堡，然后海运至荷兰或德国，再用铁路运至英国。货物发运后半年，英国B公司尚未收到货，经C物流公司多次与其国外代理联系查找，尚无货物下落。C物流公司的俄罗斯代理虽传真答复货在俄罗斯某铁路段，但又说不清在俄罗斯铁路段何处。这样造成英国B公司拒付货款，直接经济损失2万多美元。

任务1：何谓国际多式联运？结合新疆A，B畜产品进出口公司的资料分析国际多式联运的优越性。

任务2：按本情景中C物流公司的物流线路，本情景属于哪种多式联运？其基本做法是什么？

任务3：C物流公司是否是多式联运经营人？国际多式联运经营人的责任是如何规定的？

任务4：C物流公司是否应该进行赔付？如果需要赔付，它该如何减少其损失？

知识模块

单元一 国际货物多式联运概述

运输领域内的集装箱化运动的发展促进了运输载体的标准化发展，使各种运输方式能够有机地结合在一起，充分发挥其在整个流通领域内的特殊作用。到20世纪80年代集装箱运输已进入多式联运时代，既有分段联运，也有多式联运，国际集装箱多式联运将传统的国际海运"港到港"运输发展成为"门到门"运输（如图 6－1 所示）。

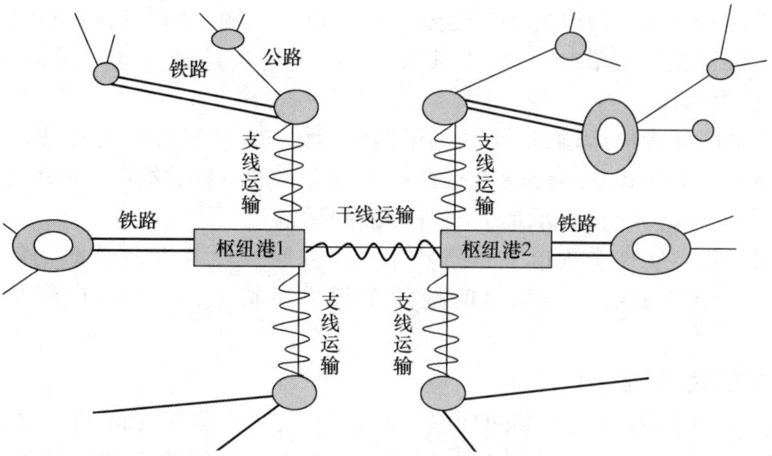

图 6－1　集装箱联合运输网络简图

多式联运主要用于国际货物的运输，因而主要表现为国际多式联运。国际多式联运是一种利用集装箱进行联运的新的运输组织方式，具有自身的特点和优越性。

一、国际多式联运的特征与优点

与传统的运输方式相比，多式联运在经营管理、运输技术、运输法规、运输单证、运输责任划分等方面都有较大的区别与变化。

（一）国际多式联运的含义与特征

由两种及其以上的交通工具相互衔接、转运而共同完成的运输过程统称为复合运输，我国习惯上称之为多式联运（multimodal transport）。它通常是以集装箱为运输单元，将不同的运输方式有机地组合在一起，构成连续的、综合性的一体化货物运输。例如，我国内贸集装箱联运形式，如公路—近海—公路，公路—铁路—公路，公路—近海—铁路—公路，公路—内河—公路等就是常用的多式联运。

多式联运不仅仅是不同运输工具进行的联合运输，更重要的是在全程运输中只有一份运输合同，由多式联运经营人作为合同承运人统一组织全程运输，负责将货物从接货地运往交货地。因此，多式联运在本质上不同于分段联运，它是一种以实现货物整体运输的最优化效益为目标的联运组织形式。

所谓国际多式联运，按照《联合国国际货物多式联运公约》的定义，是指多式联运经营人按照多式联运合同，以至少两种不同的运输方式，将货物从一国境内接管货物的地点运至另一国境内指定交付货物的地点的运输方式。

根据《联合国国际多式联运公约》对国际多式联运定义的描述，国际多式联运表现出以下特征：

第一，要有一个多式联运合同，明确规定多式联运经营人（承运人）和联运人之间的权利、义务、责任、豁免的合同关系和多式联运的性质。

第二，必须使用一份全程多式联运单证(multimodal transport documents，M. T. D.)，即证明多式联运合同及证明多式联运经营人已接管货物并负责按照合同条款交付货物所签发的单据。

第三，必须是两种或两种以上不同运输方式的连贯运输。《联合国国际货物多式联运公约》对运输方式的种类未做限制，可以由陆海、陆空、海空等运输方式组成，但我国《海商法》规定必须有一程为海运。

第四，必须是国际货物运输，这是区别于国内运输和是否适用国际法规的限制条件。

第五，必须有一个多式联运经营人对全程运输负总的责任，这是多式联运的一个重要特征，由多式联运经营人去寻找分承运人实现分段的运输。

第六，必须对货主实现全程单一运费费率。多式联运经营人在对货主负全程运输责任的基础上，制定一个货物发运地至目的地的全程单一费率，并以包干形式一次性向货主收取。

(二)国际多式联运的优点

国际多式联运采用海、陆、空等两种以上的运输手段，完成国际间的连贯货物运输，从而打破了过去海运、铁路、公路、航空等单一运输方式互不连贯的传统做法，把海、陆、空、公路、江河等多式、多段复杂的运输手续大大简化，具有简化货运手续，加快货运速度，降低运输成本和节省运杂费用，实现合理运输的优越性和经济性。

1. 简化托运、结算及理赔手续，节省人力、物力和有关费用

在国际多式联运方式下，无论货物运输距离有多远，由几种运输方式共同完成，且不论运输途中货物经过多少次转换，所有一切运输事项均由多式联运经营人负责办理。而托运人只需办理一次托运、订立一份运输合同、支付一次费用、办理一次保险，从而省去托运人分别与不同承运人办理托运手续的许多不便。同时，由于多式联运采用一份货运单证统一计费，因而也可简化制单和结算手续，节省人力和物力。此外，一旦运输过程中发生货损货差，都由多式联运经营人对全程运输负责，从而也可简化理赔手续，减少理赔费用。

2. 缩短货物运输时间，减少库存，降低货损货差事故，提高货运质量

在国际多式联运方式下，各个运输环节和各种运输工具之间配合密切、衔接紧凑，货物所到之处中转迅速、及时，大大减少了货物在途停留的时间，从而从根本上保证了货物安全、迅速、准确、及时地运抵目的地，因而也相应地降低了货物的库存量和库存成本。同时，多式联运系通过集装箱为运输单元进行直达运输，尽管货运途中须经多次转换，但由于使用专业机械装卸，且不涉及箱内货物，因而货损货差事故大为减少，从而在很大程度上提高了货物的运输质量。

3. 降低运输成本，节省各种支出

由于多式联运可实行门到门运输，因此对货主来说，在货物交由第一承运人以后即可取得货运单证，并据以结汇，从而提前了结汇时间。这不仅有利于加速货物占用资金的周转，而且可以减少利息的支出。此外，由于货物是在集装箱内进行运输的，因此从某种意义上来看，可相应地节省货物的包装、理货和保险等费用的支出。

4. 提高运输管理水平，实现运输合理化

对于区段运输而言，由于各种运输方式的经营人各自为政，自成体系，因而其经营业务范围受到限制，货运量相应也有限。而一旦由不同的运输经营人共同参与多式联运，经营的范围可以大大扩展，同时可以最大限度地发挥其现有设备的作用，选择最佳运输线路组织合

理化运输。

但由于国际多式联运业务的开展与国内和国外的基本条件、基础设施、相关的配套设施和法律适用都息息相关，目前国际上多式联运还存在着一些问题，例如，各国的集装箱标准尚未统一，各国集装箱运输的发展不平衡，尤其是国际多式联运的法律问题尚未统一，这些都妨碍了国际多式联运的发展。《联合国国际多式联运公约》至今尚未达到 30 个国家的有效批准而未能生效，尽管国际货运代理协会联合会（FIATA）制定了多式联运单证，但是，由于各国船公司、承运单位及其企业规模的大小不同，以及各国的法律不同，使得多式联运单证及其背面条款所规定的有关多式联运经营人的责任存在差异，加之国际上尚无一个可为各国通用的、统一规范的标准联运单证，因而造成了多式联运单证纷繁杂乱的状态。

二、国际多式联运的经营人

在开展多式联运业务时，货物从发货人仓库到收货人仓库及到海、陆、空等运输区段，必须有人负责整个全程运输的安排、组织、协调与管理工作，这个负责人就是联运经营人，或称契约承运人。国际多式联运的经营人（multimodal transport operator，MTO）是指本人或委托他人以本人名义与托运人订立一项国际多式联运合同并以承运人身份承担完成此项合同责任的人。国际多式联运的经营人是多式联运的总承运人，对全程运输负责，对货物灭失、损坏、延迟交付等均承担责任。国际多式联运的经营人既不是发货人的代理或代表，也不是承运人的代理或代表，而是一个独立的法律实体（签订多式联运合同且负有履行责任的法人）。他们具有双重身份，对货主来说他们是承运人，对实际承运人（分承运人）来说他们又是托运人。他们一方面与货主签订多式联运合同，另一方面又与实际承运人签订运输合同。

国际多式联运经营人的业务关系如图 6－2 所示。

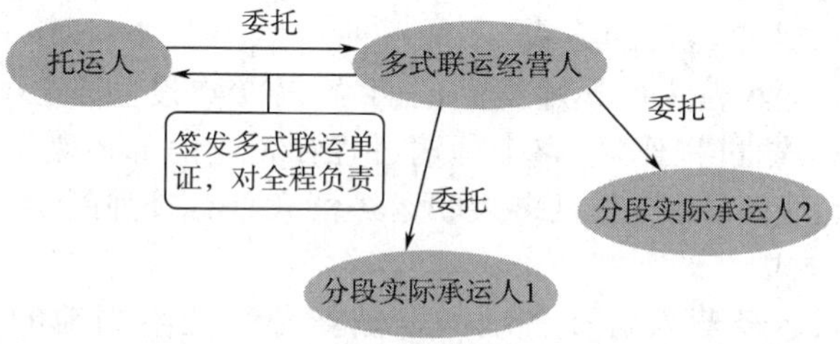

图 6－2　国际多式联运经营人的业务关系

（一）国际多式联运的经营人应具备的技术条件

开展国际多式联运应具备比单一运输方式更为先进、更为复杂的技术条件。这些条件主要包括以下几个：

1. 建立国际多式联运线路与集装箱货运站

国际多式联运的线路，从理论上说，可以是从某一国的任何一地到另一国的任何一地。但事实上这是不可能的，世界上许多经营多式联运的公司通常只能是重点办好几条多式联运线路。确定建立一条多式联运线路，首先需要进行国际货物流向、流量的调查，在此基础上，选择货物流量较大且较稳定的路线；其次要考虑联运线路的全程应具备适当规模的运输能力。此外，因为国际多式联运通常以集装箱运输为主，所以联运线路需要有一定的装卸、运送集装箱的设备条件。

2. 建立国内外联运网点

国际多式联运是跨国运输,不可能仅由一国一家完成,需要国内外有关单位的共同合作才能进行有效的联合运输。因此,经营国际多式联运必须根据业务的需要建立国内外业务合作网,不仅要在国内外的沿海、沿江港口有自己的分支机构或代理,而且在国内外的内陆大城市也要有自己的分支机构或代理,负责办理国内外运输、交接手续。多式联运经营人只有具备这样的网络才能把两种或两种以上的不同运输方式连成一体以完成一批货物的连贯运输。

3. 制定多式联运单一费率

采用单一费率是国际多式联运的基本特征之一,因此,经营多式联运要制定一个单一的联运包干费率。因为多式联运环节多,费率又是揽取业务的关键,所以制定单一费率是一个既复杂又重要的问题,需要综合考虑各种因素,使制定的费率具有竞争性,以利于联运业务的顺利进行。国际集装箱多式联运全程运费主要由运输费用(国内外内陆段运费、海运段运费或国际铁路、航空运费)、经营管理费用以及利润三大部分组成,该单一费率因货物的交接地点和业务项目的不同而异。

4. 制定国际多式联运单据

作为国际多式联运经营人,必须具有自己的多式联运单据或提单。多式联运单据是经营人与货主之间运输合同的证明,它具有有价证券的性质,可以进行转让和向银行抵押贷款。

在多式联运中,当多式联运经营人收到托运人交付的货物时,应当向托运人签发多式联运单证。

(二)国际多式联运的经营人的主要经营方式

常见的国际多式联运的经营方式主要有以下3种:

1. 多式联运经营人独立经营的方式

这种方式由多式联运经营人在运输线路的两端、转接点设立子公司或办事机构,办理运输、作业、转运、仓储等运输过程作业,整个运输过程在企业内部控制下完成。该种经营方式一般在固定的多式联运线路中使用,且多式联运经营人具有较强的实力。

2. 委托代理运作方式

这种方式由多式联运经营人将在各地的运输业务委托给当地的代理人办理的运作方式。由多式联运经营人独立负责,各地的代理人只根据委托办理运输事务,不承担多式联运运输合同责任。在不固定线路的多式联运中只能采取该组织形式,固定线路的也可以采取该方式。

3. 合作联运方式

这种方式由多家企业联合,分别在不同国家内处理多式联运在境内的运作,共同合作完成联运过程。所有参与合作的企业为一个整体承担多式联运经营人的责任,内部之间按照合作的协议分担责任和分配利益。

(三)国际多式联运经营人的责任

国际多式联运经营人的责任期间是从接收货物之时起到交付货物之时为止,在此期间,其对货主负全程运输责任。但在责任范围和赔偿限额方面,根据目前国际上的做法,可以分为统一责任制、网状责任制。此外,在某些特定情况下,多式联运经营人可免责。

1. 统一责任制

统一责任制(uniform liability system)又称同一责任制,是多式联运经营人负货物损害责任的一种赔偿责任制度。按照这种制度,统一由签发联运提单的承运人对货主负全程运输责任,即货损货差不论发生在哪一个运输阶段,都按同一的责任内容承担。如果能查清发生损害的运输阶段,联运经营人在赔偿以后,可以向该段运输的实际承运人追偿。

2. 网状责任制

网状责任制(network liability system)又称分段责任制,是多式联运经营人负货物损害责任的一种赔偿责任制度。按照这种制度,签发联运提单的承运人虽然仍对货方负全程运输的责任,但对损害赔偿不像统一责任制那样,而是按发生损害的运输阶段的责任内容负责。例如,对损害发生在海上运输阶段的,按国际海上货运规则办理;如损害发生在铁路或公路运输阶段,则按有关国际法或国内法处理。

具体来说,国际多式联运经营人在从接收货物起到交付货物止的过程中,其主要责任有:

(1)托运人委托多式联运经营人负责装箱、计数的,后者应对箱内货物非因商品自身包装和质量问题而造成的污损和灭失负责。

(2)托运人委托装箱时,多式联运经营人对未按托运人要求,因积载不当、衬垫捆扎不良而造成的串味、污损、倒塌、碰撞等货损负责。

(3)多式联运经营人对在责任期间内因责任事故致使的货物损坏或灭失负责。

(4)多式联运经营人对货物的延迟交付负责。

3. 国际多式联运经营人的免责

对下述原因造成的货损或灭失,国际多式联运经营人不负责。例如:

(1)托运人所提供的货名、种类、包装、件数、重量、尺码及标志不实,或由于托运人的过失和疏忽而造成的货损或灭失,均由托运人自行承担责任。如对多式联运经营人或第三者造成损失,即使托运人已将多式联运单证转让,托运人仍应承担责任。

(2)发生损失的货物是由托运人或其代理装箱、计数或封箱的。

(3)货物品质不良,外包装完好而内包装货物短缺、变质。

(4)货物装载于托运人自备的集装箱内的损坏或短少。

(5)由于运输标志不清而造成的损失。

(6)对危险品等特殊货物的说明及注意事项不清或不正确而造成的损失。

(7)对有特殊装载要求的货物未加标明而引起的损失。

(8)海关、商检、承运人等行使检查权所引起的损失。

由上可见,国际多式联运经营人的责任是以过失责任为基础的。

案例

某年1月18日,某工贸公司委托某货运代理办理一批参加巴拿马国际博览会的展品货物的出口运输,并向其递交了一份出口货物托运单。1月22日,货运代理签发了一份全程多式联运提单,提单载明:海运船舶为驶往巴拿马的定期班轮"N"轮。货物由汽车运往香港,装上"N"轮,中途曾被卸下,由他船转运至巴拿马。货物运抵巴拿马,已超过合同约定的期限,未能参展。该工贸公司遂向法院提起诉讼,认为:被告擅自转船,导致货物迟延交付,错过了参展日期,因此,要求被告赔偿其经济损失。法院审理认为:被告擅自将承运的货物转船运输,是导致货物延期运到的根本原因,被告不能证明有转船的必要,应承担不合理转船造成货物延误的责任。

【案例分析】

本案中,被告某货运代理以自己的名义签发全程多式联运提单,其作为多式联运经营人的地位是毫无异议的。尽管货运代理对于转船无实际过错,但这并不能免除其作为多式联运经营人对全程运输应负的责任。

单元二　国际多式联运的组织形式

由于国际多式联运具有其他运输组织形式无可比拟的优越性,因而这种国际运输新技术已在世界各主要国家和地区得到广泛的推广和应用。国际多式联运的组织形式根据不同的原则可以有多种分类。

一、按组织方式和体制分类

按组织方式和体制分类,国际多式联运的组织形式可分为协作式多式联运和衔接式多式联运两大类。

(一)协作式多式联运

协作式多式联运是指两种或两种以上运输方式的运输企业,按照统一的规章或商定的协议,共同将货物从接管货物的地点运到指定交付货物的地点的运输。

协作式多式联运是目前国内货物联运的基本形式。在协作式多式联运下,参与联运的承运人均可受理托运人的托运申请,接收货物,签署全程运输单据,并负责自己区段的运输生产;后续承运人除负责自己区段的运输生产外,还需要承担运输衔接工作;而最后承运人则需要承担货物交付以及受理收货人的货损货差的索赔。在这种体制下,参与联运的每个承运人均具有双重身份。对外而言,他们是共同承运人,其中一个承运人(或代表所有承运人的联运机构)与发货人订立的运输合同,对其他承运人均有约束力,即视为每个承运人均与货方存在运输合同关系;对内而言,每个承运人不但有义务完成自己区段的实际运输和有关的货运组织工作,还应根据规章或约定协议,承担风险,分配利益。

(二)衔接式多式联运

衔接式多式联运是指由一个多式联运经营人综合组织两种或两种以上运输方式的运输企业,将货物从接管货物的地点运到指定交付货物的地点。

在衔接式多式联运下,运输组织工作与实际运输生产可以实现分离,多式联运经营人负责全程运输组织工作,各区段的实际承运人负责实际运输生产。在这种体制下,多式联运经营人也具有双重身份。对于货方而言,他是全程承运人,与货方订立全程运输合同,向货方收取全程运费及其他费用,并承担承运人的义务;对于各区段实际承运人而言,他是托运人,他与各区段实际承运人订立分运合同,向实际承运人支付运费及其他必要的费用。

衔接式多式联运形式符合分工专业化的原则,由多式联运经营人"一手托两家",不但方便了货主和实际承运人,也有利于运输的衔接工作,因此,它是多式联运的主要形式。

二、按联合运输方式的不同分类

一般的海海、陆陆、空空等形式虽也是联运,但仍是同一种运输工具之间的运输方式,而国际多式联运是采用两种或两种以上不同运输方式,如海陆、陆空、海空等,进行联运的运输组织形式。按联合运输方式的不同分类,国际多式联运的组织形式可分为海陆联运、大陆桥运输、海空联运、陆空联运①等。对航运货物来说,国际多式联运的组织形式主要是海陆联运、大陆桥运输、海空联运。

(一)海陆联运

海陆联运(sea—land)是国际多式联运的主要组织形式,也是远东/欧洲多式联运的主要组织形式之一。这种组织形式以航运公司为主体,签发联运提单,与航线两端的内陆运输部门开展联运业务,与大陆桥运输展开竞争。

具体做法是,内陆地区的托运人或收货人与航运企业或无船承运人签订由内陆出口地到内陆进口地的国际多式联运协议,托运人在内陆集装箱场站将货物转交承运人控制,得到多式联运提单。或者多式联运经营人派遣车辆将空的海运集装箱调拨到托运人内陆仓库,装上货物,签发多式联运提单。随后,货物通过铁路运输或公路运输运抵海运段的装货港,在装货港(也可以在内陆出口地)完成出口报关,装上远洋船舶运到预定的卸货港,再转由铁路或公路送达收货人仓库(当然也可以由收货人到港口自提货物)。

(二)大陆桥运输

在国际多式联运中,大陆桥运输是远东/欧洲国际多式联运的主要形式。大陆桥运输(land bridge transport)是指采用集装箱专用列车或卡车,把横贯大陆的铁路或公路作为中间"桥梁",使大陆两端的集装箱海运航线与专用列车或卡车连接起来的海—陆—海的一种连贯运输方式②。

大陆桥(land bridge)是指把海与海连接起来的横贯大陆的铁路。目前广泛使用的大陆桥有西伯利亚大陆桥、新亚欧大陆桥和北美大陆桥(包括美国大陆桥和加拿大大陆桥)。

1. 西伯利亚大陆桥

西伯利亚大陆桥(Siberian land bridge,SLB)把太平洋远东地区与波罗的海、黑海沿岸及西欧大西洋岸连接起来,为世界最长的大陆桥。这条大陆桥运输路线的西端已从英国延伸到包括西欧、中欧、东欧、南欧、北欧的整个欧洲大陆和中东各国,其东端发展到韩国、菲律宾、中国内地和中国香港等地。从西欧到远东,经大陆桥为13 000千米,比海上经好望角航线缩短约1/2的路程,比经苏伊士运河航线缩短约1/3的路程,同时,运费要低20%~25%,时间也可节省3~5天。西伯利亚大陆桥的运输线路如图6-3所示。

目前,经过西伯利亚往返于欧亚之间的大陆桥运输路线主要有3条。

(1)铁/铁路线。铁/铁路线即由日本、中国等地用船把货箱运至俄罗斯的纳霍德卡和东方港,再用火车经西伯利亚铁路运至白俄罗斯西部边境站,然后继续运至欧洲和伊朗或相反

① 陆空联运(air—land)方式既弥补了全程空运费用高的弊端,又巧妙利用了航空运输枢纽的有利地位,提高了运送速度。如内地的货物首先通过公路/铁路运输方式到达香港,再借助香港航线多的优越条件利用空运转运到北美、欧洲等。

② 严格地讲,大陆桥运输也是一种海陆联运形式。只是因为其在国际多式联运中的独特地位,故人们将其单独作为一种运输组织形式。人们把使大陆两端的集装箱海运航线与专用列车连接起来的海—陆的连贯运输方式又称为小陆桥运输(mini-land bridge transport)。

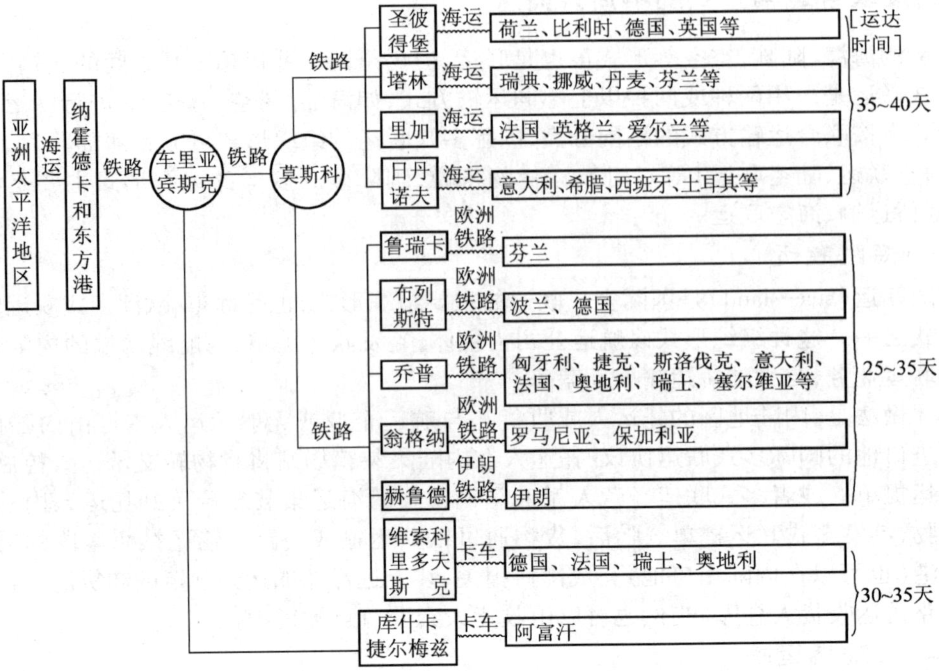

图6-3　西伯利亚大陆桥的运输线路

方向。

我国开办大陆桥运输业务主要是铁/铁路线(如图6-4所示),即从国内各车站至满洲里或二连浩特、阿拉山口出口,通过俄罗斯后贝加尔站或通过蒙古扎门乌德站至纳乌什基站,利用西伯利亚铁路转至亚洲的伊朗、阿富汗或东欧、西欧铁路再运至欧洲等地或相反方向的运输。

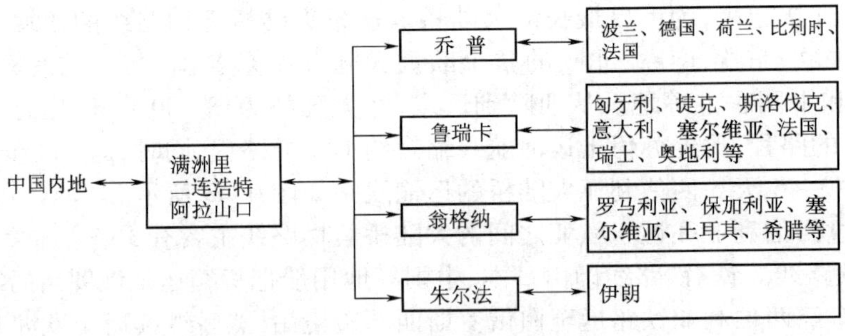

图6-4　我国大陆桥运输的铁/铁路线

(2)铁/海路线。铁/海路线是用船把货箱运至东方港,再用火车运到波罗的海和黑海的港口,装船运至北欧、西欧、巴尔干地区的港口,最终交收货人。或由国内各火车站经满洲里至俄罗斯后贝加尔站或由二连浩特至蒙古扎门乌德站、俄罗斯纳乌什基站,利用西伯利亚铁路运至波罗的海和黑海港口,再装船转运至西欧、北欧和巴尔干地区的主要港口及相反方向的运输。我国大陆桥运输的铁/海路线如图 6-5 所示。

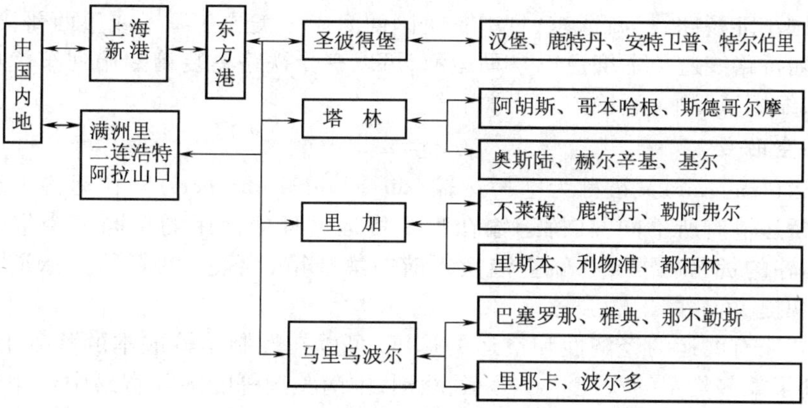

图 6-5　我国大陆桥运输的铁/海路线

（3）铁/卡路线。铁/卡路线即用船把货箱运至东方港，用铁路运至俄罗斯西部边境布列斯特附近的奥托布列斯特，再用卡车把货箱运至德国、瑞士、奥地利等国。或由国内各车站经满洲里或二连浩特、阿拉山口出口，通过蒙古、俄罗斯铁路再转至俄罗斯奥托布列斯特转公路运至欧洲各地及相反方向运输。我国大陆桥运输的铁/卡路线如图 6-6 所示。

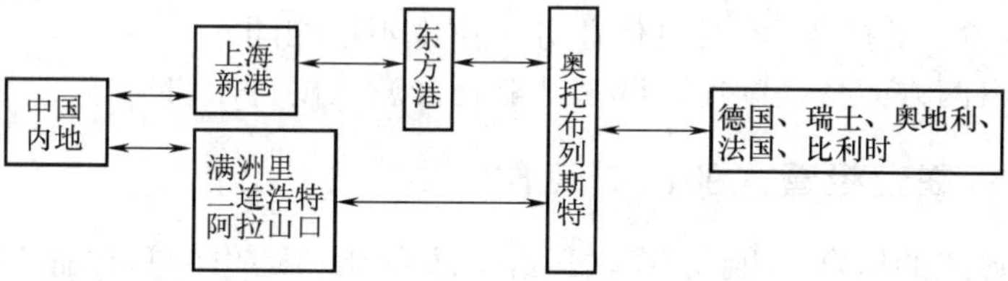

图 6-6　我国大陆桥运输的铁/卡路线

我国对外出口成交的货物利用大陆桥集装箱运输时大多采用大陆桥专门价格术语 CIF，即在买方的国内铁路部门车站车皮上交货价。根据该术语，我国出口方要负担至合同指定的进口方国内到站的运费和保险费。为此，出口商一般委托货运代理办理大陆桥出口运输事宜。西伯利亚大陆桥进口运输业务根据交货条件不同，承运人所承担的责任和义务也不同。以中国对外贸易运输（集团）总公司（以下简称中国外运总公司）为例，对于进口货物在欧洲某站发货（FCA × × railway station）或工厂交货的运输，中国外运总公司可以接受我国买方委托，以收货人全权代理的身份负责组织全程运输；对于进口货物在中国边境（如 CIP Manchouli）或内陆城市（如 CIP Wuhan ）交货的运输，中国外运总公司可以作为接受国外货运代理人委托的分承运人身份办理我国境内的运输工作。

2. 新亚欧大陆桥

新亚欧大陆桥（A-E. land bridge）东起中国的连云港，经陇海线、兰新线、北疆铁路，出阿拉山口，最终抵达荷兰的鹿特丹，全长 10 800 千米，途经中国、哈萨克斯坦、俄罗斯、白俄罗斯、波兰、德国、荷兰七国，辐射 30 多个国家和地区，比西伯利亚大陆桥缩短 2 000 千米、节省运费约 30%，与海运比较，可节省运输时间 60% 左右。

除西伯利亚大陆桥、新亚欧大陆桥外，国际货物大陆桥运输中还有美国小陆桥（U. S. mini - land bridge）、美国微型路桥（U. S. micro - land bridge）或半路桥（semi - land bridge）。美国小陆桥路线为：远东、日本—美国西海岸—美国东海岸或墨西哥湾港口—目的地。这条小陆桥路线避免了绕道巴拿马运河，可以享受铁路集装箱专用列车优惠运价，从而降低了成本，缩短了距离，运输方式为海—铁。

（三）海空联运

海空联运（sea—air）又被称为空桥运输（air - bridge transport）。在运输组织方式上，空桥运输与陆桥运输有所不同：陆桥运输在整个货运过程中使用的是同一个集装箱，不用换装，而空桥运输的货物通常要在航空港换入航空集装箱。不过，两者的目标是一致的，即以低费率提供快捷、可靠的运输服务。

这种方式兼有海运的经济性和空运的速度，可以在控制运输成本的基础上缩短运输时间，因而受到了某些货主的欢迎。在远东、欧洲、中南美洲等的国际贸易中运用越来越广泛，适用于电器、电子产品、计算机和照相器材等高价值商品以及玩具、时装等季节性需求较强的商品。不过，由于航空运输与海运的巨大差异，特别是海运集装箱和空运集装箱的不兼容性，导致海空联运受到一定的限制。

单元三　国际多式联运业务

国际多式联运业务主要包括与发货人订立多式联运合同，组织全程运输，完成从接货到交付过程的合同事项等基本内容。由于多式联运是依托不同运输方式、跨国跨地区的物流业务，是不同的运输方式的组合，其具体业务运作也不尽相同。

下面从进出口两方面分别阐述国际多式联运经营人的进出口运作。

一、国际多式联运经营人的出口运作

不同的运输方式的组合，国际多式联运经营人的出口运作的具体业务不尽相同。例如以 CIF 条件下国际集装箱铁—海多式联运①出口业务，主要包括如下环节：接受托运申请，订立多式联运合同→编制作业计划，（向铁路部门、船公司）订车、租船订舱→提取空箱，安排货物进库场→办理货物装车→报检报关→签发全程多式联运提单→传递货运信息和寄送相关单证→办理货物在中转港的海关手续及制作货运单据→货交船公司，船公司签发提单→传递货运信息及寄送相关单证→提取货物与交付货物→货物事故处理。

但总体来说，国际多式联运经营人的出口运作大致需要经过：营销揽货→接受托运申请，订立多式联运合同→编制作业计划，（向铁路部门、船公司、航空公司）订车、租船订舱→接货、空箱发放、提取、装箱、运送→出口报检报关→办理货物保险→签发多式联运提单，组织完成货物的全程运输→单证寄送→办理运输过程中的海关业务→货物交付→货物事故处理等环节。

（一）营销揽货

营销揽货环节的工作内容就是向货主承揽运输业务。经过与竞争者的费率进行比较，

① 这里所说的国际集装箱铁—海多式联运出口，是指货方采取铁—海联运方式，在内地口岸将出口集装箱装上铁路集装箱班列，由铁路集装箱班列运至集装箱码头后，换装海运船舶，由海运船舶继续将集装箱运至目的港，并交付收货人。

调整各种费用报价；访问货主拟委托的业务项目，向货主提出报价单；报价经货主接受后，双方签订协议书，正式成交。

（二）接受托运申请，订立多式联运合同

多式联运经营人根据货主提出的托运申请和自己的运输线路等情况，判断是否接受该托运申请。如果能够接受，则双方协定有关事项后，签订多式联运合同。

【例】多式联运合同样本

多式联运合同

甲方（托运人）：

法定代表人：

法定地址： 邮编：

经办人： 联系电话： 传真：

银行账户：

乙方（承运人）：

法定代表人：

法定地址： 邮编：

经办人： 联系电话： 传真：

银行账户：

甲乙双方经过友好协商，就办理甲方货物多式联运事宜达成如下合同：

1. 甲方应保证如实提供货物名称、种类、包装、件数、重量、尺码等货物状况，由于甲方虚报给乙方或者第三方造成损失的，甲方应承担损失。

2. 甲方应按双方商定的费率在交付货物____天之内将运费和相关费用付至乙方账户。甲方若未按约定支付费用，乙方有权滞留提单或者留置货物，进而依法处理货物以补偿损失。

3. 托运货物为特种货或者危险货时，甲方有义务向乙方做详细说明。未做说明或者说明不清的，由此造成乙方的损失由甲方承担。

4. 乙方应按约定将甲方委托的货物承运到指定地点，并应甲方的要求，签发联运提单。

5. 乙方自接货开始至交货为止，负责全程运输，对全程运输中乙方及其代理或者区段承运人的故意或者过失行为而给甲方造成的损失负赔偿责任。

6. 乙方对下列原因所造成的货物灭失和损坏不负责任：

（1）货物由甲方或者代理人装箱、计数或者封箱的，或者装于甲方的自备箱中；

（2）货物的自然特性和固有缺陷；

（3）海关、商检、承运人行使检查权所引起的货物损耗；

（4）天灾，包括自然灾害，例如但不限于雷电、台风、地震、洪水等，以及意外事故，例如但不限于火灾、爆炸、由于偶然因素造成的运输工具的碰撞等；

（5）战争或者武装冲突；

（6）抢劫、盗窃等人为因素造成的货物灭失或者损坏；

（7）甲方的过失造成的货物灭失或者损坏；

(8)罢工、停工或者乙方雇用的工人劳动受到限制；

(9)检疫限制或者司法扣押；

(10)非由于乙方或者乙方的受雇人、代理人的过失造成的其他原因导致的货物灭失或者损坏，对于第(7)项免除责任以外的原因，乙方不负举证责任。

7. 货物的灭失或者损坏发生于多式联运的某一区段，乙方的责任和赔偿限额，应该适用该区段的法律规定。如果不能确定损坏发生区段的，应当使用调整海运区段的法律规定，不论是根据国际公约还是根据国内法。

8. 对于逾期支付的款项，甲方应按每日万分之五的比例向乙方支付违约金。

9. 由于甲方的原因(如未及时付清运费及其他费用而被乙方留置货物或滞留单据或提供单据迟延而造成货物运输延迟)所产生的损失由甲方自行承担。

10. 合同双方可以依据《中华人民共和国合同法》的有关规定解除合同。

11. 乙方在运输甲方货物的过程中应尽心尽责，对于因乙方的过失而导致甲方遭受的损失和发生的费用承担责任，以上损失不包括货物因延迟等原因造成的经济损失。在任何情况下，乙方的赔偿责任都不应超出每件______元人民币或每千克______元人民币的责任限额，两者以较低的限额为准。

12. 本合同项下发生的任何纠纷或者争议，应提交中国海事仲裁委员会，根据该会的仲裁规则进行仲裁。仲裁裁决是终局的，对双方都有约束力。

本合同的订立、效力、解释、履行、争议的解决均适用中华人民共和国法律。

13. 本合同从甲乙双方签字盖章之日起生效，合同有效期为______天，合同期满之日前，甲乙双方可以协商将合同延长______天。合同期满前，如果双方中任何一方欲终止合同，应提前______天，以书面的形式通知另一方。

14. 本合同经双方协商一致可以进行修改和补充，修改及补充的内容经双方签字盖章后，视为本合同的一部分。

本合同正本一式____份。

甲方：　　　　　　　　　　　　　　乙方：

年　　月　　日　　　　　　　　　　年　　月　　日

(三)编制作业计划，订车、租船订舱

多式联运经营人接受货主委托后安排相关作业。

其一，总承运人与分承运人及运输的各连接点之间签订合同，与船公司、航空公司、铁路部门、具体作业的部门、仓库、港口、商检、理货签订合同。合同可以有不同的方式，有的签订正式合同，有的延用已有的协议，有的办理委托手续，或填写委托书、申请表。

其二，收集托运人出口所需的各种单证。

其三，编制作业计划，填制作业安排书。作业计划应包括货物的运输线路、区段的划分、各区段实际承运人的选择确定及各区段间衔接地点的到达、起运时间等内容。货物运输计划的安排必须科学并留有余地。工作中应相互联系，根据实际情况调整计划，避免彼此脱节。

其四，国际多式联运经营人根据具体情况向合适的实际区段的承运人租船、订舱或要求列车车皮进行货物运输。多式联运经营人向分承运人租船订舱或订车是经营人独立的业务活动，与货主无关。

(四)接货、空箱发放、提取、装箱、运送

国际多式联运经营人按托运人的托运要求安排运输线路、接货、内陆运输、仓储。多式联运中使用的集装箱一般应由经营人提供。这些集装箱的来源可能有三个:一是经营人自己购置使用的集装箱;二是向租箱公司租用的集装箱,这类集装箱一般在货物的起运地附近提箱而在交付货物地点附近还箱;三是由全程运输中的某一分运人提供,这类集装箱一般需要在多式联运经营人为完成合同运输,与该分运人(一般是海上区段承运人)订立分运合同后方可获得使用权。

如果双方协议由发货人自行装箱,则多式联运经营人应签发提箱单或者将租箱公司或分运人签发的提箱单交给发货人或其代理人,由他们在规定的日期到指定的堆场提箱并自行将空箱托运到货物装箱地点,准备装货。如发货人委托亦可由经营人办理从堆场到装箱地点的空箱托运(这种情况需加收空箱托运费)。

如是拼箱货(或是整箱货但发货人无装箱条件而不能自装)时,则由多式联运经营人将所用空箱调运至接收货物的集装箱货运站,做好装箱准备。

若是发货人自行装箱,发货人或其代理人提取空箱后在自己的工厂和仓库组织装箱。装箱工作一般要报关后进行,并请海关派员到装箱地点监装和办理加封事宜。如需理货,还应请理货人员现场理货并与其共同制作装箱单。

如是拼箱货物,发货人应负责将货物运至指定的集装箱货运站,由货运站按多式联运经营人的指示装箱。

无论装箱工作由谁负责,装箱人均需制作装箱单,并办理海关监装与加封事宜。由货主自装箱的装箱货物被运至双方协议规定的地点,多式联运经营人或其代表(包括委托的场站业务员)在指定地点接收货物。如是拼箱货,经营人在指定的货运站接收货物。验收货物后,代表联运经营人接收货物的人应在堆场收据正本上签章并将其交给发货人或代理人。

国际多式联运经营人按托运人的托运要求将货物送至实际承运人指定的车站、堆场或港口,实际承运人向多式联运经营人签发提单或运单。

(五)出口报检报关

若联运从港口开始,则在港口报检报关;若从内陆地区开始,应在附近的内陆地点办理报检报关。出口报检报关事宜一般由发货人或其代理人办理,也可委托多式联运经营人代为办理。

(六)办理货物保险

在发货人方面,应投保货物运输险。该保险由发货人自行办理,由发货人承担费用可由多式联运经营人代为办理。货物运输保险可以是全程投保,也可分段投保。

在多式联运经营人方面,应投保货物责任险和集装箱保险,由经营人或其代理人负责办理。

(七)签发多式联运提单,组织完成货物的全程运输

多式联运经营人的代表收取货物后,经营人应向发货人签发多式联运提单。在把提单交给发货人前,应注意按双方协定的付费方式及内容、数量向发货人收取全部应付费用。

多式联运经营人有完成和组织完成全程运输的责任和义务。在接收货物后,要组织各区段实际承运人、各派出机构及代表人共同协调工作,完成全程中各区段的运输、各区段之间的衔接工作以及运输过程中所涉及的各种服务性工作,并做好运输单据、文件及有关信息

等的组织和协调工作。

国际多式联运经营人要做好货物运输过程中的跟踪监管，定期向发货人或收货人发布货物位置等信息，通知其货物抵达目的地的时间，并要求目的地代理人办理货物进口手续。

（八）单证寄送

货物装船（车、飞机）发运后，国际多式联运经营人将船名（车号、航空运单号）、集装箱、发运日期、中转地、目的地等项内容，先以电传通知国外代理，然后填制发运单或指示（shipping notification，shipping instruction），连同联合运输单据副本、承运单证、装箱单等有关发运单据寄国外代理，由其凭以办理接货、交货或转运工作。

（九）办理运输过程中的海关业务

按照国际多式联运的全程运输（包括进口国内陆段运输）均应视为国际货物运输，因此该环节主要包括货物及集装箱进口国的通关手续，进口国内陆段保税（海关监管）运输手续及结关等内容。如果陆上运输要通过其他国家海关和内陆运输线路，则还应包括这些海关的通关及保税运输手续。

这些涉及海关的手续一般由多式联运经营人的派出机构或代理人办理，也可由各区段的实际承运人作为多式联运经营人的代表代为办理。由此产生的全部费用，应由发货人或收货人负担。

如果货物在目的港交付，则结关应在港口所在地海关进行。如在内陆地交货，则应在口岸办理保税（海关监管）运输手续，海关加封后方可运往内陆目的地，然后在内陆海关办理结关手续。

（十）货物交付

当货物运至目的地后，由国际多式联运经营人在目的地的代理通知收货人提货。收货人需凭多式联运提单提货，多式联运经营人或其代理人需按合同规定，收取收货人应付的全部费用，收回提单签发提货单（交货记录），提货人凭提货单到指定堆场和地点提取货物。如是整箱提货，则收货人要负责至拆箱地点的运输，并在货物取出后将集装箱运回指定的堆场，运输合同方终止。

（十一）货运事故处理

如果全程运输中发生了货物灭失、损害和运输延误，无论是否能确定损害发生的区段，发（收）货人均可向多式联运经营人提出索赔。多式联运经营人根据提单条款及双方协议确定责任并做出赔偿。如果确知事故发生的区段和实际责任者，多式联运经营人则可向其进一步进行索赔。不能确定事故发生的区段时，一般按在海运段发生处理。如果已对货物及责任投保，则存在要求保险公司赔偿和向保险公司进一步追索的问题。如果受损人和责任人之间不能取得一致意见，则需通过在诉讼时效内提起诉讼和仲裁来解决。

二、国际多式联运经营人的进口运作

国际多式联运经营人的进口运作业务主要有如下一些环节：接受托运申请，订立多式联运合同→向船公司和铁路部门或航空公司申请租船、订舱、订车→收货人通知托运人准备集装箱装船等事宜→签发全程多式联运提单和收取海运提单→传递货运信息和寄送相关单证→办理货物在中转

联运人赔偿的责任限额

港的海关转关手续及制作货运单据→办理海关手续，提取货物与交付货物。

下面主要阐述国际多式联运港口代理进口货运运作、国际多式联运内地代理进口货运运作。

（一）国际多式联运港口代理进口货运运作

（1）多式联运单证由国外代理或船舶代理寄交多式联运港口代理人（以下简称“港代”）。

（2）港代将卸船和其他货运资料送交港口单位。

（3）港代向内陆代理发到货通知书。

（4）办理报关和转关手续（整箱运输）。

（5）港口卸船。

（6）港代或货代用海运提单向船代换取提货单。

（7）港代向船公司办好提货手续，凭提货单向港口提货。

（8）海关整箱加封监管。

（9）港代委托的陆运承运人向内地收货地运箱。

（10）拆箱货在海关放行后由陆运承运人直接运往收货人仓库。

（11）向内地代理寄送发货通知书，寄交有关单证，关封、报关单证随车送交内地代理。

（二）国际多式联运内地代理进口货运运作

（1）接口岸代理的到货通知，向收货人发到货通知。

（2）收货人或其代理向银行付款，领取多式联运提单，向多式联运内地代理换取提货单。

（3）货方或委托内地代理报关。

（4）海关验货放行。

（5）港代的承运人将整箱货运抵多式联运内地代理仓库进行掏箱。

（6）货方或货代凭提货单到多式联运内地代理仓库缴纳费用后提货。

（7）货方自提或仓库代运至收货人仓库。

（8）内地代理向港口代理沟通信息，结算有关费用。

（9）收货人验货后发现货物短损、运输延误可向多式联运经营人提出索赔，多式联运经营人通过各段代理人向各段承运人追索。

（10）多式联运的索赔单证包括索赔通知书、联运单据副本、权益转让书、检验证明书、商业发票和装箱单。

三、国际多式联运运费

国际多式联运路线长、环节多，费率的构成很复杂，但一般都制定单一的费率，向托运人一次收取即可。费率的制定主要考虑如下因素：

其一，两种以上运输方式各区段的运费。如海空陆联运，需支付海运费和空运费、陆运费。

其二，装运港包干费。主要包括：内陆运费，如公路费用包括过桥过境费等；市内运费，如提箱费、仓库到仓库、仓库到机场、港口、码头等费用；仓储费；装拆费；报关费；港建费、港杂费；服务费；等等。包干费有大包干费和小包干费之分。例如，国际多式联运经营人从南京托运人仓库接货到上海港货物装船为止，所需费用总称为大包干费；货物从南京托运人仓库由托运人将货物送至上海国际多式联运经营人仓库，以后由上海国际多式联运经营人安排货物直至港口装上船为止所需的费用称为小包干费。无论大包干费还是小包干费，其费率的构成内容是一样的。

其三，中途港的中转费用，包括目的地交货前的费用，即货物到了中转港，由一种运输方式转移至另一种运输方式所产生的各种费用。这种费用主要有中途运费、堆存费、吊卸吊装费，必要时还有拆装箱费、服务费等。

其四，特殊费用与适当利润。

单元四　国际多式联运的单证

在多式联运中，当多式联运经营人收到托运人交付的货物时，应当向托运人签发多式联运单证。所谓多式联运单证就是证明多式联运合同存在及多式联运经营人接管货物并按合同条款提交货物的证据。它由承运人或其代理人签发。

一、多式联运单证的一般内容及单证系统的构成

关于多式联运单证的形式，目前并没有统一的格式。实践中，多式联运单证可以有不同的格式、名称，其记载的内容和特点可能也有差别。常见的有国际货运代理协会联合会(FIATA)的FBL(1992)、FWB(1997)，以及波罗的海航运公会1995年缮制的多式联运提单，此外，很多名为联合运输单据，甚至联运单据的单证也时常出现在多式联运中，履行着多式联运单证的职能。

多式联运单证依照托运人的要求，可以是可转让的单据，也可以是不可转让的单据。在实践中，只有单据的签发人(即多式联运经营人)承担全程责任时，多式联运单证才有可能做成可转让的单据。此时，多式联运单证具有物权凭证的性质和作用。在作为可转让的多式联运单证时，其应当列明按指示或者向持票人交付。如果是凭指示交付货物的单证，则该单证经背书才可转让；向持票人交付货物时，则该单证无须背书即可以转让。当签发一份以上可转让多式联运单证正本时，应当注明正本份数，收货人只有提交可转让多式联运单证正本时才能提取货物，多式联运经营人按其中一份正本交货后，即履行了交货人的义务；如果签发副本，则应当注明“不可转让副本”字样。如果多式联运经营人按托运人的要求签发了不可转让多式联运单证，则应当指明记名的收货人，多式联运承运人将货物交给不可转让单证所指明的记名收货人才算履行了交货义务。以出口为例，国际多式联运出口单证系统如图6－7所示。

从图6－7来看，国际多式联运单证系统由以下两部分组成：

其一是在国际多式联运经营人与货主(托运人、收货人)之间流转的单证。由于没有可适用的国际公约，世界上并不存在国际上认可的、统一的多式联运单证。实务中使用的多式联运单证是通过订立合同产生的，它既可以是可转让的，也可以是不可转让的，但目前以使用可转让的多式联运提单最为常见。

其二是国际多式联运经营人与各区段实际承运人之间流转的单证。这部分单证采用该区段运输方式所使用的运输单证。

二、国际多式联运提单

多式联运提单(combined transport① B/L or multimodal transport② B/L)，是指多式联运经

---

① combined transport 出自国际商会制定的《联运单证统一规则》。

② multimodal transport 出自联合国《国际货物多式联运公约》。

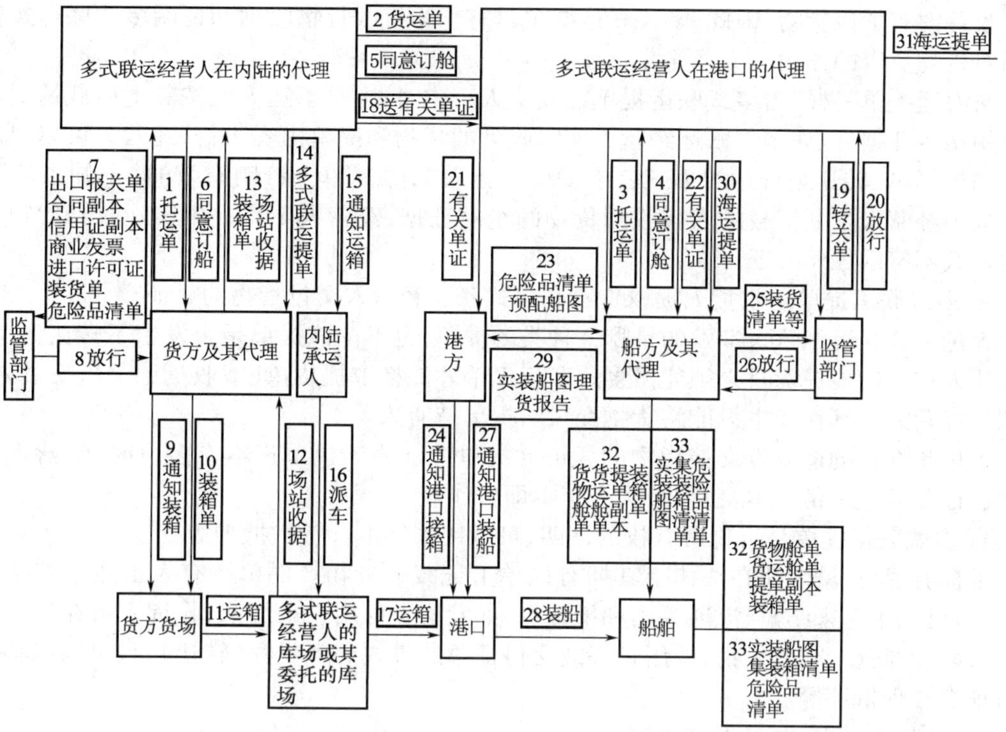

图 6-7 国际多式联运出口单证系统流转示意图

营人对经由两种以上不同运输方式运输的货物所出具的全程提单,多式联运经营人对全程运输承担责任。多式联运提单是由承运人或其代理人签发的,证明多式联运合同以及证明多式联运经营人接管货物并负责按合同条款交付货物的单据。其作用与海运提单相似,既是货物收据也是运输契约的证明;在单据做成指示抬头或不记名抬头时,可作为物权凭证,经背书可以转让。

多式联运提单表面上和联运提单(through B/L)相仿,但联运提单承运人只对自己执行的一段负责,而多式联运承运人对全程负责。联运提单由船公司签发,包括海洋运输在内的全程运输;多式联运提单由多式联运承运人签发,包括全程运输的多种运输方式,可以不包含海洋运输。联运提单属于已装船提单,装船后在装运港或承运人所在地签发,而多式联运提单属于收货待运提单,在收货地或多式联运经营人所在地收货后签发。

(一)多式联运提单的作用

1. 多式联运提单是发货人和多式联运经营人双方在合同确定的货物运输关系中关于权利、义务和责任的准则

发货人提出托运申请,多式联运经营人根据自己的情况表示可以接受后,双方即达成了协议,多式联运合同已告成立。签发多式联运提单只是多式联运经营人履行合同的一个环节。因此,多式联运提单与各单一方式运输中使用的运单是不同的,不是运输合同而只能是合同的证明。

2. 多式联运提单是多式联运经营人接管货物的证明和收据

多式联运经营人向发货人签发的提单是证明运送提单上记载的货物,已经从发货人手

中接收并占有了该货物,因此,多式联运提单具有作为接收货物收据和证明多式联运经营人开始对货物负责的作用。

与海运提单一样,当多式联运提单在发货人手中时,它是承运人已按其上所载情况收到货物的初步证据,假如多式联运经营人实际收到的货物和提单内容不符,经营人可以提出反证。如果提单"转让至善意的第三者或提单受让人",除提单上订明有效的"不知条款"外,提单成为经营人按其记载的内容收到货物的绝对证据,经营人不得提出实际收到货物与提单上记载不符的任何反证。

3. 多式联运提单是收货人提取货物和多式联运经营人交付货物的凭证

无论多式联运经营人签发的是哪一种类的提单,也不论该提单是否发生了转让,收货人或受让人在目的地提货时必须凭借多式联运提单才能换取提货单(或收货记录);反过来,多式联运经营人或其代表也只能将货物交付给提单持有人。

提单是在目的地双方交接货物的凭证。提单上证明该提单正本有多份时,经营人或其代表已按照其中一份正本交货后,其余正本即告作废。

4. 多式联运提单是货物所有权的证明,可以用来结汇、流通、抵押等

谁拥有提单,就表明在法律上其拥有提单上记载的货物。提单持有人虽然不直接占有货物,但可以用它来结汇、流通买卖和抵押等,如发货人可用它来结汇,收货人可在目的港要求多式联运经营人交付货物,或用背书或交付提单的方式处理货物(转让),且可以将其作为有价证券办理抵押等。

(二)多式联运提单的签发

多式联运提单一般是在多式联运经营人收到货物后签发的,由于联运的货物主要是集装箱货物,因此多式联运经营人接收货物的地点可能是集装箱码头或内陆港堆场、集装箱货运站和发货人的工厂或仓库。由于接收货物地点不同,提单签发的时间、地点及联运经营人承担的责任也有较大区别。

1. 在发货人工厂或仓库收到货物后签发的提单

这种情况属于在发货人的"门"接受货物,场站收据中应注明,提单一般在集装箱装上运输工具后签发。在该处签发的提单意味着发货人应自行负责货物报关、装箱、制作装箱单、联系海关监装及加封,交给多式联运经营人或其代表的是外表状况良好、铅封完整的整箱货物;而经营人应负责从发货人工厂或仓库至码头堆场(或内陆港场站)的运输和至最终交付货物地点的全程运输。

2. 在集装箱货运站收货后签发的提单

在这种情况下,多式联运经营人是在他自己的或由其委托的集装箱货运站接收货物。该货运站可在港口码头附近,也可以在内陆地区。接收的货物一般是拼箱运输的货物(有时在货主没有装箱能力时也接收整箱货,但这属于接受发货人委托提供装箱服务,另收服务费)。提单签发时间一般是在货物交接入库后。在该处签发提单意味着发货人应负责货物报关,并把货物(以原来形态)运至指定的集装箱货运站,而多式联运经营人(或其委托CFS)负责装箱,填制装箱单,联系海关加封等业务,并负责将拼装好的集装箱运至码头(或内陆港)堆场。

3. 在码头(或内陆港)堆场收货后签发的提单

这种情况属于码头(或内陆港)堆场接收货物,一般由发货人将装好的整箱货运至多式联运经营人指定的码头(或内陆港)堆场,由多式联运经营人委托的堆场的业务人员代表其

接收货物,签发正本场站收据给发货人,再由发货人用该正本收据至多式联运经营人或其代表处换取提单。多式联运经营人收到该正本收据,并收取应收费用后即应签发提单。

在该处签发的提单一般意味着发货人应自行负责货物装箱、报关、加封等工作,并负责这些整箱货物从装箱地点至码头(或内陆港)堆场的内陆运输,而多式联运经营人应负责完成或组织完成货物由该堆场至目的地的运输。

(三)多式联运提单应载明的事项

多式联运提单是多式联运经营人、发货人、收货人甚至实际承运人等当事人之间进行业务活动的凭证,是接收货物的收据和交货的凭证,因此提单不仅应能证明合同及其内容(包括多式联运经营人、发货人、收货人的名称、地址,货物交接日期、地点、期限,运费支付情况等),也要证明货物的情况(包括外表状况、数量、品质等),提单内容是否准确、清楚、完整,对保证货物正常交接、安全运输和责任划分具有重要的意义。同时,由于国际多式联运要使用两种或两种以上的运输方式,提单的内容也应适应不同运输方式和集装箱运输的实际需要。因此,多式联运提单的内容与各种单一方式运单和提单的内容也有一定的区别。

根据多式联运公约规定,多式联运提单应载明下列事项:

(1)货物的品类,识别货物所必需的主要标志。哪些属危险货物,其危险特性的明确声明,包件数,货物的毛重或以其他方式表示的数量等,所有这些事项均由发货人提供。

(2)货物的外表状况,包装形式。

(3)多式联运经营人的名称和主要营业场所。

(4)发货人、收货人(必要时可有通知人)的名称。

(5)多式联运经营人接管货物的地点和日期。

(6)交付货物的地点。

(7)双方确定协议的交付货物地点,交货时间、期限。

(8)表示该提单为可转让或不可转让的声明。

(9)多式联运提单签发的地点和日期。

(10)多式联运经营人或经其授权的人的签字。

(11)经双方明确的有关运费支付的说明,包括应由发货人支付的运费及货币,或由收货人支付的其他说明。

(12)有关运输方式、运输线路、转运地点的说明。

(13)有关声明与保留。

(14)在不违背签发多式联运提单所在国法律的前提下,双方同意列入提单的其他事项等。

以上一项或者多项内容的缺乏,不影响单据作为多式联运单证的性质。各多式联运经营人印制的多式联运提单一般都应注明上述各项内容。这些内容通常由发货人填写,或由多式联运经营人或其代表根据发货人提供的有关托运文件及双方协议情况填写。如属于跟单信用证下的贸易,提单上填写的内容应与信用证内容及《跟单信用证统一惯例》的规定完全一致,以保证顺利结汇。

(四)多式联运提单的流转程序

在实际业务中,多式联运提单和各区段实际承运人的货运单证的缮制大多交由多式联运经营人的各区段代理负责,多式联运经营人主要充当全面控制和发布必要指示的角色。图6-8以一程是公路运输,二程是海上运输,三程是铁路运输的多式联运为例,说明多式联运经营人签发的多式联运提单及各区段实际承运人签发的运输单证的流转程序。

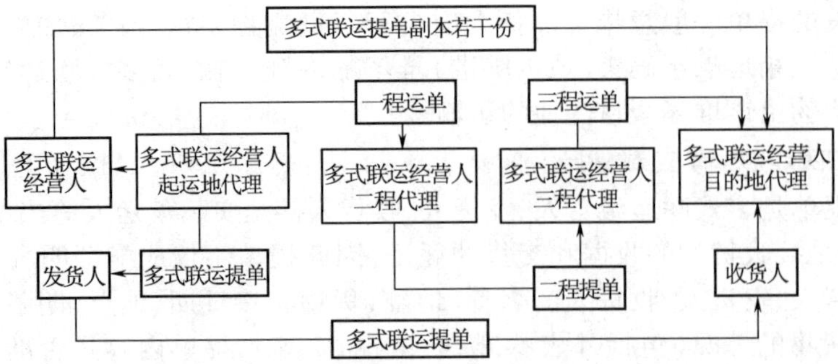

图 6-8　多式联运提单及各区段单证的流转程序

具体说明如下：

第一，多式联运经营人起运地分支机构或代理缮制并签发全程多式联运提单。其中的正本交给发货人，用于结汇；副本若干份交给多式联运经营人，用于多式联运经营人留底和送交目的地分支机构或代理。

第二，多式联运经营人起运地分支机构或代理将货物交一程承运人后，一程承运人签发以多式联运经营人或其起运地分支机构或代理为托运人、以多式联运经营人或其二程分支机构或代理为收货人的公路运单，运单上应注有全程多式联运提单的号码。多式联运经营人起运地分支机构或代理在货物出运并取得运单后，立即以最快的通信方式将运单、舱单等寄交多式联运经营人二程分支机构或代理，以便二程分支机构或代理能用此提货；同时向多式联运经营人提供运单副本以及载运汽车离站时间及预计抵达时间等信息，以便多式联运经营人能全面了解货运进展和向二程分支机构或代理发出必要的指示。

第三，多式联运经营人二程分支机构或代理收到运单后，凭此从一程承运人或其代理处提取货物，并交付二程承运人或其代理。二程承运人或其代理收到货物后，签发以多式联运经营人或其二程分支机构或代理为托运人，以多式联运经营人或其三程分支机构或代理为收货人的提单（当然也可以是指示提单，但通知方应为多式联运经营人三程分支机构或代理），提单上注明全程多式联运提单号码。多式联运经营人二程分支机构或代理在货物出运并取得提单后，以最快的通信方式将正本提单、舱单等寄交多式联运经营人三程分支机构或代理，以便三程分支机构或代理能用此提货；同时向多式联运经营人提供提单副本以及船舶离港报告等，以便多式联运经营人能全面了解货运进展和向三程分支机构或代理发出必要的指示。

第四，多式联运经营人三程分支机构或代理收到提单后，凭此从二程承运人或其代理处提取货物，并交付三程承运人或其代理。三程承运人或其代理收到货物后，签发以多式联运经营人或其三程分支机构或代理为托运人，以多式联运经营人或其目的地分支机构或代理为收货人的铁路运单，运单上注明全程多式联运提单号码。多式联运经营人三程分支机构或代理在货物出运并取得运单后，以最快的通信方式将运单等寄交多式联运经营人目的地分支机构或代理，以便目的地分支机构或代理能用此提货；同时，向多式联运经营人提供运单副本以及火车动态等，以便多式联运经营人能全面了解货运进展和向目的地分支机构或代理发出必要的指示。

第五，多式联运经营人目的地分支机构收到铁路运单后，可凭此从承运人或其代理处提取货物，并向收货人发出提货通知。收货人付款赎单后取得多式联运经营人签发的全套正本多式联运提单，凭此全套正本提单可向多式联运经营人目的地分支机构或代理办理提货手续。多式联运经营人目的地分支机构或代理经与多式联运经营人寄交的副本提单核对，并在收取应收取的运杂费后，将货物交付收货人。

任务解析

下面根据上面所学知识对项目情景的任务进行简要解析。

任务1：国际多式联运是指多式联运经营人按照多式联运合同，以至少两种不同的运输方式，将货物从一国境内接管货物的地点运至另一国境内指定交付货物的地点的运输方式。从新疆A畜产品进出口公司与新疆B畜产品进出口公司的实践来看，国际多式联运的优越性主要有：手续简便；迅速快捷，有利按期交货；提早收汇；节省了运费。

任务2：按本情景中C物流公司的物流线路，本情景中C物流公司的货运属于海陆联运。海陆联运的具体做法是，内陆地区的托运人或收货人与航运企业或无船承运人签订由内陆出口地到内陆进口地的国际多式联运协议，托运人在内陆集装箱场站将货物转交承运人控制，得到多式联运提单。或者多式联运经营人派遣车辆将空的海运集装箱调拨到托运人内陆仓库，装上货物，签发多式联运提单。随后，货物通过铁路运输或公路运输运抵海运段的装货港，在装货港（也可以在内陆出口地）完成出口报关，装上远洋船舶运到预定的卸货港，再转由铁路或公路送达收货人仓库（当然也可以由收货人到港口自提货物）。

任务3：C物流公司是多式联运经营人。国际多式联运经营人的责任期间是从接收货物之时起到交付货物之时为止，在此期间，其对货主负全程运输责任。但在责任范围和赔偿限额方面，根据目前国际上的做法，可以分为统一责任制、网状责任制。此外，在某些特定情况下，多式联运经营人可免责。

任务4：对分段运输中造成的损失，在责任一时不能查清的情况下，多式联运经营人（C物流公司）首先要进行赔付，然后向分段运输责任人索赔，以减少其损失。

个案分析

1. 一票货物从上海到南非的约翰内斯堡（Johannesburg），经过了海运——从上海到德班（Durban），再经陆运——德班到约翰内斯堡。问题：这是否是国际多式联运？

2. 山东W出口企业同某国A公司达成一笔交易，买卖合同中规定：支付方式为即期付款交单；自济南装运至汉堡；多式运输单据可以接受，禁止转运。山东W出口企业按期将货物委托B外运公司承运，货物如期在济南被装上火车经上海改装轮船运至香港，再在香港转船至汉堡，并由B外运公司于装车日签发多式运输单据。但货到目的港后，A公司已宣布破产倒闭。当地C公司竟伪造假提单从第二程船公司在当地的代理人处提走了货物。山东W出口企业装运货物后，曾委托银行按跟单托收（付款交单）方式收款。但因收货人已倒闭，货款无着落，后又获悉货物已被冒领，山东W出口企业遂与B外运公司交涉，凭其签发的多式联运单据要求其交出承运货物。B外运公司却以承运人只对第一程负责，对第二程不负责为由，拒绝赔偿，于是诉讼法院。问题：你认为法院应如何判决？理由何在？

参考答案

复习与思考

一、名词解释

国际多式联运　国际多式联运的经营人　统一责任制　网状责任制　衔接式多式联运　海陆联运　大陆桥　大陆桥运输

二、简答题

1. 国际多式联运有何特点？
2. 国际多式联运经营人应具备什么条件？
3. 简述国际多式联运与一般国际货物运输的区别。
4. 国际多式联运的经营方式主要有哪几种？
5. 什么是国际多式联运的统一责任制？
6. 简述国际多式联运出口业务。
7. 国际多式联运单证系统主要分哪几类？
8. 简述国际多式联运提单的性质及与联运提单的区别。
9.《联合国国际货物多式联运公约》关于联运人赔偿的责任限额有哪些主要规定？
10. 经过西伯利亚往返于欧亚之间的大陆桥运输路线主要有哪几条？
11. 国际多式联运运费主要包括哪几个部分？

项目七　国际船舶代理和货运代理

项目要求

1. 了解船舶代理关系的表现形式,熟悉船舶代理业务。
2. 理解国际货运代理的概念和性质。
3. 掌握国际货运代理的业务内容。
4. 掌握国际货运服务委托合同的主要内容。
5. 能够分析国际货运代理的责任。

项目情景

中国上海外轮代理有限公司(简称“上海外代”)隶属于中国外轮代理有限公司,是华东地区历史最悠久、规模最大、综合实力最强的船舶代理企业。其拥有近60家下属企业,组成了庞大的代理服务网络,并与全球180多个国家和地区的数千家船东客户建立了密切的业务联系。目前,上海外代拥有甲类船舶代理资格,主要经营船舶代理、货运代理、客运代理、集装箱管理及其他相关业务。公司推行“专家型代理、人性化服务”,统一服务标准,规范服务流程,为委托方提供更好、更快的全过程船务代理服务。其船务部(shipping division)全面掌握中远散杂货船舶在港的动态情况,负责泊位安排,引水安排,装卸安排等,提供单证服务、结算服务等,并及时办理船方的委办事项。其班轮部(liner division)主要负责集装箱船舶代理,集装箱管理,船舶现场服务,运费、使费和箱管费结算等业务,为集装箱班轮公司提供船舶在港代理业务。

上海KT公司是一家经营海上运输的货运代理公司。在国内主要口岸城市、内陆大中型城市以及美国、日本等地设有120多家分支机构,拥有海外代理300余家,形成了覆盖全球的国际物流服务网络。KT公司目前并不拥有飞机、卡车和船舶,而是利用他人运输工具提供综合的国际货运代理服务,主要服务内容有揽货、订舱、集装箱拆箱、分拨中转、报关、报检、国际多式联运等。M公司是一家生产红木家具的知名企业,产品在国内外都非常畅销。近期M公司接到一份来自美国的重要订单,M公司的总经理要求物流经理尽快寻找一家合格的物流公司来承运这批货物。经过招标,最终选择了KT公司作为这批货物的承运商。为此,运输经理将代表M公司与KT公司签订一份国际货运委托服务合同。

任务1:何谓船舶代理?结合情景简述船舶代理的主要业务内容。

任务2:结合情景简述国际货运代理的主要业务内容。

任务3:如何理解国际货运代理的性质?KT公司可能属于何种身份?

任务4:M公司与KT公司签订一份国际货运委托服务合同,该货运委托服务合同中应包括哪些主要内容?为了避免日后产生运输纠纷,M公司与KT公司各自的权利和义务是什么?

知识模块

单元一　国际船舶代理

代理行为是指代理人根据法律规定,在授权范围内以被代理人的名义与第三者订立合同或进行其他民事法律行为。国际航运业中的代理主要有国际船舶代理和国际货运代理,均属于航运辅助业。本单元阐述国际船舶代理,简称“船舶代理”或“船代”。

一、船舶代理的分类

从事国际航运货物运输的船舶在世界各个港口之间进行营运的过程中,当它停靠于船舶所有人或船舶经营人所在地以外的其他港口时,船舶所有人或船舶经营人一般难以亲自照管与船舶有关的营运业务①。在航运实践中,船舶所有人或船舶经营人由于财力或精力所限,而无法为自己所拥有或经营的船舶在可能停靠的港口普遍设立分支机构,又由于各国航运政策的不同,委托船舶代理人代办有关业务的方法成为普遍被采用的比较经济和有效的方法。

船舶代理是指船舶代理机构或代理人接受船舶所有人(船公司)、船舶经营人、承租人或货主的委托,在授权范围内代表委托人(被代理人)办理与在港船舶有关的业务、提供有关的服务或完成与在港船舶有关的其他经济、法律行为的代理行为。委托人可以是船舶所有人、经营人,也可以是租船人、货主。委托业务可以是船舶运营业务,也可以是其他业务。

船舶代理人是指接受船舶所有人的委托,代办与船舶有关的一切业务的企业,如船务代理人、租船代理人、船东经纪人等②,在我国,如中国外轮代理公司和中国船务代理公司。

由于船舶的营运方式不同,而且在不同营运方式下的营运业务中所涉及的当事人又各不相同,各个当事人所委托代办的业务也有所不同。因此,根据委托人和代理业务范围不同,船舶代理人可分为班轮运输代理人和不定期船运输代理人两大类。

(一)班轮运输船舶代理人

班轮运输船舶代理人主要有:

1. 班轮运输船舶总代理人

班轮运输船舶总代理人是班轮公司在从事班轮运输的船舶停靠的港口委托的总代理人。凡班轮公司自行办理的业务都可通过授权,由总代理人代办。总代理人的权利与义务通常由班轮代理合同的条款予以确定。代理人通常应为班轮制作船期广告,为班轮公司开展揽货工作,办理订舱、收取运费工作,为班轮船舶制作运输单据、代签提单,管理船务和集装箱工作,代理班轮公司就有关费率及班轮公司营运业务等事宜与政府主管部门和班轮公会进行合作。

---

① 解决这一问题的方法有两种:第一,在有关港口设立船舶所有人或船舶经营人的分支机构;第二,由船舶所有人或船舶经营人委托在有关港口专门从事代办船舶营运业务和服务的机构或个人代办船舶在港口的有关业务,即委托船舶代理人代办这些业务。

② 船务代理人接受海运承运人(船舶所有人、船舶经营人或承租人)的委托,在委托范围内办理与在港船舶有关业务,提供相关服务。租船代理人是租船人委托的经纪人,代表承租人在租船市场上寻找合适的运输船舶或船东。船东经纪人是船东委托的经纪人,代表船东寻找货源或需要长期租用船舶的租船人。

2. 订舱代理人

班轮公司为使自己所经营的班轮运输船舶能在载重和舱容上得到充分利用，力争做到满舱满载，除了在班轮船舶挂靠的港口设立分支机构或委托总代理人外，还会委托订舱代理人争取货源。订舱代理人通常与货主和货运代理人有着广泛和良好的业务联系，因而能为班轮公司创造良好的经营效益，同时能为班轮公司建立起全套有效的货运程序。

（二）不定期船运输代理人

不定期船运输代理人主要有：

1. 船东代理人

船东代理人受船东的委托，为船东代办与在港船舶有关的诸如办理清关、安排拖轮、引航员及装卸货物等业务。此时，租约中通常规定船东有权在装卸货港口指派代理人。

2. 船舶经营人代理人

船舶经营人代理人作为期租承租人的船舶经营人，根据航次租约的规定，有权在装卸货港口指派代理人，该代理人受船舶经营人的委托，为船舶经营人代办与在港船舶有关的业务。

3. 承租人提名代理人

根据航次租约的规定，承租人有权提名代理人，而船东（或船舶经营人）必须委托由承租人所指定的代理人作为自己所属船舶在港口的代理人，并支付代理费及港口的各种费用。此时，代理人除了要保护委托方（船东或船舶经营人）的利益外，还要对承租人负责。

4. 保护代理人

当根据租约的规定，在船舶代理人由租船人提名的情况下，船东或船舶经营人为了保护自己的利益，会在已经委托的由租船人提名的代理人作为在港船舶的代理人以外，再另外委托一个代理人监督租船人提名代理人的代理行为，该代理人即为保护代理人，或称为监护代理人。这种情况多发生在航次租船业务中。

5. 船务管理代理人

船务管理代理人为船舶代办诸如补充燃物料、修船、船员服务等业务。是否委托船务管理代理人，船东视当时情况和需要而定，这种情况多发生在定期租船业务中。

6. 不定期船总代理人

总代理人是特别代理人的对称，其代理权范围包括代理事项的全部。不定期船总代理人的业务很广，如代表不定期船船东来安排货源、支付费用，选择、指派再代理人并向再代理人发出有关指示等。

二、船舶代理关系及其形式

在船舶到达国外港口之前，船公司首先应为船舶在将要到达的港口选定船代机构，代办船舶在港期间的一切业务，并与船代建立代理关系。国际船舶代理关系的形式按代理时间的长短划分，可以分为长期代理关系和航次代理关系①。按照代理关系中委托的主次地位划分，在我国还存在着所谓的第二委托方代理和监护代理关系等形式。

（一）长期代理

船公司根据船舶营运的需要，在经常有船前往靠泊的港口为自己选择适当的代理人，通

① 船公司通常根据自己所属船舶到达某一港口的频繁程度决定与港口当地的代理人建立长期代理关系或航次代理关系。

过一次委托长期有效的委托方法,负责照管到港的属于船公司所有的全部船舶的代理关系,称为长期代理(agency on long - term basis)。

1. 长期代理关系的建立

就班轮运输而言,在固定航线上,船舶经常往返于航线的固定挂靠港之间,船公司与代理人建立长期代理关系可以简化委托和财务往来结算手续。国际上较大规模的船东经营定期班轮航线(特别是集装箱班轮航线),一般趋向于在主要挂靠港口成立专门的自营代理公司来负责港口的船舶代理业务,进行揽货、船舶代理现场操作、集装箱管理和港口使费结算等工作。

长期代理关系的建立,既可以通过签订正式的专门委托代理合同而建立,也可采用委托人以书面形式向代理公司或代理人提出委托,经代理公司或代理人接受的方式来建立,而且实践中以后者为最常用的方式。长期代理关系一经建立,只要没有发生所规定的可成为终止长期代理关系的事项[①],代理关系就可以一直继续持续。

2. 长期代理协议的主要内容

长期代理协议一般应该包括以下内容:

(1)达成协议并签约的各方的公司全称和公司注册登记地的详细地址。

(2)签约日期和地点。

(3)应有甲方委托乙方代理,乙方接受甲方委托的字样。

(4)总条款。内容一般包括:协议适用的领域和范围;代理应尽最大努力保护委托方的利益,代理不得同时接受委托方在同一航线上的经营相同业务的其他竞争对手的代理委托;委托方不得在同一领域在协议有效期内另外委托其他代理;代理有权在必要时转委托分代理来履行协议规定的代理业务等。

(5)代理义务。包括委托方授权代理代办的各项业务工作内容和要求,如:揽货和订舱工作要求;现场服务要求;集装箱管理要求;单据传送要求;财务结算要求;运费收取和汇付要求等。这些要求往往都由委托方提出。

(6)委托方义务。包括向代理报送船舶动态、及时提供完成代理业务所必需的相关资料、文件和信息(包括船舶资料、来自港、预计抵港日期和任务等);预付船舶港口使费备用金;保证承担和赔付代理因执行委托方的指示而产生的针对代理的任何责任和费用追究;支付的费用项目和范围等。

(7)双方商定的其他特殊约束条款。

(8)报酬。详细规定代理应得报酬的项目和数额,一般都以附件的形式另外签订报酬项目和费率。

(9)财务结算办法。

(10)协议有效期。写明协议的有效期限和协议终止、续期的条件及方式。

(11)所签协议正本的份数、保管和各自的效力,如有两种文字的正本,要注明以哪种文字的正本协议为准。

(12)适用法律和仲裁。写明协议适用哪国法律或具体的仲裁方式。

(二)航次代理

航次代理(agency on trip basis)是指对不经常来港的船舶,在每次来港前由船公司向代

① 通常可成为终止长期代理关系的事项主要有:由于政治原因不宜继续保持长期代理关系;由于委托人企业倒闭等财务方面的原因而不能继续保持长期代理关系;委托人长期无船来港而要求终止长期代理关系。

理人逐船逐航次办理委托，并由代理人逐船逐航次接受这种委托所建立的代理关系。凡与代理人无长期代理关系的船公司派船来港装卸货物，或因船员急病就医、船舶避难、添加燃料、临时修理等原因专程来港的外国籍船舶，均须逐航次办理委托，建立航次代理关系。船舶在港作业或所办事务结束后离港，代理关系即告终止。

船公司按航次向代理人委托航次代理时，须在船舶抵港前，以书面形式向船舶到达港的代理人提出委托，并在船舶抵港前的一定时间内，将船舶规范、有关的运输合同和货运单证寄交所委托的代理人。代理人接到书面委托，查明船舶国籍，明确船舶来港任务，审核船舶规范、运输合同和贸易合同、货运单证等是否齐全，明确费用的分担和费用的结算对象，如认为没有什么问题，经索取备用金，航次代理关系即告建立。

（三）第二委托方代理

委托方一般是指提出委托，并负责结算船舶港口费用的一方（不一定是船东）。除此之外，对于同一艘船舶要求代办有关业务的其他委托人均称为第二委托方。

第二委托方既可能是船东，也可能是承租人、货主或其他有关方。一艘船舶的代理只有一个委托方，但同时可以有一个或几个第二委托方。委托方和第二委托方的确定，不仅要看由谁委托代理，港口费用由谁负担，而且还要看由谁负责结算。例如，有的航次租船合同规定，船舶代理人由承租人委托，费用也由承租人结算，在这种情况下，承租人就是委托方。如果船舶所有人也要求代理人为其办理业务，则船舶所有人就是第二委托方。又如租船合同规定船舶代理由承租人委托，而费用则向船舶所有人结算，在这种情况下，船舶所有人是委托方，如果承租人也明确代理人为其办理有关业务，则承租人是第二委托方。

（四）监护代理

委托方除委托一方为代理外，为维护委托方利益，另委托一方对被委托方所进行的业务进行监护，这种关系称为监护代理（protecting agent）关系，也称保护代理关系。

三、船舶代理的主要业务

船舶代理公司，依照各国的公司法设立。我国国际船舶代理业务只能由经交通运输部批准成立的船舶代理公司经营，船舶代理公司必须是企业法人。

我国船舶代理公司在交通运输部核定的经营范围内，受船公司委托，可经营下列部分或全部代理业务：联系安排船舶进出港口、靠泊和装卸；办理船舶、货物、集装箱的报关；办理货物、集装箱的托运、转运和多式联运；受船东或船长的委托代签提单、运输合同，代签船舶速遣、滞期协议；办理国际水上旅客运输；组织货载，为货主洽订舱位；联系水上救助、洽办海商海事处理；代收代付款项，代办结算；办理其他与船舶代理有关的服务事项。

国际船舶代理业务是一项范围相当广泛的综合性业务，它包括所有原应由船公司自行办理的业务和一些原应由货主自行办理的与货运有关的业务。下面只就其主要代理业务进行阐述。

（一）船舶进出港手续

不论是航行于国际航线的国轮还是外籍船舶，进出港口都需要接受边防（移民机构）、海关的检查，向边防、海关和港口当局办理进出港的各项手续，并取得各种必要的单证。

船舶进、出港口前，接受委托的船舶代理人，须事先联系边防、海关及有关港口当局办理必要的手续。

1. 船舶进港手续

其一,有关检疫的手续。①检疫。船舶到港前,入港船舶的船长应向海关申报船上有无霍乱、鼠疫、伤寒、斑疹伤寒、黄热病及回归热等检疫传染病的患者或死者,并且悬挂检疫信号,在检疫锚地待泊接受检疫。②灭鼠。在港船舶的灭鼠工作,包括定期灭鼠和强制性灭鼠消毒。③预防接种。④进出口动、植物的检疫。为了防止因动植物的进出口而使病菌或害虫传入国内或向国外传播,各国都规定必须经过检疫才能办理进出口货物报关手续。

其二,海关法规规定的船舶进港须办理的手续。①填报、交验和提交有关的单证。②不在港装卸货物的进港船舶须办理的手续。③缴纳船舶吨税手续。④申请准予装卸货物的手续。⑤在海关办公时间以外的时间进行装卸货物时须办理的手续。

其三,边防机关或海上保安机关或移民局和港口当局对进港船舶要求办理的手续。①入港申请。②指定锚地。③使用系船设备的申请。④缴纳港务费。

2. 船舶出港手续

船舶出港手续较之船舶进港手续更为简便,除向海关、海上保安部门和港口主管当局提出出港申请,并向海关交验缴纳吨税的收据或免缴吨税的证明外,货物装船完毕后,还需编制出口货物舱单,经船长签字,据以向海关办理船舶出口报关,经海关同意,即可启航出港。

总之,船舶进出各国港口,常因各国具体情况和主管机关要求的不同,而使所需办理的手续和办理船舶进出港口手续时所使用的各种单证有所不同。

(二)出口货运业务

出口货运业务主要包括货物承运、联运货物的中转换装、编制积载计划、缮制各种货运单证以及运费计算等项工作。在班轮运输或不定期船运输中,承运人或租船人都可能通过授权,将这些业务工作委托代理人代办完成。

1. 货物承运

船舶代理既可以接受船公司的委托,在装货港代表船公司代办货物承运工作,也可以接受货主的委托,代办货物订舱和托运工作,还可同时接受船公司和货主的委托,既代表船公司代办货物承运工作,也代表货主代办货物订舱和托运工作。

在代理人代办货物承运工作的情况下,其工作内容与船公司自行办理的承运工作的内容没有什么不同。而代表货主代办货物订舱和托运工作时的工作内容,也与货主自行办理没有什么不同。但在既代表船公司代办货物承运工作,又代表货主代办货物订舱和托运工作时,则因出口货物所采用的价格条件不同,而使其工作内容不同。

在 CIF 或 CFR 价格出口货运中,代理人既代表船公司办理货物承运工作,又代表货主代办货物的订舱和托运工作的情况下,如果代理人同时代理几家船公司的船舶,就会出现代理人将他所掌握的货载应该按照什么样的配载原则分配给某一船公司的船舶的问题。在 FOB 出口的货运中,买方可能委托在装货港的代理人洽订舱位载运货物,也可能由买方自行安排船舶来港装运。

2. 国际海上联运货物的中转

从国外港口运抵本港又转往其他国家港口,并由承运人签发联运提单的货物,称为国际海上联运货物。国际海上联运货物在中转换装港需要办理一系列手续,完成一系列作业。而在中转港接受委托,代办这些手续和作业,则是船舶代理人经常受托代办的业务之一。不过,从货物的安全运输和承运人的责任考虑,对于危险货物,重大件、鲜活、冷冻及散装货物等,以及承运人已签发直达提单,因承运人或收货人的决定而改变目的港的货物,不能代办中转手续。委托方没有在载运联运货物的船舶抵港前的一定时间前提出委托并明确费用的负担或分摊时，代理人也不能接受委托。

3. 绘制出口货物积载计划

绘制船舶积载计划是船方的职责，而代理人的义务则是向船方提供装船货物的资料，督促并协助到港船舶及时做出积载计划，由代理人分送港口有关部门安排装船作业，以避免因绘制不及时而延误货物进栈、落驳和装船。关于协助到港船舶做出积载计划，代理人的任务是根据货单留底编制装货清单，向来港装货船舶提供装货的种类及货物的积载因素和舱容系数，重大件货物、成套设备和畸形包装货物的外形尺寸和重量，危险货物说明书，特殊货物的装载要求和冷冻货物的温度要求以及下一港口货载情况等资料。

4. 缮制各种货运单证

缮制各种货运单证是接受船公司委托代办出口货运业务的代理人经常要办的主要业务工作。缮制这些单证要做到整洁、正确和及时。所谓整洁是指签发的各种单证应该字迹清晰，未加涂改，计量或计费单位明确，按照规定分别以大写或小写书写数码。所谓正确是指单证内容的完整无误和运输安排的正确合理。所谓及时，则是指在港进行各项作业的进度，应适时地缮制、分送各种货运单证，避免因单证不及时而发生作业中断和待时。对于随船单证，应做到随船带走。对于邮寄单，应区别远近，在船舶离港后的一定时间内寄出。邮寄单证必须详列清单，并要求对方退回收讫回执，以分清责任。

5. 运费计算工作

代计代收运费也是船舶代理人的一项重要业务工作。船舶代理人接受各个船公司的委托，根据各个船公司制定的费率本，为各船公司代计代收运费。由于各船公司的运费率常会发生局部的修订、调整，附加费的计收或撤销也常有变动，所以代理人对于各船公司的费率本加强管理是非常重要的。代理人要指定专人进行运费计算、审核和计收工作，随时注意费率本的撤换、货物运费率及等级的更正或补充、附加费及货名的增减，并且确切地理解费率本的各项条款及规定，及时做好修改和记录。

（三）进口货运业务

进口货运业务主要包括收受载货运费清单、收受积载计划、催提、签发提货单和进口货物理赔等。在班轮运输或不定期船运输中，承运人或租船人都可能通过授权，将这些业务工作委托代理人代办完成。

1. 收受载货运费清单

载货运费清单的作用之一是卸货港的船舶代理人在船舶到港前据以编制进口载货清单，为到港船舶和货物先行安排泊位、卸货、驳运、仓库，并通知收货人准备提货。卸货港的船舶代理人在收到这些单证后，须参照进口货物积载计划，按货物装货港逐港、逐票核对，核查是否有漏寄情况。如发现漏寄，应及时向船舶或漏寄港的船舶代理人索取。与此同时，卸货港的船舶代理人还应按提单副本逐票核对载货运费清单所列货名、件数、标志、收货人等项内容。如果发现错误，应向船方或装货港的船舶代理人查询。

2. 收受积载计划

进口货物的积载计划必须在船舶到港前寄达在卸货港的船舶代理人，以便安排卸货和供理货人员理货时参考。一般地说，航线较长的进口货物积载计划应由船公司或装货港的船舶代理人寄来，而航线较短的进口货物积载计划则可由船长或装货港船舶代理人用电报通知。

3. 催提货物

通常都规定,船舶到达卸货港将货物卸下后,在一个合理的时间内如无人认领,承运人可以处置该货物而不承担任何责任,全部风险和费用由货方承担。虽然如此,但从承运人的信誉以及货物的安全考虑,为收货人尽快提取货物创造条件,仍是承运人不容推卸的责任。因此,作为承运人的代理人,在船舶抵达卸货港之前,应事先通知收货人做好准备,以避免货物抵达目的港后在码头仓库积压,影响港口的正常作业。催提可用函件、电话进行。如用电话催提,必须做好记录备查。对于冷藏货、鲜活货物等,因港口无保管条件或不便存放,应随时用电话通知收货人船边提货。

4. 签发提货单

正常提货程序是,收货人在一份正本提单背书后,付清运费(到付运费)和其他应付的费用,换取由卸货港的船舶代理人签发的提货单,向海关办理货物进口手续后,即可凭提货单在码头仓库提取货物。卸货港的船舶代理人在签发提货单时,首先要将提单与载货清单核对,经核对无误,在载货清单中所列该提单的项目后做出记号,表示该票货物已办理提货手续,然后收回提单,签发提货单。

5. 进口货物理赔

收货人提取货物时,如发现货物灭失或损坏,既可直接向船公司索赔,也可通过卸货港的船舶代理人向船公司索赔。通常,对于索赔金额较大的索赔案件,都由船公司自行理赔。而对于索赔金额较小的案件,船公司也常委托卸货港的船舶代理人代办理赔。船公司委托代理人代办理赔工作,一般都只是在一定限额内授权代理人代办。如果代理人得到这种授权,即可在规定的限度内理赔结案,事后再将处理结果转告船公司。

(四)船舶供应服务工作

供应服务工作主要包括:①安排供应船用燃油、淡水。②安排供应船舶物料、垫料、备件。③安排船长借支。④安排供应船员伙食。⑤应船长要求联系安排清舱、洗舱等工作。⑥其他服务工作,主要包括:安排船员遣返;办理船员登陆或出入境手续;安排船员就医、住院;联系安排船员其他事宜。

单元二　国际货运代理

国际货物买卖大都远隔重洋,买卖双方必须借助海、陆、空等不同的运输方式和不同的交通工具才能实现货物的流动。货主为了货物安全、运输便捷、节省费用、降低成本,便要广泛收集交通运输方面的信息,选择最佳的运输方式、最新的运输工具、最好的承运人和支付最便宜的费用。但事实上,限于人力、物力,绝大多数单纯经营国际贸易的货主很难做到,而且往往由于对某一环节的疏漏或对有关的手续不熟悉而事倍功半,甚至造成某种经济损失。另外,运输承运人也需要货运代理的揽货服务,而不可能亲自处理每一项具体运输业务,不少工作需要委托代理人代为办理。于是,国际货运代理行业便应运而生。

一、国际货运代理的概念与性质

国际货运代理(通常简称为"货代")是从国际贸易和国际运输这两个关系密切的行业里分离出来而独立存在的行业。早在数百年前,国际货运代理行业就逐渐成为货主与承运人之间不可缺少的中介。

（一）国际货运代理的概念

国际货运代理协会联合会（FIATA）对国际货运代理（international freight forwarder 或 international freight agent）的定义是：国际货运代理是根据客户的指示，并为客户的利益而揽取货物运输的人，其本身并不是承运人。国际货运代理也可以依据这些条件从事与运输合同有关的活动，如储货（也含寄存）、报关、验收、收款等。中华人民共和国国家标准《物流术语》对国际货运代理的定义是：接受进出口货物收货人、发货人的委托，以委托人或自己的名义，为委托人办理国际货物运输及相关业务，并收取劳务报酬的经济组织。

随着传统的国际货运代理不断拓展业务范围，国际货运代理从代理人业务逐渐发展到无船承运业务、多式联运业务、物流业务等。因此，有人认为，国际货运代理的叫法已不符合其业务现实，因此，将国际货运代理命名为"国际货运服务经营者"①。本书所阐述的国际货运代理仍用人们习惯的传统叫法，但其业务有时也包括无船承运业务、多式联运业务、物流业务等。

我们给国际货运代理所下的定义是：国际货运代理是接受货主委托，办理有关货物报关、交接、仓储、调拨、检验、包装、转运、租船和订舱及其他物流服务等业务的人或组织。

（二）国际货运代理的性质

当前，国际货运代理具有双重身份，即国际货运服务代理人与当事人并存。

不同的国际货运代理，从事的业务范围不同，大多数国际货运代理的业务范围较为广泛，除了作为货运代理代委托人报关、报检、安排运输外，还用自己的雇员，以自己的车辆、船舶、飞机、仓库及装卸工具等来提供服务，或陆运阶段为承运人，海运阶段为代理人。作为代理人和作为当事人的国际货运代理人的业务关系如图 7－1 所示。

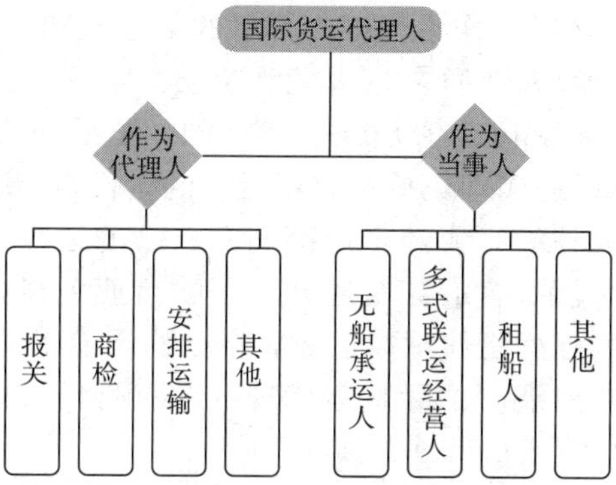

图 7－1 "混合"身份的国际货运代理人

1. 国际货运代理的基本性质：作为中间人行事的代理人

从传统业务的表面上看，国际货运代理是以货主的代理人身份并按代理业务项目和提供的劳务向货主收取劳务费。但从整个对外贸易运输环节和法律上看，国际货运代理与民法上的代理不同。

① 王学锋，陕丙贵．国际货运代理概论［M］．上海：同济大学出版社，2006：2－3.

货运代理根据货主的要求，代办货物运输业务，他们在托运人与承运人之间起到桥梁作用。现在，我们按一票货物的托运流程来阐述货主、货运代理和承运人三者的关系(如图7－2所示)。

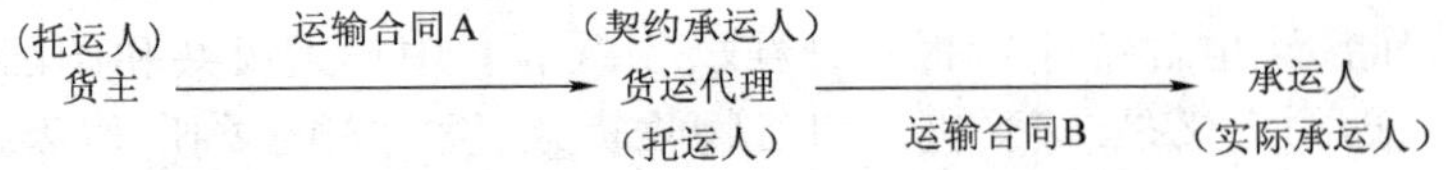

图7－2　货主、货运代理和承运人三者的关系

首先，进出口商签订了贸易合同之后，为了履行合同，就得与货运代理签订一份运输合同(运输合同A)，在该合同中，货主是托运人，货运代理是契约承运人。由于货运代理不掌握运载工具，他必须与拥有运载工具的承运人再签订一份运输合同(运输合同B)，在此合同中，货运代理是托运人。

运输合同A与运输合同B是两个在法律上完全独立的合同。由此可见，货运代理是以事主的身份出现在两个合同之中，既非货主，亦非承运人之代理。为了加以区别，人们将运输合同A称为“纸运输合同”，将货运代理称为“契约承运人”①，即不是真正的承运人；人们将运输合同B称为“实际运输合同”，将拥有运载工具的承运人称为“实际承运人”②。货运代理在这个“实际运输合同”中则像一个货主或商人一样是托运人。因此，国际货运代理的基本性质是，它属于货物运输关系人的代理人，是联系发货人、收货人和承运人的货物运输中介人。也就是说，它是接受委托人的委托，就有关货物运输、转运、仓储、保险，以及与货物运输有关的各种业务提供服务的一种“货物运输中间人”。它既代表货主，保护货主的利益，又协调承运人进行承运工作，在以发货人或收货人为一方，承运人为另一方的两者之间行事。

2. 国际货运代理的扩展性质：作为当事人行事的承运人和物流商

国际货运代理的上述中间人性质在过去尤为突出。然而，随着国际物流和多种运输形式的发展，国际货运代理的服务范围不断扩大，其在国际贸易和国际运输中的地位也越来越重要。在实践中，一些国际货运代理还承担着承运人的责任，这说明国际货运代理的角色已发生了很大的变化。许多国际货运代理企业都拥有自己的运输工具，用来从事国际货运代理业务，包括签发多式联运提单，有的甚至还开展了物流业务，这实际上已具有承运人的特点。将来会有越来越多的国际货运代理通过建立自己的运输组织并以承运人身份承担责任的方式来谋求更广阔的业务发展。国际货运代理的双重身份，即代理人与当事人并存的局面仍会继续存在下去。

总之，国际货运代理已不是传统的纯粹代理人，这不仅是因为其业务范围的拓宽，而且因为其服务内容也发生了很大变化，所以，角色的扮演已不再是单一的。它有时作为代理人行事，有时作为当事人行事，有时二者兼而有之。目前，国际货运代理更注意在“产品”开发上集中财力、物力，如改善服务、开辟新航线、提供新的联运方式、开拓国际物流和增值服务市场等，以增加效益。

---

① 1990年国际海事委员会第34届大会成果《巴黎规则》中首次提出这一概念，现被广泛使用。

② 该提法见《1978年联合国海上货物运输公约》(《汉堡规则》)第一条a款。

二、国际货运代理的服务对象、内容

国际货运代理的双重性质决定了其在实践中的业务服务范围既可作为货运服务代理人提供服务，又可作为货运服务当事人（独立经营人）开展服务活动。国际货运代理在促进本国和世界经济发展、满足货物运输关系人服务需求的过程中起着重要的作用。国际货运代理在国际上被人们誉为“国际贸易的桥梁”“国际贸易运输的设计师和执行人”，如图 7－3 所示。

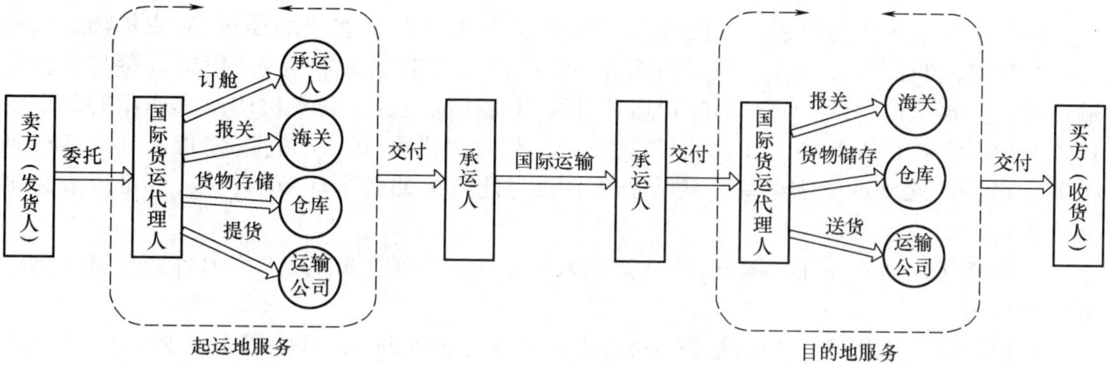

图 7－3　国际货运代理的作用

（一）国际货运代理的服务对象

国际货运代理的服务对象包括：发货人（出口商）、收货人（进口商）、海关、承运人、班轮公司、航空公司，在物流服务中还包括工商企业等。国际货运代理与相关部门（包括政府当局和某些公共机构）建立、发展和保持联系也必不可少。国际货运代理与服务对象的联系如图 7－4 所示。

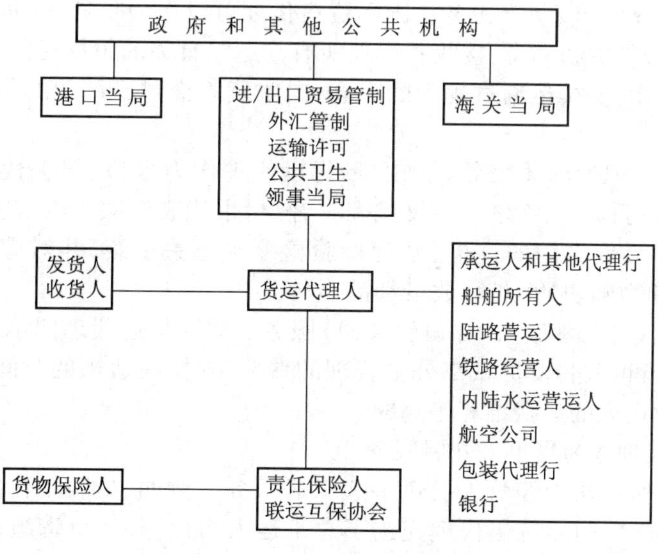

图 7－4　国际货运代理与服务对象的联系示意图

（二）国际货运代理的业务内容

国际货运代理的业务服务范围很广泛，其既可作为货运服务代理人提供服务，又可作为货运服务当事人（独立经营人）开展服务活动。根据《中华人民共和国国际货物运输代理业管理规定》和《中华人民共和国国际货物运输代理业管理规定实施细则》，我国国际货运代理企业可作为货主的代理人提供货运代理服务，作为承运人的代理人提供货运代理服务，作为独立经营人提供有关服务（例如，国际货运代理企业以缔约承运人、无船承运人、多式联运经营人的身份提供货物运输服务）。

1. 国际货运代理作为货运服务代理人提供服务

国际货运代理作为货运服务代理人提供服务，主要是接受客户的委托，完成货物运输的某一个环节或与此有关的各个环节的任务，除非客户（发货人或收货人）想亲自参与各种运输过程和办理单证手续，否则，国际货运代理可以直接或通过其分支机构及其雇用的某个机构为客户提供各种服务，也可以利用其在海外的代理提供服务。从货主（发货人、出口商）到买方（收货方）之间的货物运输的某一个环节或与此有关的各个环节的任务，都可以成为国际货运代理的业务内容。

国际货运代理为委托人服务，并从委托人那里获得劳动报酬，其工作内容完全属于商业或贸易行为。

根据国际货运代理作为货运服务代理人的不同服务对象，可将其业务内容分为以下几类：

（1）国际货运代理为发货人服务。国际货运代理可代替发货人（出口商）承担在各种不同阶段的货物运输中的任何一项业务。例如，选择运输路线、运输方式和适当的承运人；向选定的承运人提供揽货、订舱服务；提取货物并签发有关单证；研究信用证条款和政府规定；包装；储存；称重和量尺码；安排保险；货物到港后办理报关及单证手续，并将货物交给承运人；做外汇交易；支付运费及其他费用；收取已签发的正本提单，并付发货人；安排货物转运；通知收货人货物动态；记录货物灭失情况；协助收货人向有关责任方进行索赔。

（2）国际货运代理为收货人服务。国际货运代理可以作为收货人（进口商）的代理开展各种服务。例如，报告货物动态；接收和审核所有与运输有关的单据；提货和付运费；安排报关和交税及其他费用；安排运输过程中的存仓；向收货人交付已结关的货物；协助收货人储存或分拨货物。

（3）国际货运代理为海关服务。当国际货运代理作为报检、报关代理，办理有关进出口商品的检验检疫等海关手续时，不仅代表其客户，也代表海关。事实上，在许多国家，货运代理已取得这些政府部门的许可，办理检验检疫等海关手续，并对海关负责，负责在法定的单证中申报货物确切的金额、数量和品名等。

（4）国际货运代理为承运人（如班轮公司）服务。国际货运代理向承运人及时地订好足够的舱位，认定对承运人和发货人都公平合理的费率，安排在适当的时间交货，以及以发货人的名义解决与承运人的运费结算等问题。

2. 国际货运代理作为当事人开展服务

（1）国际货运代理作为经营人提供多式联运服务。例如，集装箱化使国际货运代理介入了多式联运。这时，国际货运代理充当了总承运人角色，并且负责组织在一个单一合同情况下，通过多种运输方式，进行门到门的货物运输，其可以当事人的身份与其他承运人或其他服务的提供者分别谈判并签约。国际货运代理作为多式联运经营人时，通常需要提供包括所有运输和分拨过程的全面的一揽子服务，并对其客户承担一种更高水平的责任。

（2）国际货运代理从提供运输服务延伸到提供物流服务。提供物流服务是国际货运代理为满足客户的更高要求，提高其市场竞争能力，顺应国际发展的一种新趋势。物流服务是一项从生产到消费的高层次、全方位、全过程的综合性服务。与多式联运相比，国际货运代理提供物流服务，不仅提供一条龙的运输服务，而且延伸到运输前、运输中、运输后的各项服务中。凡与运输相关的、客户需要的服务，均为国际货运代理服务的内容，而且国际货运代理服务中要做到高速度、高效率、低成本、少环节、及时、准确，这就需要国际货运代理熟悉客户的业务，了解客户生产乃至销售的各环节，主动为客户设计、提供其所需，从而使自己在运输的延伸服务中获得收益。

（三）国际海运货运代理的种类

国际货运代理业务上的复杂性和多样化决定了当前国际货运代理种类的多样性。与国际航运关系最密切的货运代理是国际海运货运代理。国际海运货运代理主要从事着国际集装箱货物和件杂货物的运输代理业务。从事海运代理业务的企业一般都需要能熟练地运用海上国际货物运输内相关单证，掌握国际海运的航线地理知识、船舶的航运知识、船舶和码头的货物装载知识、集装箱知识，熟悉与海上运输和进出口业务相关的法律、法规和国际公约，了解运价和各种附加费用的有关规定等。

按照国际海运货运代理的业务范围分类，较常见的货运代理主要有以下几类：

其一，租船订舱及货运安排代理。这类代理与国内外货主有广泛的业务关系。

其二，货物报检、报关代理。有些国家对这类代理应具备的条件规定较严。例如，美国规定这类代理必须向有关部门申请登记，必须是美国公民，并经过考试合格，取得执照才能营业。

其三，转运及理货代理。其办事机构一般设在中转站及港口。

其四，储存代理。包括货物保管、整理、包装以及保险等业务。

其五，集装箱代理。包括装箱、拆箱、转运、分拨以及集装箱租赁和维修等业务。

其六，国际多式联运代理。国际多式联运代理是与货主签订多式联运合同的当事人，其业务有别于传统的代理业务。它虽然可能不拥有运输工具，但它还是以承运人的角色为客户提供服务，不但要承担代理人的责任，还要承担国际货物运输的责任。不管一票货物运输要经过多少种运输方式，要转运多少次，多式联运代理必须对全程运输（包括转运）负总的责任。无论是在国内还是在国外，对多式联运代理的资格认定都比其他代理要严格一些。国际多式联运代理企业必须熟悉代理业务，掌握承运人的相关业务知识。

其七，无船承运人。国际货运代理企业进入运输领域，开展单一方式运输或多式联运业务时，由于与委托人订立运输合同，并签发自己的运输单据，对运输负有责任，因而已经成为承运人。但是，由于它们一般并不拥有或掌握运输工具，只能通过与拥有运输工具的承运人订立运输合同，由他人实际完成运输。它们实际的角色是自己不完成运输任务，但要承担订立货物运输合同的责任。国际货运代理以无船承运人的身份经营业务，如图7－5所示。

无船承运人的法律性质

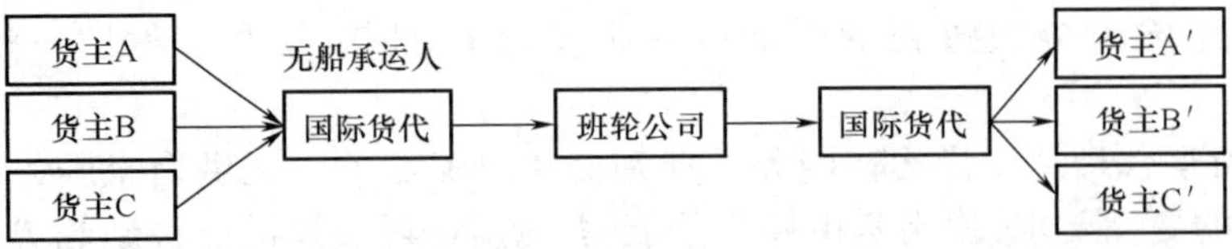

图7-5　国际货运代理以无船承运人的身份经营业务示意图

其八，第三方物流经营人。它们通过运用各种信息技术，将传统的仓储、运输、装卸、包装等货物流动的活动系统化、专业化。第三方物流作为国际货运代理的一种发展，可以被看作是国际货运代理业务的延伸和拓展。它实际上就是将传统的货运代理和新的增值服务结合起来，以达到降低货物的流通成本，为客户提供便捷、低廉的服务，经营人自己通过服务的延伸获取更多的利润。

三、国际货运代理的行业管理

国际货运代理业现在已发展为一个完全独立的行业。在我国，已形成了一个具有一定规模的国际货运代理行业。目前，我国国际货运代理行业实行的是以国务院商务主管部门为主，其他相关部门依职权参与管理①，政府主管部门实行行政管理与行业协会自律并重的管理体制。

国际货运代理行业有国际性的行业组织，如国际货运代理协会联合会、国际航空运输协会（International Air Transport Association，IATA）等。我国也成立了中国国际货运代理协会。

（一）国际货运代理协会联合会

国际货运代理协会联合会（International Federation of Freight Forwarders Association）简称“菲亚塔”（FIATA），是世界国际货运代理的行业组织。该联合会于1926年5月31日在奥地利维也纳成立，其目的是保障和提高国际货运代理在全球的利益。该联合会是一个在世界范围内运输领域最大的非政府和非营利性组织，具有广泛的国际影响，其成员覆盖世界各国的国际货运代理行业。该联合会是联合国经济与社会理事会及联合国贸易发展大会的咨询者，并被确认为国际货运代理业的代表。目前，中国国际货运代理协会是国际货运代理协会联合会的会员。

FIATA的总部设在瑞士的苏黎世，由两年一届的全会选出的常委会主持日常工作。常委会下设：公共关系、运输和研究中心、法律单据和保险、铁路运输、公路运输、航空运输、海运和多种运输、海关、职业训练、统计等10个技术委员会，负责研究、指导、协调和解决国际货运代理业务中所发生的问题。

FIATA自成立以来先后制定了8种货运代理单证格式，分别是：FIATA FCR货代收据凭证（forwarders certificate of receipt）；FIATA FCT货代运输凭证（forwarders certificate of transport）；FIATA FWR仓库收据（FIATA warehouse receipt）；FIATA FBL可转让联运提单（negotiable FIATA multimodal transport bill of lading）；FIATA FWB不可转让联运提单（non-negotiable FIATA multimodal transport way bill）；FIATA SDT托运人危险品运输证明（shippers

① 国务院公路、水路、铁路、航空、邮政运输主管部门和联合运输主管部门根据与本行业有关的法律、法规和规章对国际货运代理企业的设立及其业务活动进行不同程度的管理。

declaration for the transport of dangerous goods)；FIATA SIC 发货人联运重量证明(shippers interposal weight certificate)；FIATA FFI 货代通知证书(FIATA forwarding instructions)。

FIATA 国际货运服务示范规则(FIATA model rules for freight forwarding services)是国际货运代理协会(FIATA)于 1996 年 10 月通过的用以指导国际货运服务的标准交易条款。FIATA 国际货运服务示范规则包括四个部分：第一部分，一般规则；第二部分，货运代理的责任；第三部分，客户的责任与义务；第四部分，争议与强制性法律。共 20 条。FIATA 国际货运服务示范规则的作用表现在两个方面：不仅可成为合同条款①，而且具有指导各国国际货运服务经营者协会制定标准交易条款的作用。

(二)中国国际货运代理协会

中国国际货运代理协会的英文名称为：China International Freight Forwarders Association，简称“CIFA”，成立于 2000 年 9 月 6 日。它是由中国境内的国际货运代理企业自愿组成的、非营利性的、以民间形式代表中国货运代理业参与国际经贸运输事务并开展国际商务往来的全国性行业组织，接受商务部的业务指导和民政部的监督管理。根据《中华人民共和国行政许可法》和有关规章的规定，国务院和地方商务主管部门赋予中国国际货运代理协会和各地方行业协会部分行业的管理职能，例如企业的备案、年审、业务培训和行业自律等。

2001 年年初，中国国际货运代理协会代表中国国际货运代理行业加入国际货运代理协会联合会(FIATA)。

中国国际货运代理协会的宗旨是维护我国国际货运代理行业的利益，保护会员企业的正当权益，促进货运代理行业健康发展，更好地为我国的对外经济贸易事业服务。其主要任务有：协助政府主管部门依法规范国际货运代理企业的经营行为，整顿行业秩序；开展市场调研，编制行业统计；组织行业培训及行业发展研究；承担政府主管部门委托的部分职能；为会员企业提供信息咨询服务，代表全行业加入国际货运代理协会联合会，开展同业国际交流。中国国际货运代理协会制定了《中国货运代理标准交易条件》。《中国货运代理标准交易条件》主要内容有 14 条，充分借鉴了 FIATA 和各主要国家的货运代理标准交易条件的精华。它不同于法律法规，它是本协会向会员推荐的“行规”，是行业自律的重要手段之一，对货运代理业务的实践具有指导意义。当货运代理合同各当事人通过合同约定选择或部分选择适用该交易条件，该交易条件或其部分条款就对合同各当事方有相应的约束力。

四、国际货运服务委托合同

国际货运代理的具体业务取决于与货主所签订的国际货运服务委托合同。国际货运服务委托合同，也称为国际货运代理合同，是指进出口货物的发货人、收货人委托国际货运服务代理人办理国际货物运输业务及相关业务，国际货运代理人以委托人(被代理人)名义从事业务并收取报酬的合同。国际货运服务委托合同的当事人为国际货运代理人和进出口货物的发货人或收货人。值得注意的是，在国际货运代理以当事人身份从事无船承运业务、多式联运业务、仓储保管业务等情况下，不是以代理人身份出现的，也就不需要委托代理合同，只需要运输合同、仓储合同等。

① 如果当事人将示范规则纳入合同时，示范规则就成为合同的一部分。示范规则被纳入合同，但与合同原有条款冲突时，示范规则的相应条款的效力高于合同原有条款的效力。

（一）国际货运服务委托合同的订立

国际货运服务委托合同的订立过程是进出口货物的发货人或收货人与国际货运代理之间就委托合同主要条款进行协商、达成协议的过程。具体协商过程十分复杂，主要有如下三个步骤：

1. 国际货运代理营销揽货

国际货运服务委托合同的订立始于进出口发货人、收货人或国际货运代理的一方向对方发出订立委托合同的意向；如果是进出口货物的发货人、收货人发出的，属于委托意向，如果是国际货运代理发出的，则属于代理意向。进出口货物的发货人、收货人一般提出拟委托办理的国际货物运输业务项目，同时向国际货运代理询价。国际货运代理只有充分掌握国际货运信息，开展营销揽货，才能得知进出口货物的发货人、收货人的货运代理意向。揽货就是国际货运代理的业务员通过宣传、介绍公司所能提供的有关货物运输的服务及与之相关的服务，达到吸引客户并最终赢得客户的目的。

2. 进出口货物的发货人、收货人或国际货运代理发出要约

在国际货运代理营销揽货的过程中，往往会收到进出口货物的发货人、收货人发出的意图和订立国际货运服务委托、代理合同的意向。但委托代理关系是建立在委托人与受托人相互了解、信任的基础上的，双方一般还要调查、了解对方的资信状况。

进出口货物的发货人、收货人一般会了解国际货运代理是否具有从事货运服务代理业务的资格，是否具有商业信誉和适当履行合同的能力，如国际货运代理以往的业务经营状况、资金状况、业内评价，以及以往的经验、企业管理水平、业务人员水平、必要的运输设备等。

国际货运代理一般要了解进出口货物的发货人、收货人是否具有从事进出口业务的资格，是否具有商业信誉和对服务的要求等。

进出口货物的发货人、收货人或国际货运代理如了解对方资信状况，认为可以与对方建立委托代理关系，则可以向对方发出订立委托合同的建议及合同条件，这一意思表示在法律上称为要约①。

3. 承诺与签订合同

收到要约的一方一般会对要约中包括的具体合同条件进行多角度的分析和评估。在分析和评估的过程中，进出口货物的发货人或收货人对于国际货运代理提出的要约，一般主要考虑其中的运输方式、运输路线、运输期间、操作方法、收费标准等。国际货运代理对于进出口发货人或收货人提出的要约，一般主要考虑其中的运输方式、运输时间、价格条件、结算方式等要求。

经过审核、评估要约中的合同条件，进出口发货人、收货人或国际货运代理认为对方在要约中提出的合同条件在经济、技术、法律等方面具有合理性，是可以接受的，则向对方发出接受要约的承诺②。

一般情况下，承诺生效时，合同成立。但是，当事人采用合同书形式订立合同的，自双方

---

① 要约是希望和他人订立合同的意思表示，相当于对外贸易磋商中的发盘。要约的内容必须具体、确定，凡不具有订立合同意图的意思表示，均不构成要约。国际物流企业散发的商业广告、价目表以及进出口商发布的招标公告等都不是要约，主要是其内容不够具体、确定，不足以构成合同的基本条件。

② 承诺是指受约人同意要约的意思表示，相当于对外贸易磋商中的接受。承诺的内容必须与要约的内容一致，承诺须在要约的有效期限内做出。按照我国合同法，承诺到达要约人时，承诺生效。

当事人签字或者盖章时合同成立。当事人采用信件、数据电文等形式订立合同的，收件人的主营业地为合同成立的地点。当事人采用合同书形式订立合同的，双方当事人签字或者盖章的地点为合同成立的地点。

实践中，进出口商与国际货运代理相互比较了解，往往简化委托合同订立程序，由委托人出具委托书或托运单，在获得国际货运代理确认或接受后，双方之间的委托关系成立。

委托书、托运单虽然不等于委托合同，但在通常情况下，委托书应该是基于有效成立的委托合同，由委托人签发给受托人，表明受托人有权以委托人的名义从事授权范围事务的书面凭证。托运单在形式上是托运人向承运人发出的要约，是托运人根据买卖合同、信用证的有关内容，向承运人办理货物运输的书面凭证。

（二）国际货运服务委托合同的主要内容

国际货运服务委托合同的主要内容包括以下十项：合同当事人、委托事项、当事人权利义务、费用和报酬、合同履行期限及地点和方式、违约责任、合同变更与终止、法律适用、合同争议解决方式、合同签订时间与地点。此外，委托合同当事人可以根据实际情况约定其他条款，如合同通知、合同权利义务转让、合同条款的独立性、不可抗力定义及种类、合同正副本数量、合同附件及其效力等。下面就国际货运服务委托合同的一些主要条款进行阐述。

1. 委托事项

委托事项通常与委托合同授权范围直接相关。该条款包括委托人委托受托人办理的具体事项、委托权限范围、委托期限等内容。对国际货运服务委托合同来说，应该明确委托运输的货物名称、规格、数量、重量、体积、包装、发运期限、运输方式、运输路线、起运地、目的地、转运地，以及发货人和收货人的名称或姓名、地址、电话、传真等内容。对于危险货物和鲜活、超限等特殊货物及容易发生自然损耗的货物，还应当注明货物的性质、运输及保管条件、外形尺寸、重心、吊装位置、损耗要求等。

另外，为了使缔约各方明确国际货运代理承担法律责任的范围，应当根据《中华人民共和国国际货物运输代理业管理规定》第 17 条，以及《中华人民共和国国际货物运输代理业管理规定实施细则（试行）》第 32 条的规定，在合同中明确约定国际货运代理的代理事务内容或独立经营事务内容。同时，分别对国际货运代理承担法律责任的范围进行明确约定。例如：①揽货、订舱（含租船、包机、包舱）、托运、仓储、包装；②货物的监装、监卸、集装箱装拆箱、分拨、中转及相关的短途运输服务；③报关、报检、保险；④缮制签发有关单证、交付运费、结算及交付杂费；⑤国际展品、私人物品及过境货物运输代理；⑥国际多式联运、集运（含集装箱拼箱）；⑦国际快递（不含私人信函）；⑧咨询及其他国际货运代理业务。

2. 当事人的权利义务

当事人权利义务条款一般是从义务角度进行规定，一方履行义务，另一方相应享有权利，在权利与义务不对称的情况下，有必要专门规定权利或义务。

在国际货运服务委托合同中，国际货运代理的义务主要是：依委托人的指示处理委托事务；按照委托人的要求，报告委托事务的处理情况，委托合同终止时，报告委托事务的结果；处理委托事务取得的财产，应当转交给委托人。

在国际货运服务委托合同中，委托人的义务主要是：承担国际货运代理行为的后果；支付费用；支付报酬；等等。

3. 费用和报酬

关于相关费用和报酬的支付范围、标准、方式、地点、时间、币种等的规定是国际货运服务委托合同的基本条款。

与货运代理有关的主要费用包括:运费、包干费、佣金、货物索赔费、关税手续费、超期堆存费、银行手续费、代办费、速遣费等。

4. 违约责任

违约责任,也称违反合同的民事责任,是指当事人因违反合同义务所承担的责任。违约责任的产生是以合同的有效存在为前提的,合同一旦生效,在当事人之间即产生法律约束力,当事人有义务全面、严格地履行合同义务。任何一方当事人违反有效合同规定的义务均应承担违约责任,所以,违约责任是违反有效合同规定的义务的结果。

违约责任可由当事人约定,包括承担违约责任的形式和金额。违约责任形式包括继续履行、支付违约金、损害赔偿、按照定金规则承担责任等。

实践中,合同当事人为了简化合同订立程序,往往采用国际货运代理服务方面的标准交易条款,如“中国国际货运代理协会标准交易条件”“菲亚塔示范规则”等,经当事人同意采用,这些标准交易条款被自动纳入合同,成为合同的组成部分。

五、国际货运代理的法律关系与责任

国际货运代理的法律关系与责任通常体现在有关的法律法规、国际公约、标准交易条件(由各国货运代理协会制定)或合同条款之中。

(一)国际货运代理的法律关系

国际货运代理在国际货运过程中往往作为代理人或当事人出现,这两种情况的法律关系是不同的。目前,在我国尚未制定专门的货运代理法律的情况下,涉及货运代理的纠纷通常适用《中华人民共和国民法典》(以下简称“《民法典》”)中有关代理的规定,涉及货运代理为承运人或多式联运经营人时,则适用《中华人民共和国海商法》和《中华人民共和国海事诉讼特别程序法》等有关法律的规定。

1. 作为代理人的法律关系

以他人名义为他人实施法律行为的人,叫作代理人。其名义被他人使用、被他人代为实施法律行为的人,叫作被代理人,也称本人。与代理人共同实施法律行为的人,叫作第三人或相对人。按照我国《民法典》的规定,公民、法人都可以通过代理人实施民事法律行为。代理是指代理人按照本人(被代理人)的授权,在代理权范围内代表本人同第三人订立合同或从事其他活动的法律行为,由此而产生的权利与义务直接对本人发挥效力。

按照我国《民法典》对代理行为和有关委托合同的规定,货运代理作为代理人时,所产生的代理法律关系的法律事实只有一个,那就是接受被代理人的委托。货运代理委托合同关系一旦成立,双方当事人便依法享有权利并承担义务。

现实中,货运代理作为代理人往往表现为两种形式:直接代理和间接代理。

(1)直接代理。如果代理人在代理权限内以代表的身份,即以本人(委托人)的名义同第三人订立合同,其效力直接及于本人的,称为直接代理。其特点是:代理人必须以被代理人的名义行事,被代理人对其代理人的代理行为承担民事责任。这就是说,只要代理人是在代理权限内,以被代理人的名义同第三人签订合同,该合同的权利和义务均由被代理人承担。如事后合同出了问题,代理人不承担责任。

在直接代理下,货运代理关系是由委托人(货主)和货运代理人两方组成的。代理关系必须由一方提出委托,经另一方接受后才算正式成立。这种关系一经确定,委托人与货运代理人之间的关系则成为委托与被委托的关系，有关双方的责任、义务则应根据双方订立的代理协议或代理合同来履行。

代理人不履行职责给被代理人造成损害的，应由代理人承担民事责任。代理人与第三人串通，损害被代理人利益的，应由代理人和第三人负连带责任。

《民法典》第 167 条规定，代理人知道被委托代理的事项违法而仍然进行代理活动的，或者被代理人知道代理人的代理行为违法而不表示反对的，由被代理人和代理人负连带责任。

案例

某货主委托某货代公司出运一批货物，自上海到香港。该货代公司代表货主向船公司订舱后取得提单，船公司要求该货代公司暂扣提单，直到该货主把过去拖欠该船公司的运费付清以后再放单。之后该货主向某海事法院起诉该货代公司违反代理义务擅自扣留提单造成货主无法结汇产生巨额损失。

根据上述案例，分析该货代公司对货主的损失是否应承担责任？为什么？

【案例分析】

该货代公司应对货主的损失承担责任。因为此案中货代公司是接受货主委托，他是货主的代理人，应按货主的指示完成委托事宜，不应听从船公司的要求扣留提单，从而损害货主利益，其行为违反了代理的职责，因此他应当对货主的损失承担责任。

(2)间接代理。如果代理人以自己的名义，但是为了本人（委托人）的利益而与第三人订立合同，日后再将其权利、义务通过另一个合同转移于本人的，则称为间接代理。在间接代理情况下，如发生问题，被代理人（货主）与第三人没有直接法律关系，也就是说，代理人以自己的名义实施的行为所产生的后果由代理人自己承担。

2. 作为当事人的法律关系

国际货运代理作为当事人，系指在为客户提供所需的服务中，是以自己的名义承担责任的独立合同人，应对其履行国际货运代理合同而雇用的承运人、分货运代理的行为或不行为负责。一般而言，他与客户接洽的是服务的价格，而不是收取代理手续费。托运人付给他的是固定费用，而他付给承运人的是较低运费，即其从两笔费用的差价中获取了利润。例如，国际货运代理常常是将一些货主的货物集中在一个集装箱内，以此来节省费用，这对国际货运代理和托运人都有利。在这种情况下，对托运人来说，国际货运代理被视为承运人，应承担承运人的责任。又如，国际货运代理提供多式联运服务，或者亲自从事公路运输，那么他就处于当事人地位。尤其当国际货运代理提供多式联运服务时，作为国际货运代理的标准交易条件中的纯粹代理性质的条款就不再适用了。其合同义务受他所签发的多式联运提单条款的制约，即使此时国际货运代理本人并不拥有船舶或其他运输工具，他也将作为多式联运经营人对全程负责，承担如同承运人的全部责任。

作为当事人，国际货运代理不仅对其本身和雇员的过失负责，而且应对在履行与客户所签合同的过程中提供的其他服务的过失负责。

（二）国际货运代理的责任

由于各国的法律规定不同，国际货运代理所承担的责任也就大不相同。由于各国法律对货运代理所下的定义及其业务范围的规定有所不同，在实际业务中货运代理责任范围的

大小,原则上可分为两种情况:

第一种情况,作为代理人,国际货运代理仅对自己的错误和疏忽负责。

第二种情况,作为当事人,承担承运人的责任和造成第三人损失的责任,即国际货运代理不仅对自己的错误和疏忽负责,还应使货物完好地抵达目的地。

国际货运代理协会(FIATA)规定:国际货运代理仅对属于其本身或其雇员所造成的过失负责。如其在选择第三人时已恪尽职责,则对于该第三人的行为或疏忽不负责任。如能证明国际货运代理未做到恪尽职责,其责任应不超过与其订立合同的任何第三人的责任。

1. 以代理人的身份出现时货运代理的责任

如前所述,国际货运代理作为被代理人的代理时,在其授权范围内,以被代理人的名义从事代理行为,所产生的法律后果由被代理人承担。在内部关系上,被代理人和国际货运代理之间是代理合同关系,国际货运代理享有代理人的权利,承担代理人的义务。在外部关系上,国际货运代理不是与他人所签合同的主体,不享有该合同的权利,也不承担该合同的义务。当货物发生灭失或残损时,国际货运代理不承担责任,除非其本人有过失。被代理人可直接向负有责任的承运人或其他第三人索赔。当国际货运代理在货物文件或数据上出现过错、造成损失时,则要承担相应的法律责任,受害人有权诉诸法律向国际货运代理请求赔偿。所以,一旦发现文件或数据有错误,国际货运代理应立即通知有关方,并尽可能挽回由此造成的损失。

国际货运代理作为纯粹的代理人,通常应对其本人及其雇员的过错承担责任。其错误和疏忽可能包括:未按指示交付货物;尽管得到指示,办理保险仍然出现疏忽;报关有误;运往错误的目的地;未能按必要的程序取得再出口(进口)货物退税;未取得收货人的货款而交付货物。国际货运代理还应对其经营过程中造成的第三人财产灭失或损坏或人身伤亡承担责任。如果国际货运代理能够证明他对第三人的选择做到了合理的谨慎,那么,他一般不承担因第三人的行为或不行为引起的责任。

案例

A 货运代理作为 B 进口商的代理人,负责从 C 港接收一批工艺作品,在 150 海里外的 D 港交货。该批作品用于国际展览,要求货运代理在规定的日期之前于 D 港交付全部货物。货运代理在 A 港接收货物后,通过定期货运卡车将大部分货物陆运到 D 港。由于定期货运卡车出现季节性短缺,一小部分货物无法及时运抵。于是货运代理在卡车市场雇用了一辆货运车,要求其于指定日期之前抵达 D 港。而后,该承载货物的货车连同货物一起下落不明。货运车造成的损失,货运代理是否也要负责?

【案例分析】

对于货运车造成的损失,货运代理是否也要负责的问题,有人提出货运代理仅为代理人,对处于承运人掌管期间的货物灭失不必负责。这一主张似乎有道理,然而,根据 FIATA 关于货运代理的谨慎责任之规定,货运代理应恪尽职责采取合理措施,否则需承担相应责任。本案中造成货物灭失的原因与货运代理所选择的承运人有直接的关系。由于其未尽合理谨慎职责,在把货物交给承运人掌管之前,甚至没有尽到最低限度的谨慎,即没有检验承运人的证书,考察承运人的背景,致使货物灭失。因而他应对选择承运人的过失负责,承担由此给货主造成的货物灭失的责任。

2. 国际货运代理作为当事人的责任

国际货运代理以自己拥有的运输工具进行运输，或以自己的名义与承运人签订运输合同，或租用他人的运输工具进行运输，在此情况下，货运代理均为运输合同的一方，处于承运人的地位，无论是实际承运人，还是契约承运人，都承担承运人的责任和义务。

国际货运代理在作为承运人运输货物时，其责任从接收货物时开始至目的地将货物交给收货人时止，或其将货物置于收货人指定的地点业已作为完成并已履行合同中规定的交货义务。但货运代理人在货物运往或运抵目的地前或后有义务向收货人发出到货通知，如在发出到货通知一定时间后，收货人仍未前来提取货物，也可视为货运代理人履行了合同中规定的交货义务。我国《海商法》第 46 条规定，在集装箱运输合同下，承运人的责任期间是指从装货港接收货物时起至卸货港交付货物时止，货物处于承运人掌管之下的全部期间。而在非集装箱运输或杂货运输合同下，承运人的责任期间是指从货物装上船时起至卸下船时止，货物处于承运人掌管的全部期间。《海商法》第 46 条以“货物处于承运人掌管之下”限制承运人的责任范围。也就是说在第 46 条规定的责任期间，货物不处于承运人掌管之下时，承运人对货物的安全不负责任。

国际货运代理往往还经营国际多式联运业务，在此情况下，只要其签发了多式联运提单，不管是否实际参与了运输，均不影响其作为多式联运经营人的地位。根据有关国际多式联运的法律规定，多式联运经营人对全程运输负责。如在运输过程中发生货物的灭失、损坏或延误，多式联运经营人均应承担赔偿责任，除非能证明其为避免货物的灭失、损坏或延误已采取一切适当的措施。因此，在多式联运过程中，一旦发生货物灭失或损坏，作为多式联运经营人的货运代理，理应向委托人承担货损货差的赔偿责任，然后，再向发生货损货差区段的实际承运人（责任人）追偿。

作为当事人，国际货运代理不仅对其本身和雇员的过失负责，而且应对在履行与客户所签合同过程中提供的其他服务的过失负责。

其中对客户的责任主要表现在以下三个方面：

第一，对货物的灭失或残损的责任。

第二，因职业过失，尽管既非出于故意也非由于粗心，但给客户造成了经济损失。例如，不按要求运输；不按要求对货物投保；报关有误造成延误；运货至错误的目的地；未能代表客户履行对运输公司、仓储公司及其他代理人的义务；未收回提单而放货；未履行必要的退税手续再出口；未通知收货人；未收取现金费用而交货；向错误的收货人交货。

第三，迟延交货。尽管按惯例货运代理一般不确保货物的到达日期，也不对迟延交货负责，但目前的趋势是其对过分的延误要承担适当的责任，此责任限于被延误货物的运费或两倍运费。

国际货运代理对第三人的责任多是指对装卸公司、港口当局等参与货运的第三人提出的索赔所承担的责任。这类索赔可分为两大类：一是第三人财产的灭失或损坏及由此产生的损失；二是第三人的人身伤亡及由此产生的损失。

（三）国际货运代理的责任限制

国际货运代理在对其过失或疏忽承担责任的同时亦享有责任限制。责任限制是一项特有的法律制度，即依据法律的有关规定，责任人将其赔偿责任限制在一定范围内的法律制度。

在国际货物运输中,往往会由于责任人(如船长、船员或货运代理)的过失造成货物的损害,或造成第三人的重大财产损失。这种损害或损失常常是严重的,涉及的索赔金额往往也是巨大的,有时甚至会超过货物本身的价值或船舶的价值。为了保护本国的航运业,各国通常将这种赔偿责任用法律加以限制。国际货运代理与承运人一样,均有权将其责任限制在合理的限额内。当国际货运代理为承运人时,则享受有关承运人的责任限制。

国际货运代理通常在标准交易条件中规定其最高的责任限额,其赔偿限额无论在何种情况下,都不得超过国际货运代理在接收货物时货物的市价。各国有关国际货运代理的责任和责任限制是不一致的,有些国家采取的是严格责任制,有些国家采取的是对过失或疏忽负责,而且赔偿限额也不相同,这完全取决于每宗案件所涉及的法律和合同的规定。但是,许多国家有关货物运输的法律,尤其是有关货运代理行为的法律是很不完备的,多数国家只有一些原则性的规定。

(四)国际货运代理的除外责任

除外责任,又称免责,系指根据国家法律、国际公约、运输合同的有关规定,责任人免于承担责任的事由。国际货运代理与承运人一样享有除外责任。对于承运人,我国《海商法》规定了 12 项免责事由,《海牙规则》和《维斯比规则》规定了 17 项免责事由。对于国际货运代理的除外责任,通常规定在国际货运代理标准交易条件或与客户签订的合同中,归纳起来包括以下 7 个方面:

国际货运代理的责任限额

其一,委托人的疏忽或过失所致。委托人有义务履行其在各方面应尽的职责。委托人在国际货运代理征询有关业务或处理意见时,必须予以答复,对要求国际货运代理所做的工作亦应及时给予各种明确的指示。如因指示不及时或不当而造成损失,国际货运代理不承担任何责任。委托人不得让其货运代理对由于下列事实产生的后果负责:①有关货物的说明不正确、不清楚或不全面;②货物包装、刷唛和申报不当等;③货物在卡车、车厢、平板车或集装箱的装载不当;④货运代理不能合理预见到的货物内在的危险。

其二,委托人或其代理人在搬运、装卸、仓储和其他处理中所致。

其三,货物的自然特性或潜在缺陷所致,如由于破损、泄漏、自燃、腐烂、生锈、发酵、蒸发或由于对冷、热、潮湿的特别敏感性。

其四,货物的包装不牢固、缺乏或不当包装所致。

其五,货物的标志或地址错误或不清楚、不完整所致。

其六,货物的内容申报不清楚或不完整所致。

其七,不可抗力所致。

尽管有上述免责条款的规定,国际货运代理仍须对因其自己的过失或疏忽而造成的货物灭失、短少或损坏负责。如果另有特殊约定,货运代理还对货币、证券或贵重物品负有责任。

任务解析

下面根据上面所学知识对项目情景的任务进行简要解析。

任务 1:船舶代理是指船舶代理机构或代理人接受船舶所有人(船公司)、船舶经营人、承租人或货主的委托,在授权范围内代表委托人(被代理人)办理与在港船舶有关的业务、提供有关的服务或完成与在港船舶有关的其他经济、法律行为的代理行为。国际船舶代理业务是一项范围相当广泛的综合性业务,它包括所有原应由船公司自行办理的业务和一些原应由货主自行办理的与货运有关的业务。我国船舶代理公司在交通运输部核定的经营范围内,受船公司委托,可经营下列部分或全部代理业务:联系安排船舶进出港口、靠泊和装卸;办理船舶、货物、集装箱的报关;办理货物、集装箱的托运、转运和多式联运;受船东或船长的委托代签提单、运输合同,代签船舶速遣、滞期协议;办理国际水上旅客运输;组织货载,为货主洽订舱位;联系水上救助、洽办海商海事处理;代收代付款项,代办结算;办理其他与船舶代理有关的服务事项。

任务2:国际货运代理的业务服务范围很广泛,既可作为货运服务代理人提供服务,又可作为货运服务当事人(独立经营人)开展服务活动。我国国际货运代理企业可作为货主的代理人提供货运代理服务,作为承运人的代理人提供货运代理服务,作为独立经营人提供有关服务(例如,国际货运代理企业以缔约承运人、无船承运人、多式联运经营人的身份提供货物运输服务)。

任务3:国际货运代理具有双重身份,即国际货运服务代理人与当事人并存。国际货运代理的基本性质是作为中间人行事的代理人;国际货运代理的扩展性质是作为当事人行事的承运人和物流商。KT公司并不拥有飞机、卡车和船舶,而是利用他人运输工具提供综合的国际货运代理服务,主要服务内容有揽货、订舱、集装箱拆箱、分拨中转、报关、报检、国际多式联运等,它兼具国际货运代理的双重身份,既可能是国际货运服务代理人,也可能是国际货运的当事人(无船承运人)。

任务4:M公司与KT公司签订一份国际货运委托服务合同,该货运委托服务合同的主要内容应包括:①货物的名称、性质、体积、数量及包装标准等;②货物起运和到达地点、运距、托运人和收货人名称及详细地址等;③运输质量及安全要求;④货物装卸责任和方法;⑤货物交接手续;⑥托运人、承运人和收货人的权利、义务和责任;⑦运杂费计算标准和结算方式;⑧合同变更、终止的期限;⑨违约责任;⑩双方商定的其他条款。M公司作为托运人,其权利在于:要求KT公司按照合同规定的时间把货物运送到目的地。其义务是:按约定向KT公司交付运杂费;按照规定的标准对红木家具进行包装;按照合同中规定的时间和数量交付托运货物。KT公司作为承运人,其权利在于:有权向M公司和收货人收取运杂费用。其义务是:在合同规定的期限内,将红木家具运送到指定地点,按时向收货人发出货物到达通知。保证托运的货物的安全,保证货物无短缺、无损坏、无人为的变质。在货物到达以后,在规定的期限内负责保管。

个案分析

1. 某年4月,大连A公司与菲律宾一客户签订6 000千克原料出口贸易合同,从大连港装运,目的港为菲律宾宿务(Cebu)港。但在香港转船后,转运的二程船是到马尼拉(Manila)港而非宿务港,因此,货物没有被运到宿务港,而是运到菲律宾马尼拉港就被卸下,这与我们所签订合同规定的宿务目的港及CIF Cebu价格条款不符,并且一程船提单(B/L)上也清楚标明货物最终运至菲律宾宿务。马尼拉船舶代理公司通知远在宿务的进口商,到马尼拉报关提货,一切费用自理。而进口商要求大连A公司将货物运至宿务,认为大连A公司没有执行合同条款。大连A公司通过货运代理与香港船代公司及马尼拉船代联系后,马尼拉船代同意负责将货物运送到宿务，但进口商必须在马尼拉报关后支付比正常运输高出50%的运费才可以运送，否则，进口商自己提运。由于这笔贸易的付款方式是T/T预付，加上天气较热，货物已滞港近两周，客户是一生产工厂，已待货投入生产，所以，只好同意进口商自己到马尼拉提货，所产生的一切额外费用凭收据由大连A公司支付。大连A公司经过与国内货代协商，货代同意支付进口商额外损失400美元，问题才算得以圆满解决。问题：为吸取本案的教训，你认为选择船舶代理和货运代理应注意哪些方面？

2. A土畜产进出口公司委托B货运代理公司办理一批服装的出口运输，从上海运至日本。B货运代理公司租用C远洋运输公司的船舶承运，但以其自己的名义签发提单。货物运抵目的港后，发现部分服装已湿损。于是，收货人向保险公司索赔。保险公司依据保险合同赔偿收货人后，取得代位求偿权[①]，进而对B货运代理公司提起诉讼。问题：(1)本案属于货运代理合同纠纷，还是运输合同纠纷？(2)B货运代理公司对货物损失是否该负责赔偿？(3)如果B货运代理公司对货物损失有责，他们该如何处理？

参考答案

复习与思考

一、名词解释

代理　船舶代理　长期代理　航次代理　国际货运代理　FIATA　直接代理　间接代理　除外责任

二、简答题

1. 船舶代理关系的形式有哪些？
2. 班轮运输船舶代理人主要有哪几种？
3. 不定期船运输代理人主要有哪几种？
4. 如何理解第二委托方代理？
5. 简述国际船舶代理进出口货运业务。
6. 如何理解国际货运代理的双重身份？
7. 国际货运代理的服务对象主要有哪些？
8. 列举国际货运代理作为货运服务代理人能提供的服务内容。
9. 列举国际货运代理作为货运服务经营人(当事人)能提供的服务内容。
10. 简述国际货运服务委托合同的主要内容。

① 保险代位求偿权，是指当保险标的遭受保险事故造成的损失，依法应由第三者承担赔偿责任时，保险公司自支付保险赔偿金之日起，在赔偿金额的限度内，相应地取得向第三者请求赔偿的权利。

项目八　国际航运的有关公约与管理制度

项目要求

1. 理解《海牙规则》《维斯比规则》《汉堡规则》的主要内容。
2. 了解《鹿特丹规则》的主要内容。
3. 掌握我国《海商法》的主要内容。
4. 掌握我国《国际海运条例》的主要内容。

项目情景

某年上海A公司在短短2个月内提出了两则索赔案：①4月，上海A公司与马来西亚B公司签订了合同，B公司向A公司出口1 800袋面粉，价格条件为CFR，每袋单价为60美元。A公司在中国人民保险公司投保了水渍险。该批货物由菲律宾籍某轮承运。在马来西亚装货的过程中，船长先向托运人发出书面声明，指出货物堆放于码头无任何遮盖物并发生雨水的污染，宣布货物为"不清洁"货物。托运人为了结汇出具了保函，承运人签发了清洁提单。货轮抵达上海港，经外轮理货公司理货，发现210袋有污水污染，并确认货物短少50袋。于是，上海A公司欲根据关于提单的《海牙规则》《维斯比规则》《汉堡规则》以及我国《海商法》的规定，向承运人索赔。②5月，上海A公司与法国C公司签订了购买400吨化肥的合同，由法国D航运公司KGT号轮将该批货物从法国马赛港运至上海港。KGT号在航行途中遇小雨，因货舱舱盖不严使部分货物遭受雨淋，受到损失。于是，上海A公司向法国D航运公司索赔。

任务1：《海牙规则》《维斯比规则》《汉堡规则》以及我国《海商法》对承运人的基本义务和责任基础是如何规定的？上海A公司可否向承运人索赔？为什么？

任务2：《汉堡规则》对保函的法律地位是如何规定的？索赔案②中法国D航运公司可否依保函要求上海A公司向托运人索赔？为什么？

任务3：关于提单的国际公约除情景中所述的《海牙规则》《维斯比规则》《汉堡规则》外，还有哪一公约，该公约在内容上与以往的国际海上货物运输公约相比，有哪些发展和变化？

任务4：我国《海商法》对国际海上货物运输公约有哪些继承？

任务5：与我国《海商法》配套的行政法规主要是什么条例？其主要特点是什么？

知识模块

单元一　海上货物运输的国际公约

国际海上货物运输不可能按照一国国内法处理，制定统一的海上货物运输公约是管理与规范海上货物运输合同的必要法律手段。关于海上货物运输的国际公约主要是为了统一世界各国关于海运提单的不同法律规定，建立船货双方均等平摊海上运输风险的责任制度，并确认承运人与托运人在海上货物运输中的权利和义务。

一、有关海上货物运输的四大国际公约

目前在国际航运业影响较大的国际公约主要有：《海牙规则》《维斯比规则》《汉堡规则》《鹿特丹规则》①。

（一）《海牙规则》

《海牙规则》（The Hague Rules）是在国际法协会于 1921 年制定的提单规则的基础上制定的，是 1924 年 8 月 25 日在比利时召开的有 26 国代表出席的外交会议上制定的《关于统一提单若干法律规定的国际公约》（International Convention for the Unification of Certain Rules Relating to Bills of Lading）的简称。

《海牙规则》于 1931 年 6 月 2 日生效，是关于提单法律规定的第一部国际公约。现有参加国 80 多个。英国在 1924 年将其转化为国内立法，一些国家，如加拿大、澳大利亚也仿效英国的做法。我国没有加入该公约，但其中有关承运人责任与免责的规定，基本上被我国《海商法》所采纳。

《海牙规则》共十六条，其中第十一至第十六条是程序性条款，主要是有关公约的批准、加入和修改等程序性条款；第一至第十条是实质性条款，主要包括以下内容。

1. 承运人最低限度的义务

承运人最低限度义务是承运人必须履行的基本义务。对此，《海牙规则》第三条第一款规定："承运人必须在开航前和开航当时，谨慎处理，使航船处于适航状态，妥善配备合格船员，装备船舶和配备供应品；使货舱、冷藏舱和该船其他载货处所能适当而安全地接收、载运和保管货物。"该条第二款规定："承运人应妥善地和谨慎地装载、操作、积载、运送、保管、照料与卸载。"即提供适航船舶，妥善管理货物，否则将承担赔偿责任。

船舶适航条件

案例

新加坡 A 公司从德国 B 公司购买了一套设备，分别装于 65 只木箱中，委托 C 公司用海轮运回。船长在货物装船后签发了清洁提单。船到新加坡港口后，卸货前发现部分设备的包装木箱损害严重。收货人和承运人在货舱内对货物进行清点，发现共有 21 箱设备因为倾斜、移位撞击而受到不同程度的损坏。收货人认为，货物损坏的原因是承运人的配载不当，因此，承运人应当赔偿收货人的损失；而承运人则认为货物损坏的原因是包装不善，而且船舶在航运中又遇到了恶劣的气候，因此，承运人不应当承担赔偿责任。经查阅航海日记，了解到该船在航行中确实遇到了 8 级风浪。那么，船方 C 公司是否应该赔偿 A 公司的损失呢？

【案例分析】

首先，A 公司的货物装船后，C 公司已经签发了清洁提单，这就表明货物是在外表良好

① 请学生网上查阅《海牙规则》《维斯比规则》《汉堡规则》《鹿特丹规则》的条文，并逐条学习。

的状况下装船的，因此，C公司不能以货物的包装不善为由，拒绝担负赔偿责任。

其次，C公司也不能以货物遭遇不可抗力为由拒绝承担赔偿责任。因为在国际航线上，8级风浪属于常见的自然现象，并非不可预见，只能视为一般的风险。如果C公司的船舶无法抵御8级风浪，则应视为该船舶不适航。

再次，承运人有妥善照管货物的义务。根据《海牙规则》的规定，承运人须在开航前和开航时恪尽职责使货舱、冷藏舱和该船其他载货处所能适宜和安全地收受、运送和保管货物。从现场情况分析来看，可以推断出：船舶在航行中遭遇到了风浪而发生颠簸，使得设备倾斜、移位、相互碰撞从而致使部分设备损坏。如果承运人对货物积载得当，捆扎牢固，那么，即使在船舶航行中遭遇到了风浪，也不会致使设备遭受到损坏。

因此，承运人应为其未能很好地履行保管货物的义务而向收货人承担赔偿责任。

2. 承运人运输货物的责任期间

承运人的责任期间是指承运人对货物运送负责的期限。按照《海牙规则》第一条"货物运输"的定义，货物运输的期间为从货物装上船起至卸完船为止的期间。所谓"装上船起至卸完船止"可分为两种情况：一是在使用船上吊杆装卸货物时，装货时货物挂上船舶吊杆的吊钩时起至卸货时货物脱离吊钩时为止，即"钩至钩"期间。二是使用岸上起重机装卸，则以货物越过船舷为界，即"舷至舷"期间承运人应对货物负责。至于货物装船以前，即承运人在码头仓库接管货物至装上船这一段期间，以及货物卸船后到向收货人交付货物这一段时间，按《海牙规则》第七条规定，可由承运人与托运人就承运人在上述两段时间发生的货物灭失或损坏所应承担的责任和义务订立任何协议、规定、条件、保留或免责条款。

3. 承运人的赔偿责任限额

承运人的赔偿责任限额是指对承运人不能免责的原因造成的货物灭失或损坏，通过规定单位最高赔偿额的方式，将其赔偿责任限制在一定的范围内。这一制度实际上是对承运人造成货物灭失或损害的赔偿责任的部分免除，充分体现了对承运人利益的维护。《海牙规则》第四条第五款规定："不论承运人或船舶，在任何情况下，对货物或与货物有关的灭失或损坏，每件或每单位超过100英镑或与其等值的其他货币时，任意情况下都不负责；但托运人于装货前已就该项货物的性质和价值提出声明，并已在提单中注明的，不在此限。"

4. 承运人的免责

《海牙规则》第四条第二款对承运人的免责做了十七项具体规定，分为两类：一类是过失免责；另一类是无过失免责。

国际海上货物运输中争论最大的问题是《海牙规则》的过失免责条款，《海牙规则》第四条第二款第一项规定："由于船长、船员、引航员或承运人的雇佣人在航行或管理船舶中的行为、疏忽或过失所引起的货物灭失或损坏，承运人可以免除赔偿责任。"这种过失免责条款是其他运输方式责任制度中所没有的。很明显，《海牙规则》偏袒了船方的利益。

承运人无过失免责，主要有以下几种：

(1)不可抗力或承运人无法控制的免责。主要有八项：海上或其他通航水域的灾难、危险或意外事故；天灾；战争行为；公敌行为；君主、当权者或人民的扣留或拘禁，或依法扣押；检疫限制；不论何种原因所引起的局部或全面罢工、关厂、停工或劳动力受到限制；暴力和骚乱。

(2)货方的行为或过失免责。主要有四项：货物托运人或货主、其代理人或代表的行为；货物的固有缺点、质量或缺陷所造成的容积或重量的损失，或任何其他灭失或损害；包装不固;标志不清或不当。

(3)特殊免责条款。主要有三项:一是火灾,即使是承运人和雇佣人的过失,承运人也不负责,只有承运人本人的实际过失或私谋所造成者才不能免责;二是在海上救助人命或财产,这一点是对船舶的特殊要求;三是谨慎处理,恪尽职守所不能发现的潜在缺陷。

(4)承运人免责条款的第十六项。"不是由于承运人的实际过失或私谋,或是承运人的代理人或雇佣人员的过失或疏忽所引起的其他任何原因。"这是一项概括性条款。

5. 索赔与诉讼时效

索赔通知是收货人在接收货物时,就货物的短少或残损状况向承运人提出的通知,它是索赔的程序之一。收货人向承运人提交索赔通知,意味着收货人有可能就货物短损向承运人索赔。《海牙规则》第三条第六款规定,承运人将货物交付给收货人时,如果收货人未将索赔通知用书面形式提交承运人或其代理人,则这种交付应视为承运人已按提单规定交付货物的初步证据。如果货物的灭失和损坏不明显,则收货人应在收到货物之日起 3 日内将索赔通知提交承运人。

《海牙规则》有关诉讼时效的规定是:"除非从货物交付之日或应交付之日起一年内提起诉讼,承运人和船舶,在任何情况下,都应免除对灭失或损坏所负的一切责任。"

6. 托运人的义务和责任

(1)保证货物说明正确的义务。《海牙规则》第三条第五款规定:"托运人应向承运人保证他在货物装船时所提供的标志、号码、数量和重量的正确性,并在对由于这种资料不正确所引起或造成的一切灭失、损害和费用,给予承运人赔偿。"

(2)不得擅自装运危险品的义务。《海牙规则》第四条第六款规定:"如托运人未经承运人同意而托运属于易燃、易爆或其他危险性货物,应对因此直接或间接引起的一切损害和费用负责。"

(3)损害赔偿责任。根据《海牙规则》第四条第三款规定,托运人对他本人或其代理人或受雇人因过错给承运人或船舶造成的损害,承担赔偿责任。可见,托运人承担赔偿责任是完全过错责任原则。

7. 运输合同无效条款

根据《海牙规则》第三条第八款的规定,运输合同中的任何条款或协议,凡是解除承运人按该规则规定的责任或义务,或以不同于该规则的规定减轻这种责任或义务的,一律无效。有利于承运人的保险利益或类似的条款,应视为属于免除承运人责任的条款。

8. 适用范围

《海牙规则》第五条第二款规定:"本公约的规定,不适用于租船合同,但如果提单是根据租船合同签发的,则它们应符合公约的规定。"同时该规则第十条规定:"本公约的各项规定,应适用于在任何缔约国内所签发的一切提单。"

(二)《维斯比规则》

《海牙规则》存在的主要问题

技术进步使海上运输方式发生了变革,尤其是集装箱运输的发展产生了大量新问题。同时,《海牙规则》较多地维护了承运人的利益,在风险分担上很不均衡,引起了作为主要货主国的第三世界国家的不满,纷纷要求修改《海牙规则》,建立航运新秩序。修改《海牙规则》的意见逐渐为英国等航运发达国家所接受,但发达国家主张权衡各方利益,只对《海牙规则》中明显不合理或不明确的条款做局部的修订和补充,《维斯比规则》就是在此基础上产生的。

1968年2月在布鲁塞尔第十二届海洋法外交会议上通过了《关于修订统一提单若干法律规定的国际公约的议定书》(Protocol to Amend the International Convention for the Unification of Certain Rules of Law Relating to Bill of Lading),简称《1968年布鲁塞尔议定书》,即《维斯比规则》(The Visby Rules,1977年6月23日生效)。《维斯比规则》不能单独使用,而是要和《海牙规则》合起来使用,因此也有人称《维斯比规则》为《海牙—维斯比规则》。目前已有英国、法国、荷兰、挪威、瑞典、日本等30多个国家和地区加入了这一公约。我国没有加入该公约,但我国《海商法》采纳了该公约的某些规定。

《维斯比规则》共十七条,但只有前六条才是实质性的规定,对《海牙规则》的第三、四、九、十条进行了修改。其主要修改内容有:

1. 扩大了规则的适用范围

《海牙规则》的各条规定仅适用于缔约国所签发的提单。《维斯比规则》扩大了其适用范围,其中的第五条第三款规定适用于:① 在缔约国签发的提单;②货物在一个缔约国的港口起运;③提单载明或为提单所证明的合同规定,该合同受公约的各项规则或者使其生效的任何一个国家的立法所约束,不论承运人、托运人、收货人或任何其他有关人员的国籍如何。该规定表明只要提单或为提单所证明的运输合同上有适用《维斯比规则》的规定,该提单或运输合同就要受《维斯比规则》的约束。

2. 明确了提单的证据效力

《海牙规则》第三条第四款规定,提单上载明的货物主要标志、件数或重量和表面状况应作为承运人按其上所载内容收到货物的初步证据。至于提单转让至第三人的证据效力,未做进一步的规定。《维斯比规则》为了弥补上述的缺陷,在第一条第一款则补充规定:"……但是,当提单转让至善意的第三人时,与此相反的证据将不能接受。"这表明对于善意行事①的提单受让人来说,提单载明的内容具有最终证据效力。《维斯比规则》这一规定表明,当提单背书转让给第三者后,该提单就是货物已按上面记载的状况装船的最终证据,承运人不得借口在签发清洁提单前货物就已存在缺陷或包装不当来对抗提单持有人。

3. 强调了承运人及其受雇人员的责任限制

为进一步强调承运人及其受雇人员享有的权利,《维斯比规则》第三条规定:"本公约规定的抗辩和责任限制,应适用于就运输合同涉及的有关货物的灭失或损坏对承运人提出的任何诉讼,不论该诉讼是以合同为根据还是以侵权行为为根据。""如果诉讼是对承运人的受雇人员或代理人(该受雇人员或代理人不是独立订约人)提起的,该受雇人员或代理人也有权援引《海牙规则》规定的承运人的各项抗辩和责任限制。""向承运人及其受雇人员或代理人索赔的数额,在任何情况下都不得超过本公约规定的赔偿限额。"《维斯比规则》的以上规定使合同之诉和侵权之诉处于相同的地位:承运人的受雇人员或代理人也享有责任限制的权利。

4. 提高了承运人对货物损害赔偿的限额

《海牙规则》规定承运人对每件或每单位的货物损失的赔偿限额为100英镑,而《维斯比规则》第二条则将每件或每单位的赔偿限额提高到10 000金法郎,同时还增加一项以受损

① 所谓"善意行事"是指提单受让人在接受提单时并不知道装运的货物与提单的内容有何不符之处,而是出于善意完全相信提单记载的内容。

货物毛重为标准的计算方法，即每千克为 30 金法郎，以两者中较高者为准①。这一规定不但提高了赔偿限额，还创造了一项新的双重限额制度，不但维护了货主的利益，而且这种制度也为《汉堡规则》所接受。

另外，《维斯比规则》还规定了丧失赔偿责任限制权利的条件，即如经证实损失是承运人蓄意造成的，或者是知道很可能会造成这一损害而毫不在意的行为或不行为所引起的，则承运人无权享受责任限制的权利。

5. 增加了"集装箱条款"

《海牙规则》没有关于集装箱运输的规定。《维斯比规则》增加了"集装箱条款"，以适应国际集装箱运输发展的需要。该规则第二条第三款规定："如果货物是用集装箱、托盘或类似的装运器具集装时，则提单中所载明的装在这种装运器具中的包数或件数，应视为本款中所述的包或件数；如果不在提单上注明件数，则以整个集装箱或托盘为一件计算。"该条款的意思是，如果提单上具体载明在集装箱内的货物包数或件数，计算责任限制的单位就按提单上所列的件数为准；否则，则将一个集装箱或一个托盘视为一件货物。

6. 延长了诉讼时效

《海牙规则》规定，货物灭失或损害的诉讼时效为 1 年，从交付货物或应当交付货物之日起算。《维斯比规则》第一条第二款、第三款则补充规定，诉讼事由发生后，只要双方当事人同意，这一期限可以延长，明确了诉讼时效可经双方当事人协议延长的规定。对于追偿时效则规定，即使在规定的 1 年期满之后，只要是在受法院法律准许期间之内，便可向第三方提起索赔诉讼。但是准许的时间自提起诉讼的人已经解决索赔案件，或向其本人送达起诉状之日起算，不得少于 3 个月。

（三）《汉堡规则》

《汉堡规则》（The Hamburg Rules）是《1978 年联合国海上货物运输公约》（United Nations Convention on the Carriage of Goods by Sea，1978）的简称，1978 年 3 月 6 日至 31 日在德国汉堡举行的、由联合国主持的 78 国代表参加的海上货物运输大会讨论通过，于 1992 年 11 月 1 日生效。其成员国中绝大多数为发展中国家，占全球外贸船舶吨位数 90% 的国家都未承认该规则，因此目前对国际海运业影响不是很大。

《汉堡规则》全文共分七章三十四条，除保留了《维斯比规则》对《海牙规则》修改的内容外，对《海牙规则》进行了根本性的修改，是一个较为完备的国际海上货物运输公约，明显地扩大了承运人的责任。其主要内容包括：

1. 对货物的定义和规则的适用范围

《海牙规则》对货物定义的范围较窄，将活动物、甲板货都排除在外。《汉堡规则》扩大了货物的定义。不仅把活动物、甲板货②列入货物范畴，而且包括了集装箱和托盘等包装运输工具。

《汉堡规则》适用于两个不同国家之间的所有海上货物运输合同，并且海上货物运输合

---

① 1979 年 12 月在布鲁塞尔召开的有 37 国代表参加的外交会议上，通过了修订《维斯比规则》的议定书，并于 1984 年 4 月生效。目前参加国超过 25 个。《维斯比规则》的议定书将承运人对货物损害赔偿的限额从法郎改为特别提款权（SDR）。以 15 金法郎等于 1SDR 作为计算标准，承运人的最高赔偿责任限额为每件或每单位货物 666.67SDR，或货物毛重每千克 2SDR，二者之中以高者为准。同时该议定书又规定，凡不能使用特别提款权的缔约国，仍可以法郎作为计算单位。

② 甲板货（deck cargo），又称为舱面货，是指在舱面上装载的货物。

同中规定的装货港或卸货港位于其一缔约国之内，或备选的卸货港之一为实际卸港并位于某一缔约国内；或者，提单或作为海上货物运输合同证明的其他单证在某缔约国签发；或者提单或作为海上货物运输合同证明的其他单证规定，合同受该规则各项规定或者使其生效的任何国家立法的管辖。

同《海牙规则》一样，《汉堡规则》不适用于租船合同，但如提单根据租船合同签发，并调整出租人与承租人以外的提单持有人之间的关系，则适用该规则的规定。

2. 承运人的责任原则

《汉堡规则》较《海牙规则》扩大了承运人的责任，确定了推定过失与举证责任相结合的完全过失责任制。规定凡是在承运人掌管货物期间发生货损，除非承运人能证明承运人已为避免事故的发生及其后果采取了一切可能的措施，否则便推定：损失系由承运人的过失所造成，承运人应承担赔偿责任。

3. 承运人的责任期间

《汉堡规则》第四条第一款规定："承运人对货物的责任期间包括在装货港、在运输途中以及在卸货港，货物在承运人掌管的全部期间。"即承运人的责任期间从承运人接管货物时起到交付货物时止。与《海牙规则》的"钩至钩"或"舷至舷"相比，其责任期间扩展到"港到港"，解决了货物从交货到装船和从卸船到收货人提货这两段时间没有人负责的问题，因此，《汉堡规则》明显地延长了承运人的责任期间。

4. 承运人赔偿责任限额

《汉堡规则》第六条第一款规定："承运人对货物灭失或损坏的赔偿，以每件或其他装运单位的灭失或损坏相当于835特别提款权或毛重每千克2.5特别提款权的金额为限，两者之中以其较高者为准。"

从上述规定可以看出，《汉堡规则》的赔偿责任限额高于《海牙规则》和《维斯比规则》的规定，大幅提高了承运人赔偿的责任限额。

5. 对迟延交付货物的责任

迟延交付货物的责任在海牙规则和维斯比规则中都没有规定，《汉堡规则》第五条第二款则规定："如果货物未能在明确议定的时间内，或虽无此项议定，但未能在考虑到实际情况对一个勤勉的承运人所能合理要求时间内，在海上运输合同所规定的卸货港交货，即为迟延交付。"对此，承运人应对因迟延交付货物所造成的损失承担赔偿责任。而且在第三款还进一步规定，如果货物在第二款规定的交货时间满后连续60天内仍未能交付，有权对货物灭失提出索赔的人可以认为货物已经灭失。《汉堡规则》第六条第一款还规定："承运人对迟延交付的赔偿责任，以相当于迟延交付货物应支付运费的2.5倍的数额为限，但不得超过海上货物运输合同规定的应付运费总额。"

6. 承运人和实际承运人的赔偿责任

《汉堡规则》中增加了实际承运人的概念。当承运人将全部或部分货物委托给实际承运人办理时，承运人仍需按公约规定对全部运输负责。如果实际承运人及其雇佣人或代理人的疏忽或过失造成的货物损害，承运人和实际承运人均需负责的话，则在其应负责的范围内，承担连带责任。对于这种连带责任托运人既可向实际承运人索赔，也可向承运人索赔，并且不因此妨碍承运人和实际承运人之间的追偿权利。

7. 托运人的责任

《汉堡规则》第十二条规定："托运人对于承运人或实际承运人所遭受的损失或船舶遭

受的损坏不负赔偿责任。除非这种损失或损坏是由于托运人、托运人的雇佣人或代理人的过失或疏忽所造成的。"这意味着托运人的责任也是过失责任。但需指出的是,托运人的责任与承运人的责任不同之处在于承运人的责任中举证由承运人负责,而托运人的责任中,托运人不负举证责任,这是因为货物在承运人掌管之下,所以也同样需要承运人负举证责任。

8. 保函的法律地位

《海牙规则》和《维斯比规则》没有关于保函的规定,而《汉堡规则》第十七条对保函的法律效力做出了明确的规定,托运人为了换取清洁提单,可以向承运人出具承担赔偿责任的保函,该保函在承、托人之间有效,对包括受让人、收货人在内的第三方一概无效。但是,如果承运人有意欺诈,对托运人也属无效,而且承运人也不再享受责任限制的权利。

案例

保函

A 公司出口红豆 1 800 吨,由 B 远洋运输公司承运,B 远洋运输公司安排 118 号轮运输。为了防止红豆霉变损失,A 公司请求船长在航行途中,开舱晒货。船长担心晒货会发生货物短重,欲在提单上批注"开舱晒货,在卸货港发生短重,船长不负责任"。为了取得清洁提单,A 公司向船方出具了保函。船方接受了保函,签发了清洁提单。航行途中,多次开舱晒货。货船抵达目的港后,发现红豆短重 62 吨。收货人要求承运人 B 远洋运输公司赔偿。之后,B 远洋运输公司凭保函向 A 公司索赔,A 公司拒绝。B 远洋运输公司起诉于法院。问:出具保函是否构成对第三方的有意诈骗?法院应该如何审理?

【案例分析】

《汉堡规则》第十七条"托运人的保证"中规定:

(1)托运人应视为已向承运人保证,由他提供列入提单的有关货物的品类、标志、件数、重量和数量等项目正确无误。托运人必须赔偿承运人因为这些项目的不正确而导致的损失。托运人即使已将提单转让,仍须负赔偿责任。承运人取得的这种赔偿权利,绝不减轻他按照海上运输合同对托运人以外的任何人所负的赔偿责任。

(2)任何保函或协议,据此托运人保证赔偿承运人由于承运人或其代表未就托运人提供列入提单的项目或货物的外表状况批注保留而签发提单所引起的损失,对包括收货人在内的受让提单的任何第三方,均属无效。

(3)这种保函或协议对托运人有效,除非承运人或其代表不批注本条第 2 款所指的保留是有意诈骗,相信提单上对货物的描述而行事的包括收货人在内的第三方,在后面这种情况下,如未批注的保留与由托运人提供列入提单的项目有关,承运人就无权按照本条第 1 款规定,要求托运人给予赔偿。

按照《汉堡规则》的有关规定,买方应为货物短缺进行赔偿;承运人也应对收货人负责;保函对收货人无效,船方先赔偿收货人;保函对托运人有效,船方有权索赔。因此,托运人出具保函不构成有意诈骗;A 公司赔偿 B 远洋运输公司货物短重造成的损失。

9. 索赔通知及诉讼时效

《海牙规则》要求索赔通知必须由收货人在收到货物之前或收到货物当时提交。如果货物损失不明显,则这种通知限于收货后 3 日内提交。《汉堡规则》延长了上述通知时间,规定收货人可在收到货物后的第一个工作日将货物索赔通知送交承运人或其代理人，当货物灭失或损害不明显时，收货人可在收到货物后的15天内送交通知。同时还规定，对货物迟延交付造成损失，收货人应在收货后的60天内提交书面通知。

对于诉讼时效，《海牙规则》规定了货物交付或应交付之日起1年的时间，而《汉堡规则》规定了2年的诉讼时效，并规定负有赔偿责任的人向他人提起追偿之诉的时间为90天，自提起诉讼一方已处理其索赔案件或已接到向其本人送交的起诉传票之日起算。

10. 管辖权和仲裁的规定

《海牙规则》《维斯比规则》均无管辖权的规定，只是在提单背面条款上订有由船公司所在地法院管辖的规定，这一规定显然对托运人、收货人极为不利。《汉堡规则》第二十一条规定，原告可在下列法院选择其一提起诉讼：①被告的主要营业所所在地，无主要营业所时，则为其通常住所所在地；②合同订立地，而合同是通过被告在该地的营业所、分支或代理机构订立的；③装货港或卸货港；④海上运输合同规定的其他地点。

除此之外，海上货物运输合同当事人一方向另一方提出索赔之后，双方就诉讼地点达成的协议仍有效，协议中规定的法院对争议具有管辖权。

《汉堡规则》第二十二条规定，争议双方可达成书面仲裁协议，由索赔人决定在下列地点之一提起：①被告的主要营业所所在地，如无主要营业所，则为通常住所所在地；②合同订立地，而合同是通过被告在该地的营业所、分支或代理机构订立的；③装货港或卸货港。此外，双方也可在仲裁协议中规定仲裁地点。仲裁员或仲裁庭应按该规则的规定来处理争议。

（四）《鹿特丹规则》

《汉堡规则》出台后，国际海上货物运输领域出现了《海牙规则》《维斯比规则》《汉堡规则》三个公约并存的局面，进一步加剧了国际货物运输的多元化与不确定性。放眼全球21世纪的国际贸易与航运界，与20世纪20年代《海牙规则》诞生时的情形相比，无论是在船货双方的力量对比方面，还是在国际货物运输方式方面，抑或国际贸易货物运输量方面，都发生了沧海桑田般的变化。正是在此背景下，联合国国际贸易法委员会主持制订了《鹿特丹规则》，希望各国参与，寻求海上货物运输法律制度的统一。2008年12月11日，第63届联合国大会通过了《联合国全程或部分海上国际货物运输合同公约》（United Nations Convention on the International Carriage of Goods Wholly or Partly by Sea），即《鹿特丹规则》。

从内容上看，《鹿特丹规则》共有96条，是当前国际海上货物运输规则之集大成者，不仅涉及包括海运在内的多式联运、在船货两方的权利义务之间寻求新的平衡点，而且还引入了如电子运输单据、批量合同、控制权等新的内容。此外，《鹿特丹规则》还特别增设了管辖权和仲裁的内容。作为国际海上货物运输立法的重大变革，《鹿特丹规则》正吸引着全球海事界的目光。根据《联合国全程或部分海上国际货物运输合同公约》的规定，《鹿特丹规则》将在有20个国家批准或者加入一年后生效，目前尚没有一个国家批准该公约，该公约尚未生效。

与以往的国际海上货物运输公约相比，《鹿特丹规则》在内容上具有很大的发展和变化，主要体现在以下几个方面：

1. 扩大了适用范围

集装箱的问世使得单一的海上运输方式逐渐为多式联运所替代。调整单一运输方式的国际货物运输公约，已经不再适合这种运输方式。《鹿特丹规则》顺应这一趋势，调整范围变《海牙规则》的"钩到钩"、《汉堡规则》的"港到港"运输为"门到门"运输，《鹿特丹规则》第五条规定:“本公约适用于收货地和交货地位于不同国家,并且海上运输装货港和同一海上运输的卸货港位于不同国家的运输合同。”表明《鹿特丹规则》不仅调整海上货物运输合同,而且还调整包括海上货物运输在内的国际多式联运货物运输合同。为避免与现行调整其他运输方式的国际公约产生冲突,《鹿特丹规则》确立了有限网状责任制,规定在非海运运输阶段,其他强制性的国际公约应优先适用。

2. 增加了电子运输单证的规定

《海牙规则》《维斯比规则》《汉堡规则》都未涉及电子商务。《鹿特丹规则》专设“电子运输记录”一章,有利于让电子运输记录的使用更加便捷,以代替传统的纸质运输单证,为电子商务在海上运输领域的发展搭建一个适宜的法律平台,提供有效的法律支撑。

3. 相对加大了承运人的责任

与以往公约规定相比,《鹿特丹规则》下承运人的责任有加大的趋势,具体体现在:

(1)扩大了承运人的责任期间。《鹿特丹规则》下,承运人的责任期间自承运人或者履约方为运输而接收货物时开始,至货物交付时终止。因此承运人的责任期间由《海牙规则》的“钩到钩”、《汉堡规则》的“港到港”扩大至“门到门”。

(2)扩大了承运人的船舶适航义务。《海牙规则》规定,承运人应当在船舶开航前和开航时谨慎处理,使船舶适航。《鹿特丹规则》则把承运人的适航义务从开航前和开航时延伸到整个海上航程。

(3)扩大了承运人的管货义务。《海牙规则》规定,承运人必须承担妥善且谨慎地装载、操作、积载、运输、保管、照料和卸载所承运货物的七项环节义务;而《鹿特丹规则》规定,承运人应当妥善而谨慎地接收、装载、操作、积载、运输、保管、照料、卸载并交付货物的九项义务,多了“接收、交付货物”两项义务。

(4)承运人责任基础发生变化,确立了承运人赔偿的完全过失责任制度,取消了承运人航海过失免责和承运人的受雇人或代理人过失导致火灾的免责。《海牙规则》规定承运人对17种情况引起的货物损失可以免责,包括航海过失免责和承运人的受雇人或代理人过失导致火灾的免责。《汉堡规则》采取完全过失责任,没有明确规定免责条款。《鹿特丹规则》延续《海牙规则》15种承运人免责情形(不包括航海过失免责和承运人的受雇人或代理人过失导致火灾的免责),但与《汉堡规则》相同,确立承运人的完全过失责任,取消航海过失免责和承运人的受雇人或代理人过失导致火灾的免责。同时增加有关“海盗、恐怖活动”的免责规定,反映了当今航运实践的现状和发展情况。

(5)举证责任更加明确。《鹿特丹规则》明确规定了承运人赔偿责任的举证责任分配,即索赔方应证明货物灭失、损坏或迟延交付或造成货物灭失、损坏或迟延交付的事件或情形是发生在承运人的责任期间内,索赔方完成初步举证后,再由承运人负责举证证明自己没有过失或者存在免责情形,承运人不能证明的则应当承担赔偿责任。《鹿特丹规则》关于举证责任的规定缓解了《汉堡规则》苛刻的承运人“推定过失”的责任制,增强了公约的可操作性。

(6)增大了承运人的赔偿责任限额。《鹿特丹规则》规定,承运人的赔偿责任限额为索赔或争议所涉货物的每件或每个其他货运单位875个SDR,或索赔或争议所涉货物的毛重每千克3个SDR,以两者中较高限额为准。

4. 增加了海运履约方的规定

《鹿特丹规则》在《汉堡规则》实际承运人的基础上,重新设计了一种新型的责任主体:

海运履约方。海运履约方是指自装货港至卸货港间履行或者承诺履行承运人任何义务的履约方。海运履约方包括港口营运商、物流配送经营人等,港口运营商与海运承运人具有同样的地位。这一规定突破了“合同相对性原则”,使索赔方可以直接根据货物运输合同要求海运履约方承担赔偿责任,但同时赋予海运履约方以承运人的赔偿责任限制,是对航运实践中“喜马拉雅条款”①内容的确认和体现。

5. 增加了单证托运人的规定

《鹿特丹规则》加强了对托运人义务的规定,进行了清晰而明确的规定,如“交付运输”“向承运人提供信息、指示和文件”“向承运人及时、准确地提供拟定合同事项所需要的信息”“对危险货物通知和标志”等义务及相应的责任。同时,《鹿特丹规则》还增加了“单证托运人”的规定,主要用以处理 FOB 买方在货物运输中的权利和义务。单证托运人是指托运人以外、同意在运输单证或者电子运输记录中记名为“托运人”的人,单证托运人必须承担公约对托运人规定的义务和赔偿责任,同时享有公约为托运人提供的权利和抗辩。

6. 增加了无单放货的规定

《鹿特丹规则》增加了无单放货②的规定,改变了当前航运实践中的习惯做法,即将现行的承运人凭收货人保函交货的做法改为承运人凭托运人或单证托运人发出的指示交付货物。这一规定虽经反复讨论,几经修改,仍然争议很大。支持者认为,这一规定解决了当前货物已经到达而单证迟迟未到或者逾期无人提货的有效措施;反对者认为,这一规定可能为图谋欺诈者提供便利,而如果承运人在按照交付货物指示执行前索取担保,则将对任何当事人都没有好处,因此,这一规定除了使法律更加复杂和不确定之外,没有实现改革的目标。

7. 引入了控制方、控制权的规定

《鹿特丹规则》首次在海运公约中引入控制方、控制权的概念。《鹿特丹规则》规定,托运人、单证托运人或可转让运输单证持有人作为控制方有权向承运人就货物发出指示、有权在计划挂靠港或在内陆运输情况下在运输途中的任何地点提取货物、有权变更收货人,还有权与承运人约定变更运输合同。

8. 规定了批量合同的合同自由

根据《鹿特丹规则》的规定,批量合同是指在约定期间内分批装运特定数量货物的运输合同,当事人可以通过批量合同的预定增加或减少公约中规定的权利、义务和赔偿责任。《鹿特丹规则》对批量合同采取非强制性适用原则,赋予批量合同当事人较为充分的合同自由,只有批量合同中没有约定或者没有不同约定的时候,《鹿特丹规则》才会得以适用,以符合托运人个性化的运输服务要求。

二、国际海上货物运输公约的比较

(一)承运人的责任基础不同

《海牙规则》和《维斯比规则》规定,承运人应当“适当谨慎”使船舶适航,否则须对导致

① “喜马拉雅条款”(Himalaya clause)。该条款源自“阿德勒诉狄克逊”一案,是规定承运人的代理人和雇佣人员同样能够享受承运人在提单中有权享受的免责、责任限制等权利的条款。我国《海商法》已明确规定承运人的免责和责任限制同样适用于承运人的代理人和雇佣人员,因此提单中有无该条款差别不大。

② 无单放货,又叫无正本提单放货,是指承运人或其代理人(货代)或港务当局或仓库管理人在未收回正本提单的情况下,依提单上记载的收货人或通知人凭副本提单或提单复印件,加保函放行货物的行为。

的损失负责，即实行不完全过失责任制。不仅要求承运人主观有过错、有违法或违约行为，索赔人还负有举证责任，并规定了承运人对过失承担责任的两种例外：①船长等船上人员对其疏忽行为可以要求免责；②由于非承运人本人的过失导致的火灾所致，承运人可以要求免责。

与《海牙规则》相比，《汉堡规则》废除了承运人航海过失免责和火灾免责，采用了完全过失责任制。《鹿特丹规则》下的责任基础采取的是完全过失责任制，也废除了“航海过失免责”与“火灾免责”，但在举证责任的设置上不像《汉堡规则》那样采取简单而一边倒的模式。《鹿特丹规则》创新了承运人责任制度，使海运的责任阶段延伸至国际多式联运的适用范围。

（二）承运人的责任期间不同

《海牙规则》的承运人责任期间为自货物装上船舶开始至卸离船舶为止，即“钩至钩”原则，据此，承运人对货物的责任以货物越过船舷来界定。《汉堡规则》则将责任期间扩大为自承运人或其代理人从托运人或其代理人手中接管货物时起，至承运人将货物交付收货人时止，包括装货港到集装箱货运站在内的承运人掌管的全部期间，即为“港至港”原则。而《鹿特丹规则》扩大了承运人责任期间，包括从为运输而接收货物时开始，至货物交付时为止的整个运输期间，并没有对接收和交付货物的地点加以限定，因此承运人责任期间，已经不局限于海上和港内。在《鹿特丹规则》下，船公司及海运承运人的揽货能力将被削弱，将会刺激货运代理业及中间商的发展，增加承运人和托运人之间的中间环节以及货物运输的总成本。

（三）公约适用范围不同

《海牙规则》规定本公约各项规定，适用于在任何缔约国所签发的一切提单，但不适用于租船合同，除非提单是在船舶出租情况下签发的。《维斯比规则》在此基础上，将适用范围扩展至有关国际海上货物运输中，货物从缔约国起运的提单、起运港为缔约国的提单以及规定受《海牙规则》或者赋予该规则以法律效力的国内法约束的提单。《汉堡规则》又进一步将适用范围扩大到卸货港或为实际卸货港的备选卸货港位于缔约国国内的提单。与其他海运公约相比，《鹿特丹规则》为适应国际集装箱“门到门”运输的需要，突破以往三个公约运输适用范围，将运输方式扩大为“海运和其他”运输方式；涵盖的地域范围为海上区段和非海上区段；责任主体扩大为承运人、履约方、海运履约方，从而将海运、港口、内陆各种运输方式的经营人都涵盖在内。这使得《鹿特丹规则》的调整范围已不局限于海上运输，还适用于那些与海运相衔接的其他方式的运输。由此，《鹿特丹规则》已经相当于一个特定范围内的国际货物多式联运公约。

此外，从《海牙规则》到《鹿特丹规则》还呈现出承运人的最高责任赔偿限额逐步提高；对灭失或损害货物的计量方法越来越合理；索赔和诉讼时效依次延长等发展趋势。

单元二　我国的海商法

海商法是调整海上运输当事人、船舶当事人之间横向财产、经济关系的一部重要的特别民事法律。制定海商法，对于运用法律手段调整海上运输关系、船舶关系，维护当事人各方的合法权益，适应改革、开放的需要，促进海上运输和经济贸易的发展，具有重要意义。

在我国，海商法学者大多认为海商法有广义和狭义之分，广义的海商法是调整特定的海上运输关系、船舶关系的法律规范的总称。狭义的海商法仅指 1993 年 7 月 1 日起施行的

《中华人民共和国海商法》,是我国广义海商法的最重要组成部分。本单元主要介绍《中华人民共和国海商法》[①](以下简称“《海商法》”)。

一、我国《海商法》的主要内容

我国虽然尚未加入《海牙规则》《维斯比规则》《汉堡规则》和《鹿特丹规则》,但是我国《海商法》,特别是其中第四章关于海上货物运输合同的规定,基本上是以《维斯比规则》为基础,吸收了《汉堡规则》中比较成熟和合理的内容。具体而言,关于适航、管理货物、禁止不合理绕航,以及承运人免责和责任限制等,采纳了《维斯比规则》的规定;而承运人责任期间、迟延交付、活动物和甲板货运输、提单、托运人责任、实际承运人等,则参照或吸收了《汉堡规则》。因此,我国《海商法》与国际海商海事实践基本是接轨的。同时,我国《海商法》的许多条文,例如,关于迟延交货的责任及责任限制的规定,灭失或损坏的货物价值的计算规定等又是独一无二的。

我国《海商法》规定“中华人民共和国缔结或者参加的国际条约同本法有不同规定的,适用国际条约的规定;但是,中华人民共和国声明保留的条款除外。中华人民共和国法律和中华人民共和国缔结或者参加的国际条约没有规定的,可以适用国际惯例”。

我国《海商法》全文分 15 章,计 278 条。

第一章“总则”,第 1 ~6 条,共计 6 条。规定了我国《海商法》的立法宗旨、适用范围等。

第二章“船舶”,第 7 ~30 条,共计 24 条,是有关船舶物权的规定。

第三章“船员”,第 31 ~40 条,共计 10 条。具体规定了船员的定义、任用、职责。

第四章“海上货物运输合同”,第 41 ~106 条,共计 66 条,是我国《海商法》的核心内容。

第五章“海上旅客运输合同”,第 107 ~126 条,共计 20 条,参照我国加入的《1974 年海上旅客及其行李运输雅典公约》的规定而制定。

第六章“船舶租用合同”,第 127 ~154 条,共计 28 条,本章的规定多为任意性规范,主要规范定期租船合同和光船租赁合同。

第七章“海上拖航合同”,第 155 ~164 条,共计 10 条,主要规范海上拖航合同。

第八章“船舶碰撞”,第 165 ~170 条,共计 6 条,主要参照了《1910 年统一船舶碰撞某些法律规定的国际公约》。

第九章“海难救助”,第 171 ~192 条,共计 22 条,主要参照了《1989 年国际救助公约》的规定。

第十章“共同海损”,第 193 ~203 条,共计 11 条,主要参照了《1974 年约克—安特卫普规则》。

第十一章“海事赔偿责任限制”,第 204 ~215 条,共计 12 条,主要参照了《1976 年海事赔偿责任限制公约》。

第十二章“海上保险合同”,第 216 ~256 条,共计 41 条。主要规范海上保险合同。

第十三章“时效”,第 257 ~267 条,共计 11 条。具体规定了上述各章所涉及的请求权的时效期间,时效的中止、中断。

第十四章“涉外关系的法律适用”,第 268 ~276 条,共计 9 条,规定了我国《海商法》所调整的各种涉外法律关系的法律适用规则。

---

① 请学生网上查阅我国《海商法》条文,并逐条学习。

第十五章"附则",第277~278条,共计2条。规定了本法所称计算单位(SDR)的含义及其换算方法。

总体来说,我国《海商法》在内容上具有如下特点:

第一,适用范围为调整海上运输关系和船舶关系。海上运输是指海上货物运输和海上旅客运输,包括海江之间、江海之间的直达运输。但海上货物运输合同的规定,不适用于中华人民共和国港口之间的海上货物运输。船舶是指海船和其他海上移动式装置,但是用于军事的、政府公务的船舶和20总吨以下的小型船艇除外。船舶包括船舶属具。

第二,详细规定了海上货物运输合同、海上旅客运输合同、船舶租用合同、海上拖航合同、海上保险合同的成立,双方当事人的权利义务,违约责任等。

第三,实行海事赔偿责任限制原则,即船舶所有人、救助人,可依法规定限制赔偿责任。

二、我国《海商法》关于海上货物运输合同的规定

海上货物运输合同(contract of carriage by sea),是指承运人或船舶出租人负责将托运人托运的货物经海路从一港运至另一港,而由托运人或承租人支付约定运费的合同。其形式通常有班轮运输中的订舱单、装货单和提单(bill of lading,B/L)以及租船合同(charter party,C/P)、货运协议(contract of affreightment,COA)等。

货物和由托运人提供的装运器具是海上货物运输合同的标的。承运人或船舶出租人是合同的一方当事人,常称为船方,通常是船舶所有人,但也可能是船舶经营人或船舶承租人①。托运人或承租人是合同的另一方当事人,常称为货方。

我国关于海上货物运输合同的法律规范主要是《海商法》第四章"海上货物运输合同"、第六章"船舶租用合同"、第十三章"时效"和第十四章"涉外关系的法律适用"等章节中的规定。此外,《中华人民共和国民法典》有关运输合同的原则性的规定也是海上货物运输合同的法律规范。在海事诉讼方面,有关的法律规范是《中华人民共和国海事诉讼特别程序法》。

我国《海商法》第四章是关于海上货物运输合同的规定,是我国《海商法》的核心内容,共有八节,第一节"一般规定",第二节"承运人的责任",第三节"托运人的责任",第四节"运输单证",第五节"货物交付",第六节"合同的解除",第七节"航次租船合同的特别规定"和第八节"多式联运合同的特别规定"②。下面选择承运人和托运人的有关规定进行阐述。

(一)承运人的基本权利与义务

1. 承运人的基本义务

(1)适航的义务。根据我国《海商法》第四十七条的规定,承运人在船舶开航前和开航当时,应当谨慎处理,履行3项义务:船舶处于适航状态;适当地配备船员、装备船舶和配备供应品;使船舶的货舱适合于安全收受、运送和保管所载货物。

(2)管货的义务。我国《海商法》第四十八条规定的承运人的"管货的义务"要点如下:其一,承运人应尽"妥善"与"谨慎"的管货义务;其二,该义务包括装载、搬移、积载、运输、保管、照料和卸载所运货物的7个环节,贯穿于整个运输过程,而不是仅仅在开航之前和开航当时。

① 船舶经营人和船舶承租人作为承运人时又称为二船东(disponent owner)。

② 另外,我国《海商法》在第六章中规定有定期租船合同和光船租船合同的内容,其中第一节是"一般规定",第二节是"定期租船合同",第三节是"光船租赁合同"。

(3)不得绕航的义务。规定承运人不得绕航的义务,主要是为了防止运输迟延对收货人造成损失。我国《海商法》第四十九条规定:“承运人应当按照约定的或习惯的或地理上的航线将货物运往卸货港。”同时我国《海商法》也规定了合理绕航可以免于追究承运人的绕航责任。我国《海商法》规定“船舶在海上为救助或者企图救助人命或财产而发生的绕航”是合理绕航,还有一些其他的情形也属于合理绕航。

(4)签发提单和交付货物的义务。货物由承运人接收或装船后,承运人应当签发提单,否则构成违约;承运人应当在卸货港向提单指定的收货人凭提单交付货物。

(5)损害赔偿的义务。对于承运人或其代理人、雇佣人员的不可免责的过失造成货物的灭失或损坏,承运人应当承担赔偿责任。

2. 承运人的基本权利

(1)收取运费和其他费用。按合同约定收取运费是承运人最基本的权利,其他费用,包括滞期费、亏舱费、共同海损分摊费用以及承运人为托运人或收货人垫付的费用等。

(2)享有货物留置权。按照法律规定或者合同约定,在未收到运费和其他费用时,承运人对应付上述费用的人的货物享有留置权。经过法定时间,仍无人支付应向承运人支付的费用,或提供适当担保而提取所留置的货物,承运人可以向有管辖权的法院申请裁定拍卖。拍卖所得价款,扣除货物在留置期间的保管费用和拍卖费用后,用于清偿运费以及应当向承运人支付的其他有关费用。不足的金额,承运人有权向货方追偿。剩余的金额,退还货方。

(3)享有免责。我国《海商法》实行承运人的不完全过失责任制,它在第五十一条规定了 12 项承运人免予承担赔偿责任的原因,包括过失免责和无过失免责。其中过失免责包括 2 项:船长、船员、引航员或者承运人的其他受雇人在驾驶船舶或管理船舶中的过失;火灾,但是由于承运人本人的过失所造成的除外。承运人的无过失免责原因包括 10 项:天灾,海上灾难,战争行为,罢工、停工,海上救助或企图救助人命或者财产,托运人、货主或其代理人的行为,货物的自然特性或者固有缺陷,货物包装不良或者标志欠缺、不清,经谨慎处理仍未发现的船舶潜在缺陷,非由于承运人或者承运人的受雇人、代理人的过失造成的其他原因。

(4)享有赔偿责任限制。我国《海商法》第五十六条规定,承运人对货物灭失或损坏的赔偿限额,按货物件数或其他货运单位计算时,每件或每货运单位为 666.67SDR;或者按照货物毛重计算,每千克为 2SDR。两者中以限额较高的为准。如果提单中载明了货物的实际价值或另有约定,则法定的赔偿限额便不适用。另外,我国《海商法》第五十九条第一款规定,货物的灭失、损坏或迟延交付是由承运人的故意或明知可能造成损失而轻率地作为或不作为造成的,承运人不得享有责任限制。

3. 承运人的责任期间

我国《海商法》第四十六条规定,承运人对集装箱装运的货物的责任期间,“是指从装货港接收货物时起至卸货港交付货物时止,货物处于承运人掌管之下的全部期间”。这一责任期限俗称“港到港”规则。同时规定承运人对非集装箱货物的责任期间,是从货物装上船时起至卸下船时止,货物处于承运人掌管之下的全部时间。这一责任期限通常被称为“装前卸后条款”(before and after clause)。实践中,货物装上船和卸下船都是一个过程,因此人们把这一责任期间表述为“钩到钩”(tackle to tackle)或“船舷到船舷”(rail to rail)的责任期间。

(二)托运人的基本权利和义务

1. 托运人的基本义务

(1)托运人应按合同约定提供货物。托运人应保证提供或申报的货物品名、标志、件数、重量或体积等事项的正确性,按规定进行包装,做好标志。对于危险货物,托运人应妥善包装,做出危险品标志和标签,并将其正式名称和性质以及应当采取的预防危害措施书面通知承运人。

(2)托运人或收货人有按合同规定及时交付运费及其他费用的义务。

(3)收货人有及时接收货物的义务。托运人或收货人应在目的港做好提货准备,及时到船边或仓库提货;提货时,收货人若发现货物短少或损坏,应及时处理,如记录、检查、检验等,以便向承运人索赔。

2. 托运人的基本权利

(1)取得舱位权。托运人有权按合同约定取得货物装船的舱位。

(2)取得提单权。货物装船后,承运人应按托运人的要求签发提单。

(3)提货权。收货人凭正本提单可以在目的港向承运人主张货物的交付。

(4)索赔权。托运人对承运人造成的损失有权获得赔偿,但承运人享有某些过失免责和责任限制。

案例

某年12月6日,我国某国际贸易股份有限公司(原告)一纸诉状将某公司(被告)以海上货物运输合同无正本提单放货为由诉至天津海事法院。原告称,该年1月至5月间,原告与韩国某公司签订服装贸易系列合同,由原告分期分批向韩国公司出口。合同签订后,原告分期分批委托被告承运出口服装,被告向原告签发了相应正本提单24份,而韩国公司并未付款赎单。11月14日,原告持24份正本提单到釜山港保税仓库处理该批货物时,得知价值576 728.06美元的货物已被他人提走。而被告则认为,其从未办理过放货手续,没有过失,不应承担责任。且根据海商法的规定,原告的起诉已超过诉讼时效。那么,价值50余万美元,近7 000箱货物在未见正本提单的情况下被提走,究竟是谁之过错?

天津海事法院经过审查,认为被告是否存在无单放货行为是争议的焦点。原告手持24票正本提单、售货合同、商业发票及韩国釜山港保税仓库的单证,证明被告未收回正本提单而将货物放行。被告则提供了韩国关税法、关税厅告示,其规定韩国进口的货物应储存在保税库,进口货物通关不需要提单正本及承运人的放货指示,还提供了保税运输申报书,证明其已将货物交给保税库,义务已经完成,放货是韩国主管部门的行为,被告无过错。

天津海事法院认为,本案系由涉案提单所证明的海上货物运输合同关系。其中涉及一个重要的法律问题,即承运人的责任期间。依照我国《海商法》和国际航运惯例,被告作为承运人,其风险责任自接收货物签发正本提单始至交付货物收回正本提单止。在承运人接收货物、收回正本提单前,本案提单项下货物属于被告的掌管期间,被告对货物负有谨慎保管、正确交付货物之合同义务。在被告掌管期间货物如何交付的举证责任应由被告承担,被告如不能举证证明其已正确履行货物交付义务,则被告应承担举证不能的法律后果。本案货物运抵目的港,储存于当地保税仓库,只是运输过程中的一个环节,在未收回正本提单前,被告的合同义务并未完成。被告所举韩国的有关规定,不能成为免除承运人向正本提单持有人交付货物的合同义务。

另一个需要注意的问题是诉讼时效期间。海上货物运输合同纠纷,根据我国《海商法》

的规定，时效期间为 1 年，自承运人交付或者应当交付货物之日起计算。承运人应向特定对象交付，而非向任何人交付。本案承运人向非正本提单持有人交付货物，不能视为履行交货义务，因而不能作为提单持有人向承运人索赔的诉讼时效起算依据。托运人只有收到结汇银行退回的单证，才能向承运人主张权利，因此，诉讼时效应从此时起算。

据此，天津海事法院最终判定被告承担无正本提单放货的违约责任。

单元三　我国的《国际海运条例》

《中华人民共和国国际海运条例》（以下简称《国际海运条例》）于 2001 年 12 月 11 日公布，并于 2013 年 7 月修订，适用于进出我国港口的国际海上运输经营活动以及与国际海上运输相关的辅助性经营活动。《国际海运条例》的实施，为规范国际海上运输活动，保护公平竞争，维护国际海运市场秩序，保障国际海上运输各方当事人的合法权益提供了重要的法律保障。

一、《国际海运条例》的特点

《国际海运条例》是与我国《海商法》配套的行政法规，是在总结我国国际海运市场管理实践的基础上，按照建立社会主义市场经济法律体系的原则制定的，可适应我国航运市场发展的需要，同时参照和借鉴了国际航运惯例和外国的航运立法实践，符合我国海运业改革开放和发展的要求。

我国的《国际海运条例》具有如下三大特点：

第一，政府职能法定化。《国际海运条例》明确规定了国务院交通主管部门和地方人民政府交通主管部门对国际海运市场的监管职责，有利于推进交通主管部门的政府职能转变，是政府部门依法行政的重要法律依据。条例规范了市场准入程序，减少行政审批事项，取消或降低不必要的市场准入限制，有利于建立廉洁高效、运转协调、行为规范的海运业行政管理体制。

第二，市场准入制度化。在市场准入方面，《国际海运条例》规定除国际船舶运输业务实行许可制度外，无船承运、国际班轮运输和国际船舶管理等业务均实行登记制，并在《国际海运条例》的修订中对中资国际船舶代理企业实施备案制度，取消了国际船舶运输经营者之间兼并、收购审核，取消了外国国际船舶运输经营者及外国国际海运辅助企业在华设立常驻代表机构的审批。

第三，市场竞争规范化。《国际海运条例》规定海运业务经营人应遵循诚实信用的原则，依法经营，公平竞争，并对海运市场不正当竞争行为作了禁止性的规定，对建立全国统一、公平竞争、规范有序的市场秩序具有重要意义。《国际海运条例》专设“调查与处理”一章，赋予国务院交通主管部门对不正当竞争行为和可能损害国际海运市场竞争秩序的行为进行调查处理的职责，交通主管部门可对造成损害的行为采取禁止性或限制性措施以利于保护当事人的合法权益。

二、《国际海运条例》的主要管理制度

我国的《国际海运条例》共分七章，计 65 条。我国的《国际海运条例》以及《国际海运条例实施细则》主要对国际海上运输及其辅助性业务的经营者、国际海上运输及其辅助性业务经营活动、外商投资经营国际海上运输及其辅助性业务、调查与处理、法律责任等方面进行

了规定。下面分国际海上运输业务的经营者、国际班轮运输业务、无船承运业务、国际船舶代理业务四个方面阐述《国际海运条例》的主要管理制度。

(一)国际海上运输业务的经营者

1. 经营国际船舶运输业务的条件

国际船舶运输业务,是指国际船舶运输经营者使用自有或者经营的船舶、舱位,提供国际海上货物运输和旅客运输服务以及为完成这些服务而围绕其船舶、所载旅客或者货物开展的相关活动,包括签订有关协议、接受订舱、商定和收取运费、签发提单及其他相关运输单证、安排货物装卸、安排保管、进行货物交接、安排中转运输和船舶进出港等活动。

经营国际船舶运输业务,应当具备下列条件:①有与经营国际海上运输业务相适应的船舶,其中必须有中国籍船舶;②投入运营的船舶符合国家规定的海上交通安全技术标准;③有提单、客票或者多式联运单证;④有具备国务院交通主管部门规定的从业资格的高级业务管理人员。

2. 国际船舶运输经营者的许可制度

国际船舶运输经营者,包括中国国际船舶运输经营者和外国国际船舶运输经营者。其中,中国国际船舶运输经营者是指取得国际船舶运输经营许可证,经营国际船舶运输业务的中国企业法人;外国国际船舶运输经营者是指依据外国法律设立,经营进出中国港口国际船舶运输业务的外国企业。

经营国际船舶运输业务,应当向国务院交通主管部门提出申请,申请材料应当包括:①申请书;②可行性分析报告、投资协议;③申请人的企业商业登记文件(拟设立企业的,主要投资人的商业登记文件或者身份证明);④船舶所有权证书、国籍证书和法定检验证书的副本或者复印件;⑤提单、客票或者多式联运单证样本;⑥符合交通运输部规定的高级业务管理人员的从业资格证明。

有关省、自治区、直辖市人民政府交通运输主管部门自收到上述抄报材料后,应当就有关材料进行审核,提出意见,并应当自收到有关材料之日起 10 个工作日内将有关意见报送交通运输部。国务院交通主管部门做出许可或者不予许可的决定。予以许可的,向申请人颁发国际船舶运输经营许可证。

国际船舶运输经营者经许可、登记后,应当持有关证明文件,依法向企业登记机关办理企业登记手续。

(二)国际班轮运输业务

国际船舶运输经营者经营进出中国港口的国际班轮运输业务,应当取得国际班轮运输经营资格。未取得国际班轮运输经营资格的,不得从事国际班轮运输经营活动,不得对外公布班期、接受订舱。

经营国际班轮运输业务,应当向国务院交通主管部门提出申请,并附送下列材料:①国际船舶运输经营者的名称、注册地、营业执照副本、主要出资人;②经营者的主要管理人员的姓名及其身份证明;③运营船舶资料;④拟开航的航线、班期及沿途停泊港口;⑤运价本;⑥提单、客票或者多式联运单证。

国务院交通主管部门应当自收到经营国际班轮运输业务申请之日起 30 日内审核完毕。申请材料真实、齐备的,予以登记,并通知申请人。

取得国际班轮运输经营资格的国际船舶运输经营者,应当自取得资格之日起 180 日内开航。新开、停开国际班轮运输航线,或者变更国际班轮运输船舶、班期的,应当提前 15 日予以公告,并应当自行为发生之日起 15 日内向国务院交通主管部门备案。

经营国际班轮运输业务的国际船舶运输经营者的运价应当按照规定格式向国务院交通主管部门备案。

(三)无船承运业务

《国际海运条例》所称的无船承运业务,是指无船承运业务经营者以承运人身份接受托运人的货载,签发自己的提单或者其他运输单证,向托运人收取运费,通过国际船舶运输经营者完成国际海上货物运输,承担承运人责任的国际海上运输经营活动。具体指下列活动:①以承运人身份与托运人订立国际货物运输合同;②以承运人身份接收货物、交付货物;③签发提单或者其他运输单证;④收取运费及其他服务报酬;⑤向国际船舶运输经营者或者其他运输方式经营者为所承运的货物订舱和办理托运;⑥支付港到港运费或者其他运输费用;⑦集装箱拆箱、集拼箱业务;⑧其他相关的业务。

无船承运业务经营者,包括中国无船承运业务经营者和外国无船承运业务经营者。其中中国无船承运业务经营者是指依照《国际海运条例》和实施细则规定取得无船承运业务经营资格的中国企业法人;外国无船承运业务经营者是指依照外国法律设立并依照《国际海运条例》和实施细则的相关规定取得经营进出中国港口货物无船承运业务资格的外国企业。

无船承运业务经营者应当在向国务院交通主管部门提出办理提单登记申请的同时,附送证明已经按照《国际海运条例》的规定交纳保证金①的相关材料。申请材料应当包括:①申请书;②可行性分析报告;③企业商业登记文件;④提单格式样本;⑤保证金已交存的银行凭证复印件。

国务院交通主管部门应当自收到无船承运业务经营者提单登记申请并交纳保证金的相关材料之日起 15 日内审核完毕。申请材料真实、齐备的,予以登记,并颁发无船承运业务经营资格登记证。

无船承运业务经营申请者交纳保证金并办理提单登记,依法取得无船承运业务经营资格后,交通运输部在其政府网站公布无船承运业务经营者名称及其提单格式样本。

国际船舶运输经营者在与无船承运业务经营者订立协议运价时,应当确认无船承运业务经营者已办理提单登记并交纳保证金。

无船承运业务经营者的运价,应当按照规定格式向国务院交通主管部门备案。

(四)国际船舶代理业务

在中国境内设立企业经营国际船舶代理业务,或者中国企业法人经营国际船舶代理业务,应当有固定的营业场所和必要的营业设施,其高级业务管理人员中至少应当有 2 人具有 3 年以上从事国际海上运输经营活动的经历。

从事国际船舶代理业务的企业,应当在开业后 30 日内持营业场所证明文件和有关人员资历证明文件向交通运输部备案。

从事国际船舶代理业务的企业变更企业信息或者不再从事国际船舶代理经营活动的,应当在信息变更或者停止经营活动的 15 日内,向交通运输部备案。

国际船舶代理经营者接受船舶所有人或者船舶承租人、船舶经营人的委托,可以经营下

① 保证金用于无船承运业务经营者清偿因其不履行承运人义务或者履行义务不当所产生的债务以及支付罚款。中国无船承运业务经营者应当依法在交通运输部指定的商业银行开设的无船承运业务经营者专门账户上交存保证金。外国无船承运业务经营者按照外国法律已取得经营资格且有合法财务责任保证的,可以不向中国境内的银行交存保证金,但该外国无船承运业务经营者的政府主管部门与中国政府交通运输主管部门应就财务责任保证实现方式签订协议。

列业务：①办理船舶进出港口手续，联系安排引航、靠泊和装卸；②代签提单、运输合同，代办接受订舱业务；③办理船舶、集装箱以及货物的报关手续；④承揽货物、组织货载，办理货物、集装箱的托运和中转；⑤代收运费，代办结算；⑥组织客源，办理有关海上旅客运输业务；⑦其他相关业务。

国际船舶代理经营者应当按照国家有关规定代扣代缴其所代理的外国国际船舶运输经营者的税款。

设立外商投资企业经营国际船舶代理业务，应当通过拟设立企业所在地的省、自治区、直辖市人民政府交通运输主管部门向交通运输部提交申请材料。交通运输部做出批准或者不予批准的决定。获得批准的申请人应当持交通运输部批准文件，按照国家有关外商投资企业的法律、法规的要求办理相应的设立外商投资企业的审批手续。取得相应的批准文件后，到交通运输部领取国际船舶代理经营资格登记证书。

任务解析

下面根据上面所学知识对项目情景的任务进行简要解析。

任务1：《海牙规则》《维斯比规则》《汉堡规则》以及我国《海商法》对承运人的基本义务都规定了船舶适航的义务以及管货的义务。《海牙规则》和《维斯比规则》规定，承运人应当“适当谨慎”使船舶适航，否则须对导致的损失负责，即实行不完全过失责任制。其不仅要求承运人主观有过错、有违法或违约行为，索赔人还负有举证责任，并规定了承运人对过失承担责任的两种例外：(1)船长等船上人员对其疏忽行为可以要求免责；(2)由非承运人本人的过失导致的火灾所致，承运人可以要求免责。与《海牙规则》相比，《汉堡规则》废除了承运人航海过失免责和火灾免责，采用了完全过失责任制。我国《海商法》关于承运人的责任基础是采取不完全过失责任。上海A公司可以向承运人索赔。因为按照《海牙规则》《维斯比规则》《汉堡规则》或者是我国《海商法》的规定，承运人有适当的管理货物的义务。在索赔案①中，承运人签发了清洁提单，表明货物装运时一切良好。货物既然被污染，说明责任在于承运人。在索赔案②中，法国D航运公司未尽到应有的责任，承运的货物是由于货舱舱盖不严，使雨水进入货舱所致，因此属于法国D航运公司照料保管货物不当引起的损失，该承运人应承担相应的赔偿责任。

任务2：《海牙规则》和《维斯比规则》没有关于保函的规定，而《汉堡规则》第十七条对保函的法律效力做出了明确的规定，托运人为了换取清洁提单，可以向承运人出具承担赔偿责任的保函，该保函在承、托人之间有效，对包括受让人、收货人在内的第三方一概无效。但是，如果承运人有意欺诈，对托运人也属无效，而且承运人也不再享受责任限制的权利。索赔案②中法国D航运公司不可以依保函要求上海A公司向托运人索赔。因为承运人所持托运人出具的保函，只在承运人与托运人之间有效，不可以对抗第三人。

任务3：关于提单的国际公约除情景中所述的《海牙规则》《维斯比规则》《汉堡规则》外，还有《鹿特丹规则》。《鹿特丹规则》在内容上与以往的国际海上货物运输公约相比，不仅涉及包括海运在内的多式联运、在船货两方的权利义务之间寻求新的平衡点，而且还引入了如电子运输单据、批量合同、控制权等新的内容，此外《鹿特丹规则》还特别增设了管辖权和仲裁的内容。

任务4：我国《海商法》，特别是其中第四章关于海上货物运输合同的规定，基本上是以《维斯比规则》为基础，吸收了《汉堡规则》中比较成熟和合理的内容。具体而言，关于适航、管理货物、禁止不合理绕航，以及承运人免责和责任限制等，采纳了《维斯比规则》的规定；而承运人责任期间、迟延交付、活动物和甲板货运输、提单、托运人责任、实际承运人等，则参照或吸收了《汉堡规则》。因此，我国《海商法》与国际海商海事实践基本是接轨的。我国《海商法》规定"中华人民共和国缔结或者参加的国际条约同本法有不同规定的，适用国际条约的规定；但是，中华人民共和国声明保留的条款除外。中华人民共和国法律和中华人民共和国缔结或者参加的国际条约没有规定的，可以适用国际惯例"。

任务5：与我国《海商法》配套的行政法规主要是我国的《国际海运条例》。其主要特点有三个方面：第一，政府职能法定化；第二，市场准入制度化；第三，市场竞争规范化。

个案分析

1. 某年1月，中国A公司在墨西哥购买了一批小麦，交由某航运公司的WP轮承运。同年4月，中国A公司收到这些货物的两份提单，其首要条款均载明提单适用《海牙规则》，并受其约束。WP轮是一艘利比里亚籍散装货轮，船级为ABS的A1级。该轮3月14日在墨西哥D港装载中国A公司的小麦，分别装于第一、三舱，16日驶往E港加载其他货物于第四舱，19日开航前往中国。开航前船长收到一份远航建议书，提及在WP轮预定航线上可能遭遇恶劣天气。WP轮在驶往中国途中果然遭遇大风浪。驶抵中国G港后，经有关船检、商检部门对WP轮的货舱及货物进行检验，证实：该轮货舱盖严重锈蚀并有裂缝，舱盖板水密橡胶衬垫老化、损坏、脱开、变质，通风箱损坏。开舱时，发现在裂缝、舱盖边缘、舱盖板接缝下以及通风筒下的货物水湿、发霉、发热、结团、变质。中国A公司因此对墨西哥航运公司提起诉讼，认为被告未能确保船舶适航，要求其赔偿货损。该航运公司辩称：WP轮船长富有经验，船舶的各种技术证书都在有效期内，整个航次处于ABS的A1级。装货前，大副等船员还对货舱舱盖进行过水密试验，货舱及舱盖板橡胶衬垫处于水密、柔软状态。船舶在开航前和开航当时处于适航状态。货损是由于船舶在航行中遭遇大风暴所致，根据《海牙规则》，其对此不承担责任。问题：(1)《海牙规则》对承运人的适航义务是如何规定的？(2)WP轮在开航前和开航当时是否适航？(3)货损责任应由谁承担？

2. 上海A公司作为卖方与国外买方签订一份FOB价格条件的货物销售合同。国外买方指定国外一家货运代理公司（简称"B公司"）签发提单以作为信用证结汇单证并通知了A公司，随后B公司委托国内一家货运代理公司（简称"C公司"）并告知A公司具体的地址、电话、传真号和联系人等。A公司遂将出口货物明细表传真给C公司。明细表载明经营单位（装船人）为A公司、指示提单、起运港、目的港、可转运等。后C公司出具进仓单，通知A公司将上述货物在规定的期限内送至指定仓库。A公司交货后，C公司为货物出运办理了订舱、装箱、商检、报关等事宜，垫付了相关费用，并向A公司开具包干费、商检费等专用发票。A公司经确认提单内容后取得了全套由C公司转交、B公司签发的全程正本提单。该提单载明托运人为A公司，收货人凭指示，运费到付，B公司以提单抬头承运人的身份签发提单。货物出运后，A公司凭提单向银行议付，开证行以过期无人付款赎单为由而退单。A公司即要求C公司通知B公司扣货并将货物退运回上海，但货物已下落不明。A公司遂提起诉讼，要求C公司承担货物灭失的赔偿责任。经查，B公司并未在我国交通部办理过无船承运人登记许可手续，提单未登记。问题：(1)B公司能否经营无船承运业务？(2)C公司是否应当承担货物灭失的赔偿责任？(3)无船承运业务经营者交纳保证金有什么作用？

3. 辽宁货主A公司委托B货运代理公司办理一批床单货物海运出口，从大连港到日本横滨港。B公司接受委托后，出具自己的House B/L给货主。A公司凭此到银行结汇，提单转让给日本D贸易公司。B公司又以自己的名义向C海运公司订舱。货物装船后，C公司签发海运提单给B公司，B/L上注明运费预付，收发货人均为B公司。实际上C公司并没有收到运费。货物在运输途中由于船员积载不当，造成床单沾污受损。C公司向B公司索取运费，遭拒绝，理由是运费应当由A公司支付，B仅是A公司的代理人，且A公司并没有支付运费给B公司。A公司向B公司索赔货物损失，遭拒绝，理由是其没有诉权。D公司向B公司索赔货物损失，同样遭到拒绝，理由是货物的损失是由C公司过失造成的，理应由C公司承担责任。问题：(1)本案中B公司相对于A公司而言是何种身份？(2)B公司是否应负支付C公司运费的义务，理由何在？(3)A公司是否有权向B公司索赔货物损失，理由何在？(4)D公司是否有权向B公司索赔货物损失，理由何在？(5)D公司是否有权向C公司索赔货物损失，理由何在？

参考答案

复习与思考

一、名词解释

保函　海运履约方　批量合同　国际船舶运输业务

二、简答题

1.《海牙规则》关于承运人最低限度的义务是如何规定的？

2.《海牙规则》关于承运人无过失免责主要有哪几种？

3.《维斯比规则》如何明确提单的证据效力？

4.《汉堡规则》对迟延交付货物的责任是如何规定的？

5.《汉堡规则》如何规定托运人的责任？

6. 与以往公约规定相比，《鹿特丹规则》下承运人的责任有加大趋势，具体体现在哪些方面？

7. 简述四大规则关于承运人的责任期间不同点。

8. 我国《海商法》在内容上具有哪些特点？

9. 分别简述承运人和托运人的权利与义务。

10. 简述我国《国际海运条例》的特点。

11. 在我国经营国际船舶运输业务，应当具备哪些条件？

12. 我国《国际海运条例》对经营国际班轮运输业务有哪些规定？

13. 无船承运业务在我国具体指哪些业务？

项目九　海上保险、海事与货运事故的处理

项目要求

1. 了解各种海运风险及海损、货运事故发生的原因。
2. 能判断共同海损和单独海损，能区分海上货运事故的责任。
3. 掌握海上保险和船舶保险的险别与投保的基本做法。
4. 理解海事声明和海事报告的内容及其作用。
5. 掌握货运事故的处理程序，能正确处理索赔和理赔。

项目情景

（1）某货轮从天津新港驶往新加坡，航行途中船舶货舱起火，大火蔓延到机舱，船长为了船货的共同安全，决定采取紧急措施，往舱中灌水灭火。火虽被扑灭，但由于主机受损无法继续航行，于是船长决定雇用拖轮将货轮拖回天津新港修理，检修后重新驶往新加坡。船长在到达天津新港后提交了海事声明。事后调查，这次事故造成的损失为：①1 000 箱货物被火烧毁；②600 箱货物由于灌水灭火而受损；③主机和部分甲板被烧坏；④拖轮费用和额外增加的燃料及船长、船员工资。其中第①③项属单独海损；第②④项属共同海损。

（2）日本 EC 海运公司于某年 5 月 25 日从日本横滨装运 10 辆汽车到上海，货物装船后，船公司签发了没有批注的清洁提单，提单号为 YS－016，船名“幸福”。该船于某年 6 月 2 日靠上海港 A 作业区 5 号泊位。在卸货时，发现其中 5 辆汽车外表损坏，理货公司制作货物残损单，船公司签字确认。收货人上海 B 汽车进出口公司提货时发现车辆受损。后来上海 B 汽车进出口公司对车辆进行修理，费用为 RMB 20 000，有修理发票。收货人欲向船公司索赔，但对索赔等事宜不熟悉。

任务 1：除情景（1）中提及的火灾外，海运风险还有哪些？
任务 2：何谓共同海损和单独海损？如何判断共同海损？
任务 3：情景中述及的海事声明有什么作用？
任务 4：海运货运事故处理的一般程序有哪些？如何撰写情景（2）中的索赔申请书？

知识模块

单元一　海运风险与损失

国际贸易货物在海上运输、装卸和储存过程中，可能会遭到各种不同风险和遭受各种损失，保险公司并不是对一切风险都予以承保，也不是对一切损失都予以赔偿。国际货物海运保险保障的范围就是标的在海上所遭受的风险、损失及有关费用。贸易商及其代理人可将

上述风险、损失及有关费用作为标的向保险人投保,获得保险保障。保险人对保险标的在海上所遭受的风险、损失及有关费用负赔偿责任。贸易商及其代理人办理海运保险前,首先要明确海运风险、损失及有关费用。

一、海运风险

海运保险所承保的风险是载货工具及其所载货物从一个区域到另一个区域,从一个国家到另一个国家移动过程中的风险。在载货工具及其所载货物交换场所、变更位置的过程中,保险标的完全处在各种各样的风险威胁之中。海上货物运输保险人主要承保的风险有海上风险和外来风险(见表9－1)。海上风险一般包括自然灾害和意外事故两种。外来风险也可分为下列两种类型,即一般的外来原因所造成的风险和特殊的外来原因所造成的风险。

表9－1　海运风险的类别

风险种类	风险的内容
海上风险 (perils of sea)	自然灾害(natural calamites):恶劣气候、雷电、海啸、地震、洪水、流冰等
	意外事故(fortuitous accidents):船舶搁浅、触礁、沉没、互撞、失火、爆炸等
外来风险 (extraneous risks)	一般原因:偷窃、雨淋、短量、沾污、渗漏、破碎、串味、受潮、钩损等
	特殊原因:战争、罢工、交货不到、拒收等

(一)海上风险

海上风险一般是指船舶或货物在海上航行中发生的或附随海上运输所发生的风险。它既指海上航行中所特有的风险,也包括一些与海上运输货物有关的风险。保险人承保的海上风险在保单中或保险条款中都有明确规定,保险人只负责由保单列明的风险造成的保险标的的损失。

海上风险从性质上看主要可分为自然灾害和意外事故两大类。

1. 自然灾害

自然灾害是客观存在的、人力不可抗拒的灾害事故,是保险人承保的主要风险。

我国《海洋运输货物保险条款》所规定的自然灾害是指恶劣气候、雷电、海啸、地震、洪水等人力不可抗拒的灾害。

英国伦敦保险协会《协会货物条款》所规定的自然灾害、有雷电、地震、火山爆发、浪击落海,以及海水、湖水、河水进入船舶、驳船、运输工具、集装箱、大型海运箱或储存处所等。

2. 意外事故

意外事故(accident)一般是指人或物体遭受外来的、突然的、非意料之中的事故,如船舶触礁、碰撞、飞机坠落、货物起火爆炸等。

我国《海洋运输货物保险条款》所规定的意外事故是指:运输工具遭受搁浅、触礁、沉没、互撞、与流冰或其他物体碰撞以及失火、爆炸。

英国伦敦保险协会《协会货物条款》所规定的意外事故,除了船舶、驳船的触礁、搁浅、沉没、倾覆、火灾、爆炸等之外,陆上运输工具的倾覆或出轨也属意外事故的范畴。

(二)外来风险

海上风险以外的其他外来原因所造成的风险就是外来风险。国际运输货物保险中所指的外来风险必须是意外的、事先难以预料的而不是必然发生的外来因素，如货物在运输过程中可能发生的沾污、串味而造成的损失。类似货物的自然损耗和本质缺陷等属必然发生的损失，不包括在外来风险之内。

外来风险可分为一般外来风险和特殊外来风险两类。

1. 一般外来风险

我国《海洋运输货物保险条款》中承保的一般外来风险有：

(1)偷窃(theft, pilferage)，指整件货物或包装内一部分货物被人暗中窃取，不包括公开的攻击性劫夺。

(2)提货不着(short delivery & non delivery)，指货物在运输途中由于不明原因被遗失，造成货物未能运抵目的地，或运抵目的地时发现整件短少，没有交给收货人。

(3)渗漏(leakage)，指流质或半流质的货物在运输途中因容器损坏而引起的损失。

(4)短量(shortage in weight)，指被保险货物在运输途中或货物到达目的地发现包装内货物数量短少或散装货重量短缺。

(5)碰损、破碎(clashing and breakage)。前者指金属和金属制品等货物在运输途中因受震动、颠簸、碰撞、受压等造成的凹瘪、变形，后者主要指易碎物品在运输途中因受震动、颠簸、碰撞、受压等而造成的破碎。

(6)钩损(hook damage)，主要指袋装、捆装货物在装卸、搬运过程中因使用手钩、吊钩操作而致货物的损坏。

(7)淡水雨淋险(fresh and rain water damage)，指直接由淡水、雨水以及冰雪融化造成货物的水渍。

(8)生锈(rusting)，指金属或金属制品的一种氧化过程。海运货物保险中的生锈，是指货物在装运时无生锈现象，在保险期内发生锈损。

(9)沾污(contamination)，指货物同其他物质直接接触而受污染，如布匹、纸张、食物、服装等被油类或带色的物质污染。

(10)受潮受热(sweating & heating)，指由于气温变化或船上通风设备失灵而使船舱内水蒸气凝结，造成舱内货物发潮、发热。

(11)串味(taint of odour)，指被保险货物受到其他带有异味货物的影响，引起串味，失去了原味。

2. 特殊外来风险

特殊外来风险是指军事、政治、国家政策法令以及行政措施等外来风险。常见的特殊外来风险有战争、罢工、交货不到、拒收等。

二、海上损失

海上损失(简称"海损")是指货物和船舶在海上运输中，由海上风险和外来风险所造成的损失。根据国际保险市场的惯例，凡在与海陆连接的陆运过程中所发生的损坏或灭失，也属海损范围。就货物损失的程度而言，海损可分为全部损失和部分损失；就货物损失的性质而言，海损又可分为共同海损(general average)和单独海损(particular average)。

(一)全部损失和部分损失

全部损失和部分损失是就货物损失的程度而言的。

1. 全部损失

全部损失(total loss)简称全损。全损有实际全损和推定全损之分。

(1)实际全损。实际全损(actual total loss)是指货物完全灭失或变质而失去原有用途,即货物完全损失已经发生或者不可避免。主要有以下四种情况:

第一,被保险货物完全灭失。例如,整船货物沉入海底。

第二,被保险货物完全遭受严重损害,已丧失原有用途,已不具有任何使用价值。例如:水泥遭水泡后结成硬块,茶叶串味后不能饮用。

第三,被保险货物丧失,已无法挽回。例如,船、货被海盗劫去或被敌对国扣押,虽然船、货并未损失,但被保险人已失去这些财产。

第四,船舶失踪,达到一定时期,仍无音讯。

(2)推定全损。推定全损(constructive total loss)是指被保险货物虽未完全灭失,但对被保险人而言已没有什么用途或价值。凡有下列情况之一者即为推定全损:

第一,被保险货物遭受严重损害,完全灭失已不可避免。

第二,被保险货物受损害后,修理费用估计要超过货物修复后的价值。

第三,被保险货物遭受严重损害之后,继续运抵目的地的运费已超过残存货物的价值。

第四,被保险货物遭受责任范围内的事故,使被保险人失去被保险货物所有权,而收回这一所有权所需费用将超过收回被保险货物的价值。

【例】有一台精密仪器价值 15 000 美元,货轮在航行途中触礁,船身剧烈震动而使仪器受损。事后经专家检验,修复费用为 16 000 美元,如拆为零件销售,可卖 2 000 美元。问该仪器属于何种损失?

解析:该种损失属于推定全损。因为其修理、恢复费用和续运费用总和大于货物本身的价值。

在推定全损的情况下,被保险人获得的损失赔偿有两种情况:一种是被保险人获得全损的赔偿;另一种是被保险人获得部分损失的赔偿。如果被保险人想获得全损的赔偿,他必须无条件地把保险标的委付给保险人。保险人接受委付后,取得被委付财产的全部权利和义务,即取得代位权。在这种情况下,保险人有权处理残余标的而获取其全部收益,即使收益大于保险人赔付给被保险人的保险金额,也无须将其差额退还被保险人。

实际全损与推定全损的区别如下:

实际全损和推定全损虽然都名为全损,但两者有区别:实际全损时,被保险货物确实已经或不可避免地完全丧失,被保险人自然可以向保险人要求全部赔偿,而不需要办理委付手续;推定全损,则是被保险货物受损后并未完全丧失,是可以修复或者可以收回的,只是所支出的费用将超过被保险货物的保险价值或者收回的希望很小,因此,被保险人可以向保险人办理委付,要求保险人按全损赔偿,也可以不办理委付,由保险人按部分损失进行赔偿。

2. 部分损失

部分损失(partial loss)又称分损,是指被保险货物没有达到全部损失的程度的一种损失。

【例】货轮在海上航行时,某舱发生火灾,船长命令灌水施救,扑灭大火后,发现纸张已经烧毁一部分,未烧毁的部分,因灌水后无法使用,只能作为纸浆处理,损失原价值的 80%;另有印花棉布没有烧毁,但是有水渍损失,如该布降价出售,损失原价值的 20%,请问:纸张损失的 80%,棉布损失的 20%,都是部分损失吗?为什么?

解析：不都是。棉布损失的20%是部分损失，纸张损失的80%可视为全部损失中的推定全损。因为纸张已烧毁一部分，未烧毁的部分尽管有一定的价值，但估计继续运抵目的地的运费将超过残存纸张的价值，被保险人可以向保险公司办理委付，要求保险公司按全损赔偿。

常见的部分损失及原因有：

(1)部分灭失(partial loss)。由盗窃、抛海、遗失、落海等原因造成。

(2)短缺(shortage)。由包装不良、包装破裂、盗窃、泄漏、蒸发等原因造成。

(3)破损(breakage)。由积载不当、倒垛、碰撞、坠毁、手钩等原因造成。

(4)水湿(rain & fresh water damage, R. F. W. D.)。由在雨雪中装卸、驳运过程中遭河水浸湿、消防救火中的水湿、船舱内淡水管系故障导致漏水等原因造成。

(5)海水湿(sea water damage)。由海上风暴、船体破损、海上救火导致海水浸湿等原因造成。

(6)汗湿(sweat)。由舱内通风不良，衬垫、隔离不当等原因造成。

(7)污染(stain)。由混载、衬垫不充分、隔离不当等原因造成。

(8)虫蛀、鼠咬(rats and/or vermin)。由驱虫、灭鼠不充分，舱内清扫、消毒不彻底，对货物检查不严而致使虫、鼠被带入舱内等原因造成。

(9)锈蚀(rust)。由长期受潮、海水溅湿、不适当的混载等原因造成。

(10)腐烂、变质(mould & mildew)。由积载的位置不符合要求，舱内的温度、湿度过高，通风换气不充分，冷藏设备故障等原因造成。

(11)焦损(smoken)。由自燃、火灾、漏电等原因造成。

(12)烧损(lost caused by fire)。由舱内温度过高、货物本身特性等原因造成。

(13)混票(mixture)。由标志不清、隔票不充分、倒垛、积载不当等原因造成。

(二)共同海损与单独海损

就货物损失的性质而言，部分损失可分为共同海损(general average, G. A)与单独海损(particular average)两种。

1. 共同海损

我国《海商法》第十章第一百九十三条对共同海损做了如下界定，共同海损是指在同一海上航程中，船舶、货物和其他财产遭遇共同危险，为了共同安全，有意地合理地采取措施所直接造成的特殊牺牲、支付的特殊费用。其中共同海损由共同海损损失和共同海损费用组成，共同海损损失包括了抛弃货物的损失、为扑灭船上火灾而造成的损失、割弃残损部分的损失、自愿搁浅所致的损失、机器和锅炉损害的损失、作为燃烧烧掉的船用材料和物料、卸货等过程中造成的损失及运费损失等，而共同海损费用包括救助报酬、搁浅船舶减载费用、在避难港等处的费用、代替费用、垫款手续费和共同海损利息及理算费用等。

我国《海商法》规定的共同海损需满足的要件是：

第一，船、货必须遭受共同危险。遭受共同危险的要件首先要求船货和其他财产处于同一海上航程之中，且共同面临同一危险；其次要求该同一危险必须客观真实，并处于紧迫状态。对于后者可做如下理解：①危险必须确实来自突发的自然灾害或意外事故，如甲板上货物遭遇雷电起火，船长下令浇水灭火，因货物起火是确实威胁着船舶和货物的危险，所以，货物遭遇火烧和水浸造成的损失都属共同海损。但如果火灾的危险仅仅是船长的推测和判断而不是真实存在的，如只是船舱冒烟，而船长未经调查即下令浇水灭火，造成的货物损失则不应列为共同海损。②危险须处于紧迫状态，如不采取特殊应急措施，危险将不可避免地发生。如因遭遇恶劣气候船舶在海上航行日数意外增加，燃油消耗过多，致使剩余部分不足以驶往原目的港，虽船舶目前仍处于正常航行的状态，但如不立即改变航道驶往就近港口避难加油，船舶将很快处于主机停火失去控制的状态，后果不堪设想，这时采取绕行进避难港加油措施应被认作共同海损行为，为此支付的额外费用应属共同海损费用。

第二，共同海损的措施必须是有意并且是合理的。有意是指船长处于明知采取措施会造成船或货的进一步损失，但为解除危险并防止船和货遭到更大的损失而不得不为之的状态中。如果行为不是有意的行为，因此造成或引起的费用则不得列入共同海损。合理则要求一个具有良好船艺的船长或船上其他有权负责船舶驾驶和管理的人员在充分考虑了当时的客观条件、各种应急措施的可行性和客观效果等因素后，去选择能以最小的牺牲或费用获取最大的共同安全的措施。

第三，牺牲和费用的支出必须是特殊的。所谓特殊，是指由于共同危险，为了船货的共同安全，船长或船上其他负责船舶驾驶和管理的人员采取措施所造成的牺牲、费用的支出或损失超出了正常范围之外的损失。如船舶避风绕航，因避风属船东所应承担的合同义务，所以因此产生的费用属正常营运费用，不属于特殊费用。但如果船舶发生触礁等事故而不能续航，不得不请求他船救助而被拖至非计划停靠的避难港口修理，则为此而额外支出的费用就属于额外支出的特殊费用，属于共同海损。

第四，共同海损损失必须是采取共同海损措施的直接后果。我国《海商法》第十章第一百九十三条规定，无论在航程中或者在航程结束后发生的船舶或者货物因迟延所造成的损失，包括船期损失和行市损失以及其他间接损失，均不得列入共同海损。但是航程的运费损失可以列为共同海损“直接原则”的例外，这在国际上也早已成为惯例。

第五，共同海损措施必须取得一定效果。所谓效果，是指船方所采取的措施达到了全部或部分地保全船舶、货物或其他财产的目的，没有获救财产的价值，共同海损也就失去了赖以存在的基础。

案例

某年5月23日，中国籍船舶“致远”轮满载木材，从非洲驶往厦门港，于6月11日到达印度洋洋面。上午10时左右，装运在甲板上的木材突然起火，火势逐渐蔓延，船长立即下令浇水灭火，但火势凶猛，装运在甲板上的未燃木材也有随时着火的危险。如果未燃的木材也起火，后果不堪设想。为了防止火势进一步蔓延，船长又下令将甲板上未燃的木材都抛入海中，这样使险情得以缓解。又经过船员全力扑救，10时30分左右，大火被扑灭。装运于甲板上的木材全部遭损，装运于船舱内的木材也有一部分因水湿变形而受损。船舶到达厦门港后，船长宣布了共同海损。问题：共同海损是否成立？

【案例分析】

在本案中，共同海损的构成要件均已具备，共同海损成立。

首先，甲板上的部分木材突然起火，如不及时扑灭，将使船舶和货物面临全部损失的危险，严重威胁着船舶和货物的安全，构成共同危险，而且这一危险是真实存在的。

其次，船长命令将甲板上的未燃木材抛入海中，以防火势蔓延，同时浇水灭火，这些措施是有意、积极而合理的，也是有效的，火势得以控制并最终被扑灭，避免了船货全损。

再次，被抛入海中的未燃木材的损失以及因浇水灭火所造成的装运于船舶内的木材部分水湿变形受损，都是在发生火灾这一特定海损事故的情况下发生的，是特殊牺牲，并且是由这一海损事故直接造成的。

共同海损的牺牲和费用要由船、货、运三方共同承担，即在最后获救价值的基础上按比例分摊，这种分摊叫作共同海损分摊。凡是在保险承保范围内的风险引起的共同海损的牺牲费用，保险人按共同海损分摊方法，就各方承担的损失额赔偿给被保险人，同时被保险人在共同海损中的权利由保险人“代位”，但代位的金额不得超过保险人原来赔出的金额。

出现共同海损之后，船长或船东应在船舶发生共同海损之后抵达第一个港口之后的合理时间内宣布为共同海损，并通知货主及船舶保险人；实践中，货方投保的，还应通知保险人。

案例

某船（价值600万元），载杂货500万元进行远洋运输。收货人分别为甲（货物价值200万元）、乙（150万元）、丙（100万元）、丁（50万元）。船舶到目的港后，船长宣布丙货物（100万元）为共同海损。①假定没有其他损失，也没有节省的费用，此共同海损如何分摊？②如果造成此共同海损的原因是船员的过失，是否影响共同海损分摊？

【案例分析】

（1）船舶所有人分摊：100万元×600/1 100＝54.545万元；甲分摊：100万元×200/1 100＝18.182万元；乙分摊：100万元×150/1 100＝13.636万元；丙分摊：100万元×100/1 100＝9.091万元；丁分摊：100万元×50/1 100＝4.545万元。

（2）船员的过失造成的共同海损，不影响共同海损的分摊。根据我国《海商法》第五十一条的规定，船长、船员、引航员或者承运人的其他受雇人在驾驶船舶或者管理船舶中的过失，承运人不负赔偿责任。

2. 单独海损

单独海损是指海上风险对营运中的船舶和运输中的货物所造成的直接损失。这种损失仅涉及船舶或货物所有人单方面利益的损失，而不属于所有其他的货主或船方，由受损方单独承担。例如，在整船运输中，有面粉、机器设备、钢材三种货物，途中遇到暴风雨，海水进入船舱，海水浸泡了部分面粉，使其变质。面粉的损失只是使面粉一家货主的利益遭受影响，跟同船所装的其他货物的货主和船东利益无关，因而属于单独海损。

对于保险标的发生单独海损如何处理，目前各国的做法并不完全统一。我国海运货物保险的平安险条款规定，除某些特定风险所造成的单独海损以外，单独海损不予赔偿。

单独海损与共同海损的区别主要有：

（1）造成损失的客观情况不同。①单独海损是指自然灾害、意外事故以及其他特殊原因所直接造成的船舶或货物的灭失或损害。②共同海损是在上述危险危及船舶货物的共同安全的情况下，船长有意采取某些合理的措施所造成的损失。

（2）造成损失的主观原因不同。①船舶搁浅造成的损失，若搁浅是由于船长驾驶疏忽所引起，损失属于单独海损；若是为避免沉没、碰撞等重大危险事故，船长有意搁浅造成的船货的损失属于共同海损。②由于船舶舱门未能关好，海水灌入造成货损，该种货损属于单独海损；若为挽救船舶的安全，有意引入海水灭火造成货损，这就属于共同海损。

(3)损失的补偿方法不同。①单独海损。船舶碰撞是一种典型的单独海损事故。根据起因不同可由责任方负责；或由受损方自行负担；或按照当事人之间的约定处理；如果已经投保，也可以由保险人负责。②共同海损。海难救助是一种典型的共同海损事故。应当由受益方按照各自的分摊价值的比例分摊。

案例

某远洋运输公司的"庆风轮"在4月23日满载货物起航，出公海后由于风浪过大偏离航线而触礁，船底划破长1.6米的裂缝，海水不断渗入。为了船货的共同安全，船长下令抛掉A舱的所有钢材并及时组织人员堵塞裂缝，但无效果。为使船舶能继续航行，船长请来拯救队施救，共支出4万美元施救费。船修好后继续航行，不久又遇恶劣气候，入侵海水使B舱底层货物严重受损，甲板上的1 600箱货物也被风浪卷入海里。问：以上损失各属什么性质的损失？

【案例分析】

本案中，A舱钢材损失为共同海损；组织船上人员堵塞产生的费用应为共同海损；请来的拯救队施救费用4万美元为共同海损；B舱货物的损失为单独海损，甲板上的1 600箱货的损失为单独海损。

除上述各种风险损失外，保险货物在运输途中还可能发生其他损失，如运输途中的自然损耗以及货物本身特点和内在缺陷所造成的货损等。这些损失不属于保险公司承保的范围。

单元二　海上货物运输保险与船舶保险

海运保险是各类保险中发展最早的一种。这是由商船在海洋航行中的风险大、海运事故频繁所致。本单元分别阐述海上货物运输保险与船舶保险。

一、海上货物运输保险

在国际贸易中，买卖双方所在的国家相距遥远，进出口货物在运输途中，容易因灾害事故的发生而遭受损失，所以，每笔交易都必须办理货物运输保险。国际货物运输保险，是指被保险人(insured)就其货物按一定的金额和险别向保险人(亦称保险公司或承保人)(insurer)提出投保申请，经保险人同意，保险人便按投保金额和投保险别的费率收取保险费，并出具保险单证。事后，如所保货物在运输过程中遭受保险责任范围内的损失，享有保险利益的单证持有人即可向保险人要求赔偿。

国际货物运输保险应由卖方还是买方办理投保手续，主要取决于贸易合同中采用的贸易术语，如我国出口货物，若采用FOB、FCA，或CFR、CPT，或EXW、FAS术语，投保手续由国外买方办理；若采用CIF或CIP术语，则由我方办理投保手续。

(一)海运货物保险的险别及其选择

保险公司通常在其签发的保险单中列有各种保险条款，明确规定保险公司对承保货物遭受损失时的责任范围。这种对保险公司承保责任范围所做的规定，一般称为保险险别。

世界各主要国家都有自己的保险条款，其中影响最大的是英国伦敦保险协会制定的《协会货物条款》(Institute Cargo Clause，ICC)，目前世界上约有2/3的国家在海运货物保险方面直接采用了该条款。为适应对外经济贸易发展的需要，中国人民保险公司(PICC)根据我国保险业务的实际情况，于1981年修订了《中国保险条款》(China Insurance Clause，CIC)，自1982年起开始实施。

对于保险险别，开证申请人(进口商)一般会向开证行发出完整明确的指示。出口商要根据信用证的规定，确定投保《中国保险条款》(CIC)的险别或英国伦敦《协会货物条款》(ICC)的险别。

1. CIC海洋运输货物保险险别

CIC海洋运输货物保险险别分为基本险、附加险及专门险三类(如图9-1所示)。

- 海洋运输货物保险种类
  - 基本险
    - 平安险 (FPA)
    - 水渍险 (WA)
    - 一切险 (all risks)
  - 附加险
    - 一般附加险
      - 偷窃、提货不着险　淡水雨淋险　短量险
      - 混杂、沾污险　渗漏险　碰损、破碎险
      - 串味险　受潮受热险　锈损险
      - 包装破裂险　钩损险
    - 特别附加险
      - 交货不到险　进口关税险　舱面险
      - 拒收险　黄曲霉素险　港澳存仓火险
    - 特殊附加险
      - 战争险　战争险的附加费用险
      - 罢工险
  - 专门险
    - 海洋运输冷藏货物险
    - 海洋运输散装桐油险

图9-1　CIC海洋运输货物保险种类

基本险亦称主险，是可以单独投保的险种。附加险是基本险的扩大和补充，只能在投保了基本险中的一种之后才能加保，不能单独投保。加保的附加险可以是一种或几种，由被保险人根据需要选择确定。

我国的《海洋运输货物保险条款》除规定了上述各种基本险别的责任外，还对保险责任的起讫也作了具体规定。保险的责任起讫，即保险期间或保险期限，是指保险人承担责任的起讫时限，除了指具体的开始与终止日期外，还指保险责任在什么情况下可称为开始或终止。在海运保险中，保险责任的起讫，主要采用"仓至仓"(warehouse to warehouse，W/W)条款①。即保险责任自被保险货物运离保险单所载明的起运地仓库或储存处所开始，包括正常运输中的海上、陆上、内河和驳船运输在内，直至该项货物运抵保险单所载明的目的地收货人的最后仓库或储存处所或被保险人用作分配、分派或在非正常运输的情况下运抵其他储存处所为止。但被保险的货物在最后到达卸载港卸离海轮后，保险责任以60天为限。

---

① 海上运输货物保险之所以用仓至仓条款，而非港至港条款来界定保险期限，并对被保险货物在目的港全部卸离海轮后又给予了60天的宽限期，其根本原因是要更好地给被保险货物提供保障。因为对于大批量的被保险货物而言，从目的港全部运抵保险单所载明的最后仓库或储存处所，或全部提出予以分配或分派，一般需要多次运输和较长的运输时间，仓至仓条款能够较好地满足客户的需求。

2. ICC 海运货物保险险别

目前,世界上有很多国家在海上保险业务中直接采用英国伦敦保险协会所制定的《协会货物条款》(ICC),或者在制定本国保险条款时参考或部分采用上述条款。

英国协会货物条款最早制定于 1912 年。英国伦敦保险协会 1965 年制定的《海洋运输货物保险条款》,所含三个基本险分别叫作平安险、水渍险和一切险,另外还有战争险、罢工险和恶意损害险。上述六种险别,前五种可单独投保,恶意损害险不能单独投保。

1982 年 1 月 1 日,该协会颁布新的 ICC 条款,将三个基本险更名为条款 A、条款 B 和条款 C。前者和后者的关系是:ICC(A)为一切险;ICC(B)为水渍险;ICC(C)为平安险。

2009 年 1 月 1 日,新的 ICC 条款,即 ICC1/1/09 颁布。ICC1/1/09 扩展了保险责任起讫期,对保险人援引免责条款做出了一定的限制。

CIC 的海洋运输货物险的平安险、水渍险、一切险分别相当于伦敦保险协会之货物条款的条款 C、条款 B 和条款 A。ICC 的附加险的规定与中国保险条款的规定大致相同,但对战争险和罢工险专门制定了独立完整的条文,可以作为独立险别单独投保,而中国保险条款中的两种特殊附加险是不能作为独立险单独投保的。

我国企业按 FOB 等价进口,一般在中国人民保险公司投保 CIC 条款。但有时卖方要求按伦敦保险协会条款投保,我国保险公司一般也可接受。需要注意的是,不能因为涵盖险别相同,在信用证要求 ICC(A)时,投保 CIC 一切险,否则会被开证行以"投保险别与信用证不符"为由而拒付。

ICC 运输条款规定:保险人对被保险货物应负"仓至仓"的责任。伦敦保险协会货物保险条款第 8 条规定,保险责任期间开始后,保险效力在下列情况下仍继续有效:非被保险人所能控制的原因导致的运输迟延、任何绕航、被迫卸货、重行装载、转船以及船舶所有人或租船人运用运输合同赋予的权限而进行海上运输的变更。

3. 保险险别的选择

保险人承担的保险责任是以险别为依据的,不同的险别所承保的责任范围不同,其保险费率也不相同。被保险人在选择保险险别时,应该根据货物运输的实际情况予以全面衡量,既要考虑使货物得到充分保障,又要尽量节约保险费的支出,降低贸易成本,增加经济效益。一般应首先在基本险别中选择平安险或水渍险,或 ICC(B)和 ICC(C),然后再根据需要加保必要的附加险别。如果货物由于外来原因遭受风险的范围较广,遭受损失的可能性较大,则可选择基本险别中的一切险,或 ICC(A),而不需加保附加险。在特定情况下,还可按需要投保特别附加险和特殊附加险。具体来说,在货物运输中,选择适当的险别主要应考虑以下六个因素。

(1)货物的性质和特点。不同性质和特点的货物在运输途中可能遭遇的风险和发生的损失往往有很大的差别。因此,在投保时必须充分考虑货物的性质和特点,据以确定适当的险别。例如,粮谷类商品(如粮食、花生、豆类、饲料等)的特点是含有水分,经过长途运输水分蒸发,可能造成短量;在运输途中如果通风设备不良,还易发汗、发热而致发霉。对于此类商品,一般可以在投保水渍险的基础上加保短量险和受热受潮险,或者投保一切险或 ICC(A)。又如玻璃器皿、家具、大理石、水磨石的特点是比较容易碰损、破碎,因而可在投保平安险的基础上加保碰损、破碎险。

(2)货物的包装。货物的包装方式会直接影响到货物的完好情况。投保人应根据不同包装方式的特点选择适当的险别。例如采用集装箱运输,可能因集装箱本身未清理干净而使货物沾污受损,或是箱内货物堆放不妥而致运输途中出现碰损、混杂等损失,往往需要在平安险或水渍险的基础上加保碰损、破碎险或混杂、沾污险。

(3)运输路线及船舶停靠港口。运输路线和停靠港口不同,对货物可能遭受的风险和损失也有很大的不同。某些航线途经气候炎热的地区,如果载货船舶通风不良,就会增大货损。同时,由于不同的停靠港口在设备、装卸能力以及安全等方面有很大差异,进出口货物在港口装卸时发生货损货差的情况也就不同。

(4)运输方式与运输工具。根据中国运输货物保险条款,货物采用的运输方式不同,其适用的保险险别也不同。例如,海运货物保险的基本险包括一切险、水渍险和平安险,陆运保险的基本险则包括陆运一切险和陆运险。多式联运方式将海运、陆运、空运等单一的运输方式有机地结合起来,因此货主在投保时应全面考虑整个运输过程中分别采用的运输工具的具体特点,分段选择相应的保险险别。

(5)运输季节。货物运输季节不同,也会给运输货物带来不同风险和损失。例如,载货船舶冬季极易发生与流动冰山碰撞的风险;夏季装运粮食、果品,极易出现发霉腐烂或生虫的现象。因此,货主在投保时,可适当加保一定的各种附加险。

(6)货物的用途与价值。货物的用途和价值的高低对投保险别的选择也有影响。例如,茶叶在运输途中一旦被海水浸湿或吸收异味,即无法饮用,失去使用价值,故应当投保一切险。而对于矿石、矿砂及建材类商品,因其价值低廉,也不易受损,故海运一般仅需在平安险的基础上加保短量险即可。

案例

某出口公司按 CIF 条件成交货物一批,向中国人民保险公司投保了水渍险,货物在转船过程中遇到大雨,货到目的港后,收货人发现货物有明显的雨水浸渍,损失达70%,因而向我方提出索赔。问题:我方能接受吗?

【案例分析】

不能接受。货物被雨水浸湿不属于水渍险范围,而是属于淡水雨淋险范围。保险公司和卖方对货损都不负责,由买方承担损失。

(二)海运货物运输保险的投保

1. 进口货物运输保险的投保

进口货物运输保险的投保程序可归纳为三步:订立预保合同→正式投保→保险公司承保。进口货物运输保险一般采用预约保险的做法,即被保险人(投保人)和保险人就保险标的物的范围、险别、责任、费率以及赔款处理等条款签订长期性的保险合同。投保人在获悉每批货物起运时,应将船名、开船日期及航线、货物品名及数量、保险金额等内容,书面定期通知保险公司。保险公司对属于预约保险合同范围内的商品,一经起运,即自动承担保险责任。未与保险公司签订预约保险合同的进口企业,则采用逐笔投保的方式,在接到国外出口方的装船通知或发货通知后,应立即填写“装货通知”或投保单,注明有关保险标的物的内容、装运情况、保险金额和险别等,交保险公司,保险公司接受投保后签发保险单。

保险金额一般是以 CIF 或 CIP 的发票价格为基础确定的,其公式为:

$$保险金额 = CIF(CIP)价 \times (1 + 投保加成率)$$

当信用证没有作特别规定时,应按 CIF 或 CIP 价格加成 10% 支付保险费。

$$保险费 = 保险金额 \times 保险费率$$

若按 CFR 或 FOB 条件进口，保险金额则按保险费率和平均运费率直接计算，公式如下。

按 CFR 进口时：

$$保险金额 = CFR 价 \times (1 + 保险费率)$$

按 FOB 进口时：

$$保险金额 = FOB 价 \times (1 + 平均运费率 + 保险费率)$$

【例】进口商品 A 的 CFR 价格为 8 846.4 美元，要投保一切险（保险费率 0.8%）和战争险（保险费率 0.08%），试计算进口商应付给保险公司的保险费用。

解析：

$$保险金额 = 8\,846.4 \times (1 + 0.8\% + 0.08\%) = 8\,924.25（美元）$$

$$保险费 = 8\,924.25 \times (0.8\% + 0.08\%) = 78.53（美元）$$

2. 出口货物运输保险的投保

出口方对货物运输保险安排的基本步骤为：合同中订立保险条款，确定由谁投保→办理投保手续→选择投保险别→申报投保金额→填写投保单→保险索赔。出口货物运输保险的投保日期应不迟于货物装船的日期。出口货物运输保险的投保程序是：出口商根据合同或信用证的规定，在备妥货物，并确定装运日期和运输工具（一般是在收到船公司有关配船的资料，如经船公司签署的配舱回单等）后，按约定的保险险别和保险金额，向保险公司投保。投保时应填制海运出口货物投保单或运输险投保申请单（样本见表 9－2）并支付保险费，保险公司凭此出具保险单或保险凭证。

表 9－2　运输险投保申请单

<table>
<tr><td colspan="4">运输险投保申请单
Application for Transportation Insurance</td></tr>
<tr><td>（1）被保险人：
Insured</td><td colspan="2"></td><td rowspan="2">（2）保单号：
Policy No.
（3）发票号：
Invoice No.
（4）合同号：
Contract No.
（5）信用证号：
L/C No.</td></tr>
<tr><td colspan="3">兹有下列物品向中国人民保险公司投保：
Insurance is required on the following commodities</td></tr>
<tr><td>（6）标记：
Marks & Nos.</td><td>（7）包装及数量：
Packing & Quantity</td><td>（8）保险货物项目：
Description of goods</td><td rowspan="2">（9）发票金额：
Amount Invoice
（10）加成：
Value plus about
（11）保险金额（%）：
Amount Insured（以人民币填写）
（12）费率：
Rate
（13）保险费：
Premium</td></tr>
<tr><td></td><td></td><td></td></tr>
</table>

续表

<table>
<tr><td colspan="4">(14)装载工具(请以 by air,by sea,by car 字样填写):
Per conveyance</td></tr>
<tr><td>(15)开航日期以出港日期为准:
Slg. on abt.</td><td colspan="2">(16)提单号(真实的运单号):
B/L No.</td><td>(17)赔付地点(详细地址):
Claims Payable at</td></tr>
<tr><td>(18)自:
From</td><td colspan="2">(19)经:
Via</td><td>(20)到:
To</td></tr>
<tr><td colspan="4">(21)承保险别:
Conditions & /or Special Coverage(需要保何种保险,请在此注明)
(22)备注:
Remarks</td></tr>
<tr><td colspan="2">(23)正本份数:
Originals</td><td colspan="2">(24)投保人盖章:
Applicant's Signature</td></tr>
<tr><td>地址　Address</td><td></td><td>日期　Date</td><td></td></tr>
</table>

二、海上船舶保险

海上船舶保险是指保险人对于依据船舶保险所承保的各类船舶的物质损失及其有关利益、责任,承担保险赔偿责任的一种保险。

(一)海上船舶保险的标的

船舶作为海上保险的标的物,其范围是比较广泛的。从形式上看,船舶包括船体和其他水上浮动物体,前者分为货船、客船、油船、驳船、集装箱船等;后者分为浮码头、海上钻井平台、水上仓库等。从所处形态上看,船舶包括营运船舶、停泊船舶、在修船舶和建造船舶等。从内容上看,船舶是有形财产和无形财产的综合体,而无形财产的船舶又包括船舶的租金、运费、船员工资、营运费用、保险费、船舶增值、船舶抵押贷款等。

海上船舶保险中船舶的定义为:能够漂浮并航行于海洋、江河、湖泊等可通航水域的,能够自由地、有控制地将货物或者旅客从一个港口运往另一个港口的浮动物体。海上船舶保险中船舶通常应满足以下条件:浮于水面的物体;供航行使用的;机具;构成物。

在国际保险市场上,海上船舶保险的投保人可以将船舶的船壳、船机、船舶属具作为一个保险标的物投保,也可以将其分别投保。在我国,根据《海商法》和海上船舶保险条款的规定,船舶被视为一个整体,因此船舶保险的投保人只能将船舶的船壳、船机、船舶属具作为一个标的物投保船舶保险。

（二）海上船舶保险的主要特点

与海上货物运输保险相比较，船舶保险的特点如下。

1. 承保风险的过程较长

海上货物运输保险所承保的海上风险，只是货物在运输过程中的风险。船舶保险所承保的风险则是船舶在其存在期间的风险，即从船舶建造开始直到报废拆船为止，包括船舶建造下水试航、正式营运、停泊修理等全过程的风险。

2. 保险保障的范围较宽

海上货物运输保险一般只承保保险标的本身的损失赔偿，除非被保险人另行投保独立的第三者责任保险，货物保险的保险人不对保险标的造成第三者的损害负赔偿责任，而海上船舶保险不仅承保标的本身因自然灾害和意外事故而产生的损失，同时也承保被保险船舶致害第三者时的法律责任，比如被保险船舶在船舶碰撞事故中，向被碰撞船舶所承担的损害赔偿责任。

3. 履行的条件较严

海上货物运输保险的形式，可以随着货物所有权的转让由被保险人背书自由转移，即使不征得保险人的同意，也不影响保险的效力；与此相反，船舶保险的转移必须征得保险人的同意方才有效。其原因在于：无论船舶在航行间，还是在停泊期间，始终处于船舶所有人及其雇佣人的控制之下，船舶所有人的经营管理水平和经营信誉直接影响着被保险船舶的安全与否。不同的被保险人经营同一船舶，由于各自素质的不同，必然产生不同的安全效果。所以，在保险期限内，被保险船舶未经保险人同意，不得任意出售或转让，否则，保险责任即行终止。

（三）海上船舶保险的主要种类

海上船舶保险可以根据不同的标准进行分类。划分的标准不同，海上船舶保险的种类也不同。

1. 按保险标的分类

按保险标的分类，海上船舶保险可以分为下列六种类型。

（1）营运船舶保险。这是以海上船舶在船舶航行营运期间的风险作为保险对象的一种船舶保险，承保海上船舶在营运航行过程中，因遭受承保范围内的自然灾害、意外事故等而产生的物质及其有关利益、经济的损失。

营运船舶保险是海上船舶保险的一种基本形式，其承保的具体内容因险别而异，不同的营运船舶保险承保着不同的风险和损失。营运船舶保险的险别大致分为以下几种：

其一，船舶全损险。这是海上船舶保险规定的一种基本险别，承保被保险船舶在保险事故中发生的全部损失。全损险承保的全部损失，包括实际全损和推定全损。保险人在保险金额范围内承担赔偿责任，推定全损依法适用保险委付制度；若保险人接受委付，则在全损赔付的同时，承担被保险人对第三者的责任和义务；若保险人不接受委付，则按部分损失赔付，但赔偿金额不得超过船舶保险金额。

由于全损险承保的是被保险船舶的全部损失，因此当其损失程度未达到规定的全损程度时，保险人不承担赔偿责任。尽管如此，对被保险人为防止被保险船舶发生全损而支付的施救费用的赔偿则是一种例外，不论被保险船舶是否发生全损，只要被保险人按照规定支出了施救费用，就可以向保险人提出索赔，保险人按照规定予以赔偿。

其二，船舶一切险。船舶一切险亦称综合险，是海上船舶保险的另一基本险别，其承保范围大于全损险。它不仅承保保险事故造成的被保险船舶的全部损失和部分损失，同时承保被保险船舶的碰撞责任、共同海损分摊、救助费用和施救费用。

其三，船舶战争、罢工险。船舶战争、罢工险所承保的风险与一般船舶保险险别承保的风险主要区别在于：前者主要承保由战争、类似战争行为及罢工行为导致的被保险船舶的损失；后者主要承保自然灾害、意外事故和人的行为过失等风险造成的被保险船舶的损失。除此之外，船舶战争险、罢工险在承保方式上也与一般船舶保险有所区别。有些国家将其视为船舶保险的附加险；有的则规定可以单独承保。我国采用前一种方式，适用中国海上船舶条款的被保险人，必须在其投保了船舶保险全损险或一切险等基本险之后，才能向保险人申请加保战争险、罢工险。船舶保险条款适用于加保的战争险、罢工险，但若与战争险、罢工险条款内容发生抵触，则以战争险、罢工险条款为准绳。

其四，运费保险。这是以船舶所有人（承运人）在船舶营运中的期得运费损失为保险标的的一种船舶保险。船舶的期得运费是在货物运抵目的地后货主才予支付的一种运费。如果货物因故不能送达收货人，船舶所有人就要蒙受船舶运费损失。为了避免这种风险的发生，船舶所有人在投保船舶险的同时，一并投保船舶运费保险，船舶运费保险承保的保险标的包括租船费用。

按照国际习惯，运费保险常常作为营运船舶保险的附加险而存在。例如，根据伦敦保险协会定期船舶险条款的规定，运费或租金可以加保于船舶保险。投保期间船舶的保险者，其加保数额不得超过该保险总金额的25%；投保航程船舶的保险者，其加保数额不得超过本次和下次运货航程的毛运费或租金和保险费之和。

运费保险之所以作为船舶的一种附加险，其原因在于运费在某种程度上反映着船舶的部分价值。船舶在营运过程中赚取运费的多寡，直接关系船舶价值的高低。因此，船舶所有人将运费作为船舶价值的一部分，与船舶一起投保营运船舶保险。一般说来，在船舶发生全损时，被保险人才会丧失赚取运费的手段，因此船舶所有人或承运人只是在投保船舶全损险的情况下，才会附加投保运费保险，同时签订运费保险。

目前我国船舶保险条款中没有运费附加险的规定。实际业务中，我国的保险公司是参照英国伦敦保险协会船舶定期保险条款（institute time clause，ITC），在承保船舶保险时一并承保船舶费用险，而船舶费用险的保险金额不得超过船舶保险金额的25%，并以全损为限。

（2）船舶建造保险。这是承保海上船舶在建造过程中发生的各种风险造成的物质损失、费用和责任的一种保险，简称“造船险”，国际保险市场上称其为造船人风险保险。此种保险兼有工程保险、责任保险、保赔保险的成分。

船舶建造保险是以各种类型的船舶，包括海上装置（如石油钻井平台）作为保险标的，承保造船厂的整个造船过程——建造、试航直至交船，包括建造该船所需材料、机械设备在船厂范围内装卸、运输、保管、安装，以及船舶下水、进出船坞、停靠码头过程中，发生保险事故造成的损失、责任和费用。

由于建造船舶，特别是建成巨型船舶，造价昂贵，所需时间长，从材料设备运至造船场地、动工建造、试航完成到双方验收交接的各个环节中，可能会发生各种自然灾害或意外事故，造成巨大损失。对此，造船人承受着全部风险。造船人在船舶建造交接之前，是无法取得造船价款的，船舶建造保险正是其转移这一风险的有效手段。

船舶建造保险确定保险价值和保险金额的方法，基于造船活动的特点而具有特殊性，由于投保船舶建造险多在造船开始之前,其所造船舶的价值是估算的,而随着船舶建造工程的进行,保险标的的价值日益递增。因此,为了计算方便,船舶建造保险的保险价值通常不低于造船价值,即以完成价值为准。

(3)船舶修理保险。这是保险人承保船舶在修理或改造作业期间,因保险事故而造成损失或责任的一种保险,国际保险市场上称为船舶修理人风险保险。船舶修理保险的特点表现在以下几个方面:

其一,其被保险人可以是船舶所有人,也可以是船舶修理人。

其二,船舶修理保险,可以表现为独立的保险单(在我国一般是由保险人与被保险人签订《修船保险协议书》),也可以在船舶保险单中以加保船舶修理条款的形式出现。

其三,该保险不仅承保船舶修理期间的海上和陆上危险,而且,承保船舶修理人基于其过失依法律或应向第三人承担的赔偿责任。如由船舶修理人的过失引起的火灾事故、船舶机损等造成的损失;或因其过失导致被保险的在修船舶在移泊、进出船坞期间碰撞码头设施、船坞以及其他船舶造成损失所应承担的赔偿责任。由于船舶在修理期间遭受地震、火山爆发、雷电及其由此引起的海啸、火灾等危险,较之船舶航行具有更大的可能性,故船舶修理保险一般将其排除在承保责任之外。

其四,该保险确定保险价值的方法不同于其他保险。其保险价值不应低于该船舶修理之前的市场价值与修理费估算额之和。这是因为,被保险人若因为船舶在修理期间的危险性低于航行期间而故意将保险价值压低,必然使保险人收益减少。当然,基于船舶修理的风险性低于航行,保险费率也低于营运船舶保险。

其五,计算赔偿数额的方法有别于其他船舶保险。由于被保险船舶的价值会随修理工作的进行而增加。因此,保险人在发生保险事故产生损失时,是按保险事故发生时已经修理的程度所需的修理费数额,与该船舶在着手修理之前的市场价值之和作为计算赔偿数额的依据。

其六,船舶修理保险适用于购买成船后即予以修理或改装;或者是在所投保的船舶保险即将届满之时修理该船舶。不过,其条件是在投保的船舶保险期间内,被保险船舶未发生全损。如果是在定期船舶保险期间船舶进坞维修的,船舶所有人不需另行投保船舶修理保险。

(4)船舶停航保险,这是专门以船舶停泊期间的风险作为保险对象的一种海上船舶保险。船舶所有人或经营人会出于不营运或其他原因而使其船舶停航,泊在港口内较长时间以及限于港内挪动、移泊或变换停靠码头,船舶可能会因遭遇自然灾害或意外事故而产生损失,或致他船损害而承担责任。因此,船舶所有人或经营人需投保该保险,由保险人对此期间的风险承担赔偿责任。当然,保险人承保该保险,一般是针对经向有关主管当局申报批准的较长时间的停航船舶,而不是短期停靠。

被保险人投保该保险时,保险人往往要求其履行相应的义务,诸如被保险人应当根据所停航船舶的大小配置相应的停航当值人员;在该保险期内不得将停航船舶用于海上仓库、拖船等活动。

由于船舶在停航过程中脱离了海上营运活动,所受海上风险的可能性小于船舶营运。所以,其保险费率低于以营运船舶为保险标的的船舶保险,而其承担的赔偿责任有时又高于船舶保险。例如,定期船舶保险对于船舶碰撞责任只承担 3/4 责任,而船舶停航保险则负 4/4 的全责。并且,保险人还在此保险中承担保陪责任。不过,该保险承保的风险范围不同于船舶保险，它对于地震、火山爆发、雷电及这些灾害引起的其他危险，不予承保。

（5）集装箱保险。这是以集装箱箱体作为保险标的的一种海上船舶保险。保险人在该保险中，对于集装箱箱体因自然灾害或意外事故而遭受的损失承担保险赔偿责任。这一险种按保险人的承保范围，分为全损险和一切险（又称综合险）。前者对于集装箱的全部损失和推定全损承担赔偿责任；后者则承保集装箱的全损和部分损失，以及在保险单上列明的意外事故造成的集装箱机器部分的损失。不论全损险还是一切险，都负责被保险集装箱的共同海损分摊、救助费用以及为采取有效抢救措施和防止损失扩大所支出的合理费用。此外，集装箱保险还可以加保战争险。

（6）保赔保险。保赔保险的全称为保障和赔偿保险，具体指承保船舶所有人在船舶营运过程中，由保险事故引起的，又不包括在船舶保险之承保范围内的损失的保险，它是海上船舶保险的特殊形式。保赔保险一般是由保赔保险协会①（Protection And Indemnity Club）办理的。

2. 按保险人承保方式分类

按保险人承保方式分类，海上船舶保险又可分为定期船舶保险和航次船舶保险两大类。

（1）定期船舶保险。这是承保船舶在某一指定时间或过程中的风险的保险。其保险单上必须载明保险期限的起止时间。

在正常情况下，船舶除了必要的维修外，经常处于海上航行的状态。所以，运行中的船舶大多投保定期保险，保险期限一般为 1 年，以保险单规定的起止时间为准。如果保险期限届满发生在航次之中，或被保险船舶尚处于危险中，或在避难港或中途港停靠，则依据保险单上的继续条款，保险期限延长至该航次终止或船舶抵达目的港时为止。

船舶建造保险、船舶修理保险、船舶停航保险等亦属定期保险。只不过是以某一特定的活动过程作为保险期限的，诸如船舶建造过程、修理过程或停航过程。

（2）航次船舶保险。这是以被保险船舶在海上航运中的航程作为承保期限的保险。具体的船舶保险航次，可以是一个航次，也可以是几个航次，以保险单载明的为准。其保险期限的起止时间由双方约定。航次保险用于营运船舶保险的情况并不多见，一般是在接受新船或其他特殊需要时适用。

（四）海上船舶保险的保险费率

海上船舶保险的保险费率根据多个因素确定，主要有船龄、船型、船籍、种类、航行范围、货物、级别、船舶状况、船队规模、保险金额、经营管理状况、事故损失记录等。各国根据情况的不同设定免赔额。有的国家有绝对免赔额，有的国家根据事故的类型确定或不设定免赔额，有的国家未设定免赔额。

三、海上保险的理赔

海上保险理赔手续主要包括：

其一，当发生保险事故或保险责任范围内的损失时，被保险人应立即通知保险人。损失

① 保赔保险协会（Protection And Indemnity Club）又称保赔协会（P & I），它是由船东们自愿成立的一种互相保险的组织，其会员各自缴纳保险费，共同分担各个会员所应承担的船东责任的损失赔偿额。所以，保赔协会的会员，既是投保人，又是承保人。

通知是保险理赔的第一项程序。在船舶保险中,如其事故发生在国外,还应通知距离最近的保险代理人。

其二,保险人或其代理人获悉损失通知后应立即开展保险标的损失的查勘检验工作。海上保险事故或损失发生在国外,查勘检验常由保险的代理或委托人进行。查勘检验作为海上保险理赔的一项重要内容,主要包括事故原因、救助工作、第三者责任取证、勘察报告和检验报告制作等。在海上货物运输保险中,凡属保险责任的货损,收货人必须及时向承保的保险公司申请进行联合检验。

其三,保险人收到代理人或委托人的检验报告后,还应向有关各方收集资料,并加以核实、补充和修正赔案的材料。

其四,保险人应判断是否属保险责任,是否发生在保险期限内,索赔人是否具有可保利益,审查有关单证如保险单证、事故检验报告、保险事故证明、保险标的施救和修理等方面文件。

其五,保险人通常依据索赔清单(statement of claim)计算保险赔偿。保险赔偿的计算可以由保险人自身进行,也可以由其代理人计算或委托海损理赔人计算。

单元三　海　事

海事(maritime affairs,marine accident),有广义和狭义之分。广义上的海事,泛指航运(海事事务)和海上的一切相关事项,如航海、造船、验船、海事海商法、海损事故处理等。狭义上的海事,仅指船舶在海上航行或停泊时所发生的事故,又称海损事故。船舶海损事故一直是造成船舶灭失、人员伤亡、货物损失以及海洋环境污染的元凶。

一、船舶海损事故的分类

凡船舶发生触礁、触岸或搁浅;碰撞、触碰或浪损;失火或爆炸;影响适航性的机件或重要属具的损坏和灭失;遭遇自然灾害;造成水上或水下建筑物或设备的损害;碰撞沉没或失踪;其他事故,造成航海财产和营业损失或人身伤亡,均称为海损事故。

(一)海损事故的种类

世界各国对海事的分类都有规定,尽管细节不同,但基本原则相同。船舶海损事故主要有以下几种:

1. 碰撞事故

碰撞事故是指两艘以上船舶之间发生撞击造成损害的事故。碰撞事故可能造成人员伤亡、船舶受损、船舶沉没等后果。碰撞事故的等级按照人员伤亡或直接经济损失确定。

2. 搁浅事故

搁浅事故是指船舶搁置在浅滩上,造成停航或损害的事故。搁浅事故的等级按照搁浅造成的停航时间确定:停航在 24 小时以上 7 天以内的,确定为“一般事故”;停航在 7 天以上 30 天以内的,确定为“大事故”;停航在 30 天以上的,确定为“重大事故”。

3. 触礁事故

触礁事故是指船舶触碰礁石,或者搁置在礁石上,造成损害的事故。触礁事故的等级参照搁浅事故等级的计算方法确定。

4. 触损事故

触损事故是指触碰岸壁、码头、航标、桥墩、浮动设施、钻井平台等水上水下建筑物或者沉船、沉物、木桩鱼栅等碍航物并造成损害的事故。触损事故可能造成船舶本身和岸壁、码头、航标、桥墩、浮动设施、钻井平台等水上水下建筑物的损失。

5. 浪损事故

浪损事故是指船舶因其他船舶兴波冲击造成损害的事故。也有人称之为"非接触性触碰",因此,浪损事故损害计算方法可参照碰撞事故的计算方法。

6. 火灾、爆炸事故

火灾、爆炸事故是指自然或人为因素致使船舶失火或爆炸造成损害的事故。同样,火灾、爆炸事故可能造成重大人员伤亡、船舶损失等。

7. 风灾事故

风灾事故是指船舶遭受较强风暴袭击造成损失的事故。

8. 自沉事故

自沉事故是指船舶因超载、积载或装载不当、操作不当、船体漏水等原因或者不明原因造成船舶沉没、倾覆、全损的事故,但其他事故造成的船舶沉没不属于"自沉事故"。

9. 其他引起人员伤亡、直接经济损失的水运交通事故

例如,船舶因外来原因使舱内进水、失去浮力,导致船舶沉没;船舶因外来原因造成严重损害,导致船舶全损等。但是,船舶污染事故(非因交通事故引起)、船员工伤、船员或旅客失足落水以及船员、旅客自杀或他杀事故不作为水运交通事故。

(二)海损事故的级别

一般按事故后果的严重程度分为重大事故、大事故和一般事故。按照国际海事组织的定义,各级事故分别定义为以下三种。

重大事故:涉及船舶全损、船舶人员灭失和严重污染的船舶事故。

大事故:除了重大事故外,涉及火灾、爆炸、碰撞、搁浅、触碰、自然灾害、船体断裂或可能的船体缺陷等造成主机失灵或严重的结构损坏(例如水下船体破裂),使船舶不能航行的事故;污染事故(不论污染数量的多少);必须由拖船或岸上协助的船舶故障。

一般事故:除重大事故和大事故以外的造成具体损失的船舶事故。

二、处理海损事故的原则

处理海损事故涉及许多法律和习惯做法,如处理得当,可减少损失,同时还可根据有关法规或合同要求有关方赔偿或分摊,使损失获得全部或部分的弥补。

处理海损事故应本着快速、经济的原则:

所谓"迅速",是指事故发生后船长在现场应及时采取一系列正确的措施,包括抢救、取证、救助等工作。尤其要及时向港监报告及提供一份正确的、较为完整的、包括现场记录等原始资料、文件等在内的海事报告和有力的旁证材料等,作为处理事故的法律依据;如发生共同海损应及时宣布,并办妥必备手续及文件;以及船舶主管机关应及时向有关方面联系、交涉,及时开展海事调查等。

所谓"经济",是指船长在处理事故时应避免船东支付不必要的费用,尽量减少船货损失,主管机关在处理海事时,船长应据理力争,分清责任,减少赔偿和力争损失在最大的限度内得到补偿。

三、海事声明和海事报告

(一)海事声明

海事声明(sea protest)是指船舶在航行中或停泊时遭遇自然灾害或其他意外事故,已造成了或估计会造成船货损害时,由船长在船舶到达第一中途港或目的港开舱卸货前,向有关方面①提出的一项声明。

船舶在锚泊、系泊、装货、航行、卸货等某一运输环节中,遭到了自然灾害袭击,船员虽竭尽努力保护船舶和货物的安全,但仍然担心或认为船体、设备和/或货物发生某种程度损失或损坏,船长应在到达受灾害袭击后的第一个停泊港口时尽快向港口当局、公证机关或使领馆提出海事声明。

1. 海事声明的内容

通常海事声明会提及船体、设备和/或货物三方面的灭失和损坏,其内容主要是声明本船对不可抗力不负责任,同时保留向有关方索赔以及在适当时间和地点做出补充声明和延伸声明的权利等。

海事声明的正文详略不一,通常正文中应包括下列内容:

(1)本船船名、船籍港、吨位、货种、货物数量、出发港、目的港及挂靠港等;

(2)遭遇自然灾害的时间、地点或海域;

(3)自然灾害的性质、程度;

(4)声明对可能发生的灭失和/或损坏不负责任;

(5)保留在适当时间和地点延伸该项声明的权利;

(6)船长署名。

中国远洋运输(集团)总公司海事声明格式(见表9-3)。

表9-3 中国远洋运输(集团)总公司海事声明

中国远洋运输(集团)总公司 海事声明
Port:
Date:
To: (1) Port Authority, or (2) Chinese Diplomatic Representative, or (3) Notary Public:
Name of Vessel: ________ Tonnage of Cargo: ________
Gross Tonnage: ________ Sailed from ________ to ________
Port of Registry: ________ Bound for ________
Ship owner: ________ Calling on route at ________
Kind of Cargo: ________
And arrived at ________ on ________

① 海事声明应报送下述机构或人员之一:(1)船籍国驻船舶所在国的官方代表;(2)船舶所在地的公证处;(3)船舶所在港的港务当局;(4)有关人员。

In view of the following:

____

____

____

And fearing loss or damage, I hereby note my protest against all losses, damages, etc., reserving the right to extend same at time and place convenient.

Witnesses on board:

____________________ (name and rank)

____________________ (name and rank)

____________________ (name and rank)

Master of (name of vessel) __________

Enclosures: Abstracts of deck logbook

海事声明通常需要 2～3 名经历灾难的人员作证，证人应在海事声明上签字。

海事声明中，通常应附有记录当时海况、天气状况及采取的相应措施等的航海日志摘要。航海日志摘要原则上应由公证人员制取或经公证人员核实。

船舶抵港卸货后或检验后，若发现遭到的灭失和/或损坏与以前提交的海事声明中所述的灾害有关，则船长可以提交更为详细具体的延伸海事声明（note of extended marine protest），申明对灾害造成的灭失和/或损坏及随后进一步的灭失和/或损坏不负责任，并且保留向有关方面提出索赔和继续延伸海事声明的权利。

2. 海事声明的作用

海事声明是日后船方宣布共同海损、申请索赔及免责的法律文件。

船长签署海事声明的目的是说明船舶遇到不可抗力，对船货已经或可能造成损失，承运人不负责任。船舶到达第一个港口的 24 小时内，应由船长把海事声明提交港务监督，在国外则提交本国驻当地领事馆或其他有关机构鉴证，有时也可交公证机关鉴证。

延伸海事声明的主要内容

海事声明的法律地位各国不一，欧洲大陆国家一般把海事声明作为法定依据；美国则认为海事声明仅是单方面的事实记录，不能作为对船方有利的证明文件。

（二）海事报告

海事报告（marine accident report）是指船舶在航行途中遭遇海事致使所载货物受损时，船长向主管部门、货主、保险公司等提交的申述船长和全体船员已采取一切力所能及的措施保护船货和货物受损状况的报告。

1. 海事报告的内容

目前各国对海事报告的要求不一。有的要求把事实经过并入海事声明之中；有的要求在航海日志和轮机日志中写明；有的只要求提供海事声明，不要求另行提供海事报告。按照我国《船舶海事签证办法》的规定，海事报告是指船舶发生事故后，向签证机关递交并要求办理签证的书面报告。由此可见，我国的海事报告是一份与海事声明并列的单独的文件。

发生海损事故后，船长应当及时向海事主管机关递交海事报告。一般来说，海事报告应当包括事故的时间、地点、详细经过、原因和损害以及船方所采取的措施等内容。具体来说，主要应包括如下内容：

（1）标题。海事报告中的标题中常列明船名、事故性质、发生事故的地点及时间。

（2）船舶参数。一般包括船名、注册编号、制造年份及地点、呼号、船员数量、登记港、推进装置、货载数量及货物种类、船舶种类、船旗、船级、总吨位、净吨位、长度（总长）、宽度（型宽）、型深、船舶所有人、船舶经营人、承租人、保险人。

（3）引言。在引言中应简要说明事故的经过、采取的措施及产生的后果。

（4）事故发生之前的状况。叙述紧迫局面发生之前船舶的技术状况、营运状况、船舶配员状况及海况和天气情况等。

（5）紧迫局面的发生。叙述紧迫局面如何发生，应说明为了避免紧迫局面的形成而采取的措施，以及对方因为没有采取哪些措施而导致了紧迫局面的形成。

（6）事故经过。详细说明事故发生的经过，说明本船和他船采取的具体操作步骤、实施的时间、产生的效果等。

（7）事故发生后采取的措施。叙述全体船员采取的救助措施及援救人员的措施，如回航搜救方式，发现的残骸，打捞出的残货，救助出的人员等。

（8）结果。叙述事故产生的后果。

（9）附录。附录中应包括航海日志摘要、引航员、当时在场人员的证词、证物、现场照片等。

船方在递交海事报告时还应一并附上以下几份文件：

（1）有关船舶技术状态的记载；

（2）受损部分的简图；

（3）有关海图和原航线、船位等记录（标明发生事故前后的船舶动态）；

（4）航海日志和轮机日志的摘要（发生事故前 12 小时起），必要时应附航海日志和轮机日志；

（5）与海损事故有关的其他文件。

2. 海事报告的作用

原则上海事报告应在船舶到港后尽快交予本国驻当地的领事馆或其他有关各方。

如船舶在航行中或停泊中发生碰撞、失火、触礁、搁浅海损事故等，根据海事报告，因人力不可抗拒所造成的损失，船方可以不接受任何方面对他提出的索赔要求。如果租船人违反了租船条约，或按一个过高价格征收费用，船长也可做出海事报告。

海事报告是单方面的事实记录，不得作为承运人就此可以免责的唯一证明文件。保险公司在确定赔付以前，除参阅海事报告以外，还要进行检验等一系列工作。

单元四　货运事故的处理

国际海上货运所涉及的时间长、空间跨度大、作业环节多、单证文件繁杂、国际海洋风险多变。因此，在整个货物的运输、保管、接收和交付的过程中，经常会产生货物质量上的问题、货物数量上的问题、货方不及时提货的问题、承运人错误交付货物和迟延交付货物等问题。这些在运输、装卸、保管等过程中所发生的货物灭失、短少、变质、污染、损坏及超期运达等事故就是人们常说的货运事故。

一、海运货运事故的种类和原因

由于从事国际海上运输的船舶经常远离海岸在海洋上航行，同时海洋环境气象多变，船舶随时可能遭遇到狂风巨浪、暴雨、雷电等袭击，因此船舶在海上运输中的环境相对比较恶劣。另外，工作上的差错也会造成货运事故的发生。在国际海上货物运输中，货运事故主要指运输中造成的货物灭失或损坏，即货损货差事故。海运货运事故按照货运事故的性质和损失程度划分，其种类及主要原因见表9－4。

其中，货损一般是指由责任人原因导致货物的损坏、灭失；在装卸、运输、保管过程中，由于操作不当，保管不善而引起的货物破损、受潮、变质、污染等；由载货船舶的沉没、触礁、火灾、抛货、政府法令禁运和没收、盗窃、海盗行为，船舶被拘留、扣留和货物被扣留，战争行为等原因可能造成货物的全部损失；以及偷窃、抛海、海上风浪、潮湿、污染、通风不良、虫蛀、鼠咬等原因造成的部分损失。

货差即由错转、错交、错装、错卸、漏装、漏卸以及货运手续办理错误等原因造成的有单无货或有货无单等单货不符，件数或重量溢短的差错。

表9－4 海运货运事故的种类和原因

事故种类			主要原因
货差			标志不清、误装、误卸、理货错误等
货损	全部损失		船只沉没、搁浅、触礁、碰撞、火灾、爆炸、失踪、偷窃、政府行为、海盗、战争、拘留、货物被扣等
	部分损失	灭失	偷窃、抛海、遗失、落海等
		内容短缺	包装不良或破损、偷窃、泄露、蒸发等
		淡水水湿	雨雪中装卸货物、消防救火过程中的水湿、舱内管系泄漏等
		海水水湿	海上风浪、船体破损、压载舱漏水等
		汗湿	通风不良、衬垫、隔离不当、积载不当等
		污染	不适当的混载、衬垫、隔离不充分等
		虫蛀、鼠咬	驱虫、灭鼠不充分，舱内清扫、消毒不充分等，对货物检查不严致虫、鼠被带入舱内等
		锈蚀	潮湿、海水溅湿、不适当的混载等
		腐烂、变质	易腐货物未按要求积载的位置装载，未按要求控制舱内温度，湿度过高，换气通风不充分，冷藏装置故障等
		混票	标志不清、隔离不充分，积载不当等
		焦损	自燃、火灾、漏电等
		烧损	温度过高、换气通风过度、货物本身的性质等

二、海运货运事故的处理

海上运输中发生货运事故的原因有很多，其中大部分是由承运人的原因所致。但是，实践中还有一些货运事故是由货方(托运人、收货人)、第三方(如港口、集装箱货运站等),甚至是不可抗力所致。不同原因所导致的运输中的货物数量减少、质量变差的损失将由不同当事人承担,这里的当事人可能是运输合同、买卖合同、保险合同等不同合同中的当事人。

非货运事故

案例

某国公司以 CIF 鹿特丹出口食品 1 000 箱,即期信用证付款,货物装运后,凭已装船清洁提单和已投保一切险的保险单,向银行收妥货款,货到目的港后经进口人复验发现下列情况:(1)该批货物共有 10 个批号,抽查 19 箱,发现箱内含沙门氏细菌超过进口国的标准;(2)收货人只实收 997 箱,短少 3 箱;(3)有 14 箱货物外表情况良好,但箱内货物共短少 50 千克。(4)目的港工人罢工,18 箱货物被毁。试分析以上情况,进口人应分别向谁索赔,并说明理由是什么?

【案例分析】

第(1)种情况应向卖方索赔,因原装货物有内在缺陷。第(2)种情况应向承运人索赔,因承运人签发清洁提单,在目的港应如数交足。第(3)种情况可以向保险公司索赔,属保险单责任范围以内,但如进口人能举证原装数量不足,也可向卖方索赔。第(4)种情况属于不可抗力,买方自行承担。

国际海洋货运货损事故虽有可能发生于各个环节,但很大程度上是在最终目的地收货人收货时或收货后才被发现。当收货人提货时,如发现所提取的货物数量不足、外表状况或货物的品质与提单上记载的情况不符,则应根据提单条款的规定,将货物短缺或损坏的事实以书面的形式通知承运人或承运人在卸货港的代理,以此表明提出索赔的要求。如果货物的短缺或残损不明显,也必须是在提取货物后规定的时间内,向承运人或其代理提出索赔通知。

货运事故发生后,收货人与承运人之间未能通过协商对事故的性质和程度取得一致意见时,则应在一致同意的基础上,指定检验人对所有应检验的项目进行检验,检验人签发的检验报告是确定货损责任的依据。

海运货运事故处理的一般程序是:货运事故调查→审核证明文件→索赔与理赔→货运事故处理总结。

(一)货运事故调查

为进一步查明事故真相、分析原因、划清责任和为事故处理提供可靠的依据,货运代理和承运人要对货运质量事故进行调查和查询,确定最终责任方,以便理赔结案。

对货运质量事故进行调查主要是调查货运各个环节上的有关文字记载、交接清单、积载图以及有关货运方面的票据、单证和发货人声明栏批注。在判定事故原因和损失程度方面,还可借助技术手段进行化验测定、试验等。

为便于货运事故调查,货物在运输和作业过程中发生溢余、灭失、短少、变质、污染、损坏等事故,涉及承运人与托运人、收货人、港口经营人、作业委托人、承运人与港口经营人之间责任的,在交接或交付货物的当时应编制货运事故记录,不得事后补编。货运事故记录反映事故当时的真实情况,原则上只真实、仔细、准确、具体记录,不作结论,不判定责任。货运记录必须按每一张运单编制,并由负责编制记录的人员、收货人或托运人签章。

（二）审核证明文件

收货人向货运代理、承运人等责任人提出索赔和提出货运事故索赔书的同时，应随附货运记录、货运单证和货物损失清单、价格证明文件等。

货运代理、承运人等责任人受理赔偿要求时，应对托运人或收货人提出的赔偿要求及所附的货运记录、货运单证等证明文件进行审核。主要审核赔偿要求时效、赔偿要求人的权利、应附的单证。

经审查，赔偿要求人在法定时效内，而且所附单证完备，赔偿要求人有权提出要求，应予受理并开始接受赔偿的索赔收据，进行立案处理。受理的条件应在赔偿要求登记簿内登记。

（三）索赔与理赔

索赔即货主对货运事故造成的损失，向货运代理、承运人或船东或其代理人提出赔偿要求的行为。根据法律规定或习惯做法，货主应按照一定的程序提出索赔，并提出能证明事故的原因、责任和损失的单证。理赔即索赔的受理与审核，也就是说，货运代理、承运人或其代理人受理索赔案件后，即须对这一索赔进行审核。通过举证与反举证明确责任，确定损失金额的标准。如果在赔偿上未能达成一致意见，则根据法院判决或决议支付索赔金。

索赔的一般程序是发出索赔通知→提交索赔申请书→举证→确定赔偿金额与赔偿。

1. 发出索赔通知

索赔必须在所适用的有关国际公约、国家立法和交易条款规定的时效范围内提出。如索赔提出已超过时效，则应拒绝受理。我国《海商法》和有关的国际公约以及各国的海商法或海上货物运输法或者提单条款一般都规定，在发生货损案件时，根据运输合同有权提取货物的人，应在承运人或承运人的代理人、雇佣人将货物移交给他的当时或规定的时间内，向承运人或承运人的代理人发出关于货损的书面通知，声明保留索赔的权利。

关于索赔人向承运人或代理人发出索赔通知的时限，我国《海商法》规定，海运货物在货物交付的次日起连续 7 日内，集装箱货物为交付的次日起连续 15 日内；《汉堡规则》规定为在交付货物后 15 日内。索赔方在提出书面索赔通知后，应尽快地备妥各种有关证明文件，在期限内向责任人或其代理人正式提出索赔要求。

2. 提交索赔申请书，出具索赔单证

索赔申请书（statement of claims）是索赔人向承运人正式要求赔偿的书面文件。索赔申请书主要包括索赔人的名称和地址，船名，航次，抵港日期，装船港及接货地点名称，货物有关情况，货物损害或灭失情况，索赔日期、金额、理由等。

货主如未提出索赔申请，承运人不会进行理赔，货主也可由收货人或保险人代为向承运人提出索赔。

如果索赔方仅仅提出货损通知而没有递交索赔申请书或索赔清单或出具有关的货运单证，则可解释为没有提出正式索赔要求，承运人不会受理货损索赔。索赔方一旦正式向承运人递交索赔申请书或索赔单，则意味着索赔方正式提出了索赔要求。

除提交索赔申请书外，索赔方出具索赔单证常有：①正本提单。②证明货损货差在运输过程中的重要单证，如过驳清单或卸货报告、货物残损单、货物溢短。③重新理货，要在相关单证上提出“复查”“重理”的批注，在索赔时，须同时提供复查结果的证明文件或理货人签发的重理单。④货物残损检验证书。⑤修理单。

承运人对索赔的受理与审核

3. 举证

提出货物索赔和对这种索赔进行抗辩，都通过举证进行。举证包括索赔方的举证和责任方的举证。举证必须据实。

举证主要是通过单证证明索赔人是正当的索赔人，证明被索赔方负有赔偿责任，证明索赔人提出的索赔金额是合理的。

承运人对所发生的货损或灭失欲解除责任或意图证明自己并无过失，则应出具有关单证，证明对所发生的货损或灭失不承担或少承担责任。承运人举证的单证除收货单、理货计数单、货物溢短单、货物残损单、过驳清单等货运单证外，承运人还应提供积载检验报告、舱口检验报告、海事声明或海事报告、卸货事故报告等。

4. 确定赔偿金额与赔偿

索赔人应该提交检验报告或带有批注的交付记录，以证明货物的受损程度。为了将已确定的损坏程度换算成为应提出的索赔金额，索赔人还须提出装箱清单(packing list)及发票、拆箱单、修理单、整理货物单证、贬值证明、施救费用证明、保险单。

货运事故的赔偿金额，原则上按实际损失金额确定。货物灭失时，按灭失货物的价值赔偿；货物损坏时，按损坏所降低的价值或为修复损坏所需的修理费赔偿。索赔金额须在所使用的有关国际公约、国家立法和交易条款规定的责任金额限制范围内。

凡已向保险公司投保的货物发生责任事故，承运人应负责限额内的赔偿，其余由保险公司按承保范围给予经济补偿。

索赔案件通过索赔人和责任人实事求是、友好协商一般都会得到妥善解决，但也有少数案件索赔无效，双方争议差距很大，只得提起诉讼，请求法院裁决。

(四)货运事故处理总结

对货运事故应定期进行分析，以改进工作或采取防范措施；如果是多次重复出现，则有必要对相关的操作程序进行重新评估。

任务解析

下面根据上面所学知识对项目情景的任务进行简要解析。

任务1：海运风险分海上风险和外来风险。海上风险从性质上看主要可分为自然灾害和意外事故(例如情景中提及的火灾)两大类。外来风险可分为一般外来风险和特殊外来风险两类。

任务2：共同海损是指在同一海上航程中，船舶、货物和其他财产遭遇共同危险，为了共同安全，有意地合理地采取措施所直接造成的特殊牺牲、支付的特殊费用。单独海损是指海上风险对营运中的船舶和运输中的货物所造成的直接损失。这种损失仅涉及船舶或货物所有人单方面利益的损失，而不属于所有其他的货主或船方，由受损方单独承担。根据我国《海商法》的规定，判断共同海损的要件是：船、货必须遭受共同危险；共同海损的措施必须是有意并且是合理的；牺牲和费用的支出必须是特殊的；共同海损损失必须是采取共同海损措施的直接后果；共同海损措施必须取得一定效果。

任务3：海事声明是日后船方宣布共同海损、申请索赔及免责的法律文件。船长签署海事声明的目的是说明船舶遇到不可抗力，对船货已经或可能造成损失，承运人不负责任。海事声明的法律地位各国不一，欧洲大陆国家一般把海事声明作为法定依据；美国则认为海事声明仅是单方面的事实记录，不能作为对船方有利的证明文件。

任务4：海运货运事故处理的一般程序是：货运事故调查→审核证明文件→索赔与理赔→货运事故处理总结。情景(2)中的索赔申请书的主要内容包括：①索赔人的名称为上海B汽车进出口公司。②船名为幸福轮，抵港日期为某年6月2日，装船港为日本横滨，接货地点为上海港A作业区5号泊位。③货物名称为汽车，提单号为YS－016。④外表损坏5辆，并附理货公司残损单并经船公司签字确认。⑤索赔日期为某年6月5日，索赔金额RMB 20 000，附发票。

个案分析

1.“鑫源”号货轮满载货物驶离大连港。开航后不久，空气温度过高，导致老化的电线短路引发大火，将装在第一货舱的900条羊绒被完全烧毁。船到马尼拉港卸货时发现，装在同一货舱中的烟草和茶叶由于羊绒燃烧散发出的焦煳味而不同程度受到串味损失。其中由于烟草包装较好，串味不是非常严重，经过特殊加工处理，仍保持了烟草的特性，但是等级已大打折扣，售价下跌三成。而茶叶则完全失去了其特有的芳香，不能再当作茶叶出售，只能按廉价的填充物处理。

船经印度洋时，不幸与另一艘货船相撞，船舶严重受损，第二货舱破裂，舱内进入大量海水，剧烈的震荡和海水浸泡导致舱内装载的精密仪器严重受损。为了救险，船长命令动用亚麻临时堵住漏洞，造成大量亚麻损失。在船舶停靠泰国港避难进行大修时，船方联系了岸上有关专家就精密仪器的抢修事宜进行了咨询，发现抢修、恢复费用十分庞大，已经超过了货物的保险价值。为了方便修理船舶，不得不将第三舱和第四舱部分纺织品货物卸下，在卸货时有一部分货物有钩损，试分析上述货物损失属于什么损失。

2. TG轮装载着散装亚麻子，驶向美国的纽约港。不幸，在南美飓风的冷风区内搁浅被迫抛锚。当时，船长发现船板有断裂危险，一旦船体裂缝漏水，亚麻子受膨胀有可能把船板胀裂，所以船长决定迅速脱浅，于是，该船先后3次动用主机，超负荷全速后退，终于脱浅成功。抵达纽约港后，对船体进行全面检修，发现主机和舵机受损严重，经过理算，要求货方承担5 000英镑的费用。货主对该项费用发生异议，拒绝付款。问题：(1)什么是共同海损？(2)货主有权拒付5 000英镑的费用吗？

3. 某货代公司接受货主委托，安排一批茶叶海运出口，货代公司在提取了船公司提供的集装箱后，将整箱货交给船公司，同时，货主自行办理了货物运输保险，收货人在目的港拆箱提货时发现集装箱内异味浓重，经查明，该集装箱前一航次所载货物为精萘，致使茶叶受精萘污染。问题：(1)收货人可以向谁索赔？为什么？(2)最终应由谁对茶叶受污染事故承担赔偿责任？

4. 中国A贸易出口公司与外国B公司以CFR洛杉矶、信用证付款条件达成出口贸易合同。合同和信用证均规定不准转运。A贸易公司在信用证有效期内委托C公司将货物装上D班轮公司直驶目的港的班轮，并以直达提单办理了议付，国外开证行也凭议付行的直达提单予以付款，在运输途中，船公司为接载其他货物，擅自将A公司托运的货物卸下，换装其他船舶运往目的港。由于中途延误，货物抵达目的港的时间比正常直达船的抵达时间晚了20天，造成货物变质损坏。为此，B公司向A公司提出索赔。A公司为此咨询C公司，假如你是C公司，请回答：(1)A公司是否应承担赔偿责任？理由何在？(2)B公司可否向船公司索赔？

参考答案

复习与思考

一、名词解释

海上风险　海损　共同海损　单独海损　海事　海事声明　海事报告　货损　货差

二、简答题

1. 海上损失主要分哪几种？
2. 简述实际全损与推定全损的区别。
3. 简述判断共同海损的要件。
4. 图示CIC海洋货物保险的险别。
5. 简述保险险别的选择应考虑的因素。
6. 分别简述进出口货物保险的投保做法。
7. 简述海上船舶保险的主要特点。
8. 按保险标的分类，海上船舶保险可以分为哪几类？
9. 简述海损事故的种类。
10. 简述海事声明的内容与作用。
11. 简述海事报告的内容与作用。
12. 简述海运货运事故处理的一般程序。
13. 简述索赔的一般程序。

主要参考文献

[1]杨长春,顾永才. 国际物流[M].7版. 北京:首都经济贸易大学出版社,2020.
[2]孙家庆. 国际货运代理[M].3版. 大连:东北财经大学出版社,2011.
[3]符海菁. 国际货运代理实务[M]. 北京:对外经济贸易大学出版社,2007.
[4]王学锋,陕丙贵. 国际货运代理概论[M]. 上海:同济大学出版社,2006.
[5]张为群. 国际货运代理实务操作[M]. 成都:西南财经大学出版社,2006.
[6]赵刚. 国际航运管理[M]. 大连:大连海事大学出版社,2006.
[7]解云芝. 集装箱运输与多式联运[M]. 北京:中国物资出版社,2006.
[8]司玉琢. 海商法[M].3版. 北京:法律出版社,2012.
[9]孟于群,陈震英. 国际货运代理法律及案例评析[M]. 北京:对外经济贸易大学出版社,2000.
[10]李秀华. 国际货物运输实训[M]. 北京:对外经济贸易大学出版社,2003.
[11]中国国际货运代理协会. 国际货运代理理论与实务[M]. 北京:气象出版社,2001.
[12]程一航. 国际海运承运人责任问题比较法研究[M]. 武汉:武汉大学出版社,2014.
[13]徐淑芬. 大陆桥运输[M]. 北京:中国铁道出版社,1997.
[14]姚新超. 国际贸易运输[M].3版. 北京:对外经济贸易大学出版社,2010.